Pascal Bruckner

Ein nahezu perfekter Täter

Pascal Bruckner, 1948 geboren, ist einer der bekanntesten Romanciers und Essayisten in Frankreich, Vertreter der Nouvelle Philosophie und Mitglied der L'académie Goncourt. Als Verfechter der europäischen Aufklärung, des Laizismus und der universellen Menschenrechte wurde er für seine Bücher mit zahlreichen Preisen ausgezeichnet, die in mehr als dreißig Ländern erschienen sind. In Deutschland erschienen u.a. »Das Schluchzen des weißen Mannes« (1984), »Die demokratische Melancholie« (1991), »Der Schuldkomplex« (2008), und zuletzt in der Edition Tiamat »Der eingebildete Rassismus« (2020)

Titel der französischen Originalausgabe: »Un coupable presque parfait. La construction du bouc émissaire blanc«, Paris 2020

Edition
TIAMAT
Deutsche Erstveröffentlichung
1. Auflage: Berlin 2021

www.edition-tiamat.de
Druck: cpi books
Lektorat: Finn Job
Buchcovergestaltung: Felder Kölnberlin Grafikdesign
ISBN: 978-3-89320-281-2

Pascal Bruckner

Ein nahezu perfekter Täter

Die Konstruktion des weißen Sündenbocks

Aus dem Französischen von
Mark Feldon

Critica
Diabolis
298

Edition
TIAMAT

»Die Glorifizierung einer Rasse und die Herabsetzung einer anderen war immer schon ein Rezept für Mord (…). Wer andere entwertet, entwürdigt sich selbst.«

James Baldwin, Nach der Flut das Feuer

Für Rihanna,
meine Tutsi aus dem Thalys

Inhalt

Dritter Teil

Dem alten Europa die Augen schließen?

Vorwort

Im September 1909 erhielt Sigmund Freud eine Einladung in die Vereinigten Staaten, um an der Clark University eine Reihe von Vorlesungen zu halten. Damals machte er gegenüber seinen Schülern Carl Jung und Sándor Ferenczi ein Geständnis, das später berüchtigt werden sollte: »Sie ahnen nicht, dass wir ihnen die Pest bringen.« Ein Jahrhundert später erreicht uns aus den Vereinigten Staaten eine neuartige Pest: die Tribalisierung der Welt, die Obsession der Rasse, der Alptraum der Identität. Aufgrund des transatlantischen Exports antihumanistischer und antiaufklärerischer philosophischer Ideen hatte Frankreich jedoch Mitschuld an der Entstehung dieser Plage. Wir lieferten das Virus und sie senden uns die Krankheit zurück. Der Bumerang ist angelsächsisch, die Hand, die ihn warf, französisch. Amerika verband immer schon die größte Anziehungs- mit der größten Abstoßungskraft. Sollte es die Zukunft der westlichen Welt antizipieren, dann sieht es düster für uns aus. Und für Amerika gar noch mehr.

Einleitung

Ein schlechtes Remake

2018 reichten amerikanische Akademiker, besorgt über den Niedergang des intellektuellen Austauschs, bei der Zeitschrift *Sociology of Race and Ethnicity* einen Aufsatz ein. Der Text bestand aus Versatzstücken aus »Mein Kampf«, lediglich das Wort »Jude« hatte man durch »Weißer« ersetzt. Der Essay wurde zwar abgelehnt, erhielt aber das ausdrückliche Lob mehrerer Wissenschaftler, die den Forschungsbeitrag für bare Münze nahmen: »Dieser Artikel hat das Potenzial, ein wichtiger und einzigartiger Beitrag für Forschungsliteratur zu werden, die sich mit den Mechanismen der Bewahrung weißer Vorherrschaft beschäftigt.« Die drei Autoren Peter Boghossian, James Lindsay und Helen Pluckrose hatten zuvor eine ganze Reihe solcher Fake-Papers verfasst, von denen einige umstandslos in angesehenen Fachzeitschriften veröffentlicht wurden. Eine Arbeit behandelte zum Beispiel die »Vergewaltigungskultur bei Hunden in den Hundeparks Portlands (Oregon)« und eine weitere, die 2017 erschien, beschrieb das männliche Geschlechtsteil als ein soziales Konstrukt, das für den Klimawandel verantwortlich sei. Den Forschern wurde nach der Aufdeckung vorgeworfen, das Spiel der Rechten zu spielen. Ihre Universitäten drohten umgehend mit Kündigung.

Eine blitzartige Kontamination

Was können wir aus der Geschichte dieser ungewöhnlichen Studien lernen? Eine ganze Menge über den Sittenverfall an amerikanischen Universitäten und mehr noch über eine Gesinnung, die sich anschickt, Europa zu erobern. Ein Beispiel unter vielen aus Frankreich: Ein Dokumentarfilm, der im November 2019 auf der Internetseite von France Culture veröffentlicht wurde, beschreibt die strahlend weiße Farbe griechischer Skulpturen als »das Ergebnis einer zweitausendjährigen reaktionären Geschichte.« Man hätte uns die ganze Zeit angelogen: »Nein, die griechischen Statuen waren nicht weiß, sondern hatten alle möglichen Farben. Die Geschichtsschreibung hat das vor uns verborgen, damit das Weiße als Ideal einer abendländischen Fantasie gegen solche Farben ausgespielt werden kann, die symbolisch für Fremdheit und Vermischung stehen.« Obwohl die Kurzdoku später zurückgezogen wurde, behauptet der Archäologe und filmische Berater Philippe Jockey auch weiterhin, dass »diese Polychromie aus politischen Gründen vor der Öffentlichkeit verborgen wurde. Es handelt sich tatsächlich um eine Ablehnung des Anderen, die wir ebenso in den Texten von Plinius dem Älteren finden wie in den schlimmsten Exzessen des Zweiten Weltkriegs.« Kaum zu fassen! Plinius der Ältere soll ein Ahne Hitlers sein? Mag sein, dass Philippe Jockey ein kompetenter Archäologe ist, als Historiker taugt er nicht viel. Die griechische Bildhauerei war tatsächlich mehrfarbig, aber die Begriffe, mit denen er hantiert und die er auf das antike Griechenland anwendet, sind rückwirkende Konstruktionen neueren Datums. Weder das »Abendland« noch der »Andere« und schon gar nicht die »ethnische Vermischung« besaßen in der Hochzeit der griechischen Bildhauerei die geringste begriffliche Relevanz. Folglich ist es Unsinn, auf sie zurückzugreifen. Den alten Griechen war das Konzept der »Rasse« völlig unbekannt. Dieses ist vielmehr eine Erfindung deutscher Autoren des 19. Jahrhunderts, die aus der hellenischen Zivilisation den Vorgänger des Pangermanismus machten. Weder Griechen noch Römer »sahen in der Hautfarbe einen Grund zur Schande.« »Die Antike kannte keine Diskriminierung aufgrund der Rasse«, die griechische Gesellschaft unterschied nicht zwischen Hautfarben[1] und Aristoteles galt die Differenz Weiß/Schwarz nicht als wesentlich[2], sondern als akzidentiell. Die Griechen, die selbst von eher dunklem Teint waren, besaßen vor allem hellhäutige Sklaven[3].

Die Verwendung des Attributs »weiß« verbreitet sich wie ein Lauffeuer. Wer etwa die Worte des Kinderstars Greta Thunberg in Zweifel zieht, wird nicht nur als »adophob« beschimpft, sondern auch als »alter, weißer, westlicher Mann«. Was aber hat das mit der Klimaaktivistin zu tun? Nichts! Würde man einen afrikanischen Intellektuellen, der die junge Schwedin kritisiert, auch als alten schwarzen Mann bezeichnen? Wenn sich der Kollapsologe Aurélien Barrau zu Tierrechten äußert, klingt das so: »Was mir heute lebenswichtig erscheint, ist, mit Jacques Derrida gesprochen, die Dekonstruktion des ›Karnophallologozentrismus‹, die Infragestellung der furchtbaren Hegemonie des erigierten (weil er die anderen seiner Begierde unterwirft), fleischessenden (archetypisches Bild der Ausbeutung nicht menschlichen Lebens) Mannes (man sollte noch ›weißen‹ hinzufügen).«[4] Das Konzept des »Weißen Privilegs« ist eng mit der besonderen Situation in Nordamerika verknüpft und hat im französischen Kontext eine eher geringe Aussagekraft. Dennoch fand der Begriff rasch Eingang in unsere Alltagssprache, als der Widerhall der

George-Floyd-Affäre 2020 auch in unserem Land vernehmbar wurde[5].

Der Verbrecher schlechthin

Der Westen erfüllt alle Bedingungen, um als perfekter Täter zu gelten. Jenseits des Atlantiks hat er auf Basis des Genozids an der Urbevölkerung, der Versklavung von Afrikanern und der Segregation von Schwarzen eine neue Nation gegründet. Und auf Europa lasten vier Jahrhunderte Kolonialismus, Imperialismus und Sklaverei – obwohl es auch europäische Nationen waren, die sich als erste für deren Abolition einsetzten. Was die westliche Welt zum perfekten Sündenbock macht, ist vor allem, dass sie ihre Verbrechen nicht leugnet, dass ihre gewissenhaftesten Stimmen von Bartolomé de Las Casas über André Gide bis Aimé Césaire, nicht zu vergessen Montaigne, Voltaire und Clemenceau, sie nicht verschwiegen haben. Der Westen, Schöpfer des unglücklichen Bewusstseins, leistet tagtäglich mit nahezu mechanischer Formbarkeit Reue – im Gegensatz zu solchen Imperien, die ihre Verbrechen leugnen, wie das imperiale Russland, das osmanische Reich, die chinesischen Dynastien und die Erben verschiedener arabischer Königreiche, die Spanien sieben Jahrhunderte lang besetzt hielten. Es ist allein der Westen, der sich Asche auf sein Haupt streut, während andere Kulturen sich als reine Opfer oder Mitläufer inszenieren. Die Schuld steckt so tief in uns, dass wir bereitwillig auch die der anderen auf uns nehmen. Zudem ist der Westen seit dem Rückzug der Vereinigten Staaten aus dem Weltgeschehen so schwach, führungs- und richtungslos wie noch nie. Es ist bezeichnend, dass die Schmähung der USA mit ihrem Bedeutungsverlust eher noch zugenommen hat. Das ist es, was Diplomaten im Februar 2020 in München »Westlosigkeit« nannten, das Verschwinden des okzidentalen Blocks. Bereits für seine frühere Dominanz gehasst, wird der Westen es nun wegen seines Niedergangs. Nichts reizt die Wut so sehr wie der Anblick eines Gestürzten. Die Zeit ist gekommen, mit ihm abzurechnen.

Entgegen den Hoffnungen von 1989 setzte sich nach dem Fall der Mauer nicht die Vernunft und noch weniger die Mäßigung durch. Eine neue Ideologie hat das Heilsversprechen, das dem Realsozialismus eigen war, aufgegriffen und führt den Kampf auf höherer Stufe fort: Rasse, Geschlecht und Identität. Den drei Diskursen Neofeminismus, Antirassismus und Antikolonialismus gilt der nunmehr auf seine Hautfarbe reduzierte, weiße Mann als Täter, verantwortlich für sämtliche Übel der Welt. Es gibt nichts, das diese drei Diskurse a priori miteinander verbindet; hierfür braucht es die Figur des Verdammten, des männlichen, weißen Heterosexuellen, der einen Zusammenhang durch Aversionen gegen ihn stiftet.

Die weißen Frauen werden auch nicht mehr lange warten müssen. Bald schon wird man sie im Namen eines neuen Bewusstseins »indigener« Überlegenheit an den Pranger stellen. Die Heilige Dreifaltigkeit der Verfolgung vergisst niemanden. Es sind stets die gleichen Argumente, die gleichen Vorgehensweisen und manchmal auch die gleichen Protagonisten, die mit beeindruckender Mimikry intervenieren und das Bild einer Familie von Gleichgesinnten abgeben.

In den 1960er- und 1970er-Jahren wurden die philosophischen, literarischen und soziologischen Fakultäten amerikanischer Universitäten mit einem aus Frankreich stammenden Diskurs der Dekonstruktion überschwemmt. Die *French Theory*[6] trat an, die westliche Metaphysik an den Pranger zu stellen. Lassen wir vorerst die Frage beiseite, ob es sich bei der Mehrheit dieser Doktrinen um einen gigantischen Betrug oder – in den Worten Georges Steiners – einen Zusammenbruch des Geistes handelte. Heute erreichen uns amerikanische Philosophien europäischer Herkunft, die wir bedenkenlos aufnehmen, weil sie das Siegel *Made in USA* tragen. Vom Ende der Geschichte über den Kampf der Kulturen bis zur Gendertheorie – viele dieser amerikanischen Chimären haben ihren Ursprung in einem französischen Labor. Die angelsächsische kulturelle Hegemonie erscheint uns nicht mehr exotisch, sondern auf eigentümliche Art heimisch: Es ist das Selbst in der Form eines anderen, ein transatlantisches hybrides Wesen, dessen Idiom uns fremd ist und so viel attraktiver scheint als das Französische. Der Poststrukturalismus, der an uns zurückgesendet wird, spricht das sogenannte »Globish«, das neue globale Pidgin-Englisch. In dieser Zeit großer Ratlosigkeit, zerrissen zwischen einem moribunden Kommunismus und einer bedrängten Sozialdemokratie, wirkt die identitäre Ideologie aus der Neuen Welt wie ein Rettungsring. Die Übernahme erfolgt häufig automatisch, auch auf sprachlicher Ebene, wo ein anglophones Patois mit Pariser Akzent blüht. Man könnte sagen, dass das in den Medien oder der Geschäftswelt gebräuchliche »Frenglisch« bei den französischen Hörern in einem umgekehrten Verhältnis zur Kenntnis der Sprache Shakespeares steht. Je weniger sie das Englische beherrschen, desto mehr fügen sie ganze Bausteine davon in ihre Alltagssprache ein. Dank zahlloser Emissäre erfolgt die semantische Verbreitung in Windeseile.

Amerika besitzt die einzigartige Eigenschaft, seine Bewunderer zur Nachahmung einzuladen. Keine andere Kultur wurde in den letzten hundert Jahren so erfolgreich exportiert wie die amerikanische. Sie passt sich an die unterschiedlichsten klimatischen Bedingungen und Glaubensrichtungen an, ihre Ausstrahlungskraft ist so groß wie ihre Anziehungskraft. Sie ist die perfekte Zivilisation der Kostümierung. Selbst diejenigen, die sie verachten, möchten ihr noch ähnlich sein. Es steht jedem frei, Amerikaner zu werden, es braucht hierfür nicht einmal die Beherrschung des Englischen. Als gute Bauchredner imitieren wir ihre Sprache in allen Bereichen. Auch die Verbrechen Amerikas nehmen wir auf uns, obwohl Frankreich innerhalb seines Territoriums weder Sklaverei noch Segregation praktizierte. Doch der Austausch verläuft reziprok: Wir übernehmen die amerikanische Gesellschaftsvorstellung zu einem Zeitpunkt, in dem sich die Vereinigten Staaten (zumindest links der Demokratischen Partei) anschicken, den Wohlfahrtsstaat auszubauen und den beschwerlichen Weg der Buße zu gehen. Während bei uns eine Ethnisierung stattfindet, setzten sie alles daran, das nationale Narrativ umzuschreiben – ausgehend von der Vernichtung der Ureinwohner und der Segregation der Schwarzen.[7]

Es wird nicht leicht sein, 500 Millionen Europäer (vor allem in Osteuropa) davon zu überzeugen, dass sie aufgrund ihrer Hautfarbe fundamental schlecht sind. Obwohl sie zunehmend bunter wird, ist die Mehrheit der europäischen Bevölkerung auch weiterhin hellhäutig, mit deutlichen Schattierungen zwischen Schweden, Andalusiern,

Bulgaren oder Zigeunern. Diesen Bevölkerungsgruppen ein gemeinsames schlechtes Gewissen einzuimpfen, dürfte eine schwierige, doch nicht unmögliche Aufgabe sein. In Westeuropa ist die Verbreitung der Scham bereits fortgeschritten. Eine umfangreiche Umerziehungsindustrie, die an den Universitäten und in den Medien am Werk ist, fordert »die Weißen« dazu auf, sich selbst zu verleugnen. Vor dreißig Jahren konnte man noch mit gutem Grund über diesen Unsinn lachen. Das letzte Mal, dass Propaganda im Namen der Rasse betrieben wurde, war in den 1930ern, als ein ganzer Bevölkerungsteil a priori ausgeschlossen wurde. Diese Erfahrung reichte aus, um zunächst gegenüber solchen Experimenten immun zu sein. Was jetzt aus Übersee zu uns herüberschwappt, gibt sich als sein Gegenteil aus, als Antirassismus. Von neuen Protagonisten verbreitet, hallt sein Echo selbst noch im Europäischen Parlament nach. Die Professoren der Schande – die Neofeministen, die Postkolonialen, die Indigenisten – möchten uns um jeden Preis darüber aufklären, dass unsere Lebensweise auf der Ausbeutung von Völkern beruht und wir schleunigst Buße leisten müssen. Urplötzlich entpuppt sich unter dem strengen Blick gewisser Minderheiten ein ganzer Bereich der westlichen Welt als verabscheuungswürdig. So wie Monsieur Jourdain zum Prosaiker wider Willen wurde, so sind wir unbewusste Verbrecher. Die Tatsache unserer Geburt ist Grund genug: Existieren heißt vor allem büßen.

Ein weiterer Vorwurf an die Adresse des weißen Mannes ist, dass er den Planeten zerstört. Er begnügt sich nicht nur damit, Frauen zu unterdrücken, rassistisch und herrisch aufzutreten, er beutet auch die Umwelt aus und konzentriert einen Großteil des wirtschaftlichen und technologischen Reichtums in seinen Händen. Seine Schuld gleicht einem Gebäck aus Blätterteig, dessen unterschiedliche

Schichten der Struktur des Ganzen die Stabilität geben. Seit nunmehr dreißig Jahren nehmen jedoch auch Länder wie China, Indien, Brasilien oder Südafrika als große Produzenten und nicht minder große Verschmutzer am weltweiten kapitalistischen System teil, was die ausschließliche Konzentration des ökologischen Diskurses auf den westlichen Mann und dessen Haut erschwert. Angetrieben von kosmischen Ambitionen, bestehen die Kritiker darauf, das Wachstumsdenken selbst und die Hybris des Projekts der Moderne in Frage zu stellen. Der ökologische Diskurs geht also über unser Thema hinaus und kann im Folgenden vernachlässigt werden.

Die neue Eiszeit

Das Amerika, das 1944 zur Rettung Europas eilte und das Bündnis von Modernität, Freiheit und Wohlstand verkörperte, ist tot, zerfressen durch Isolationismus und Nationalismus. Das Land bietet sich der Alten Welt nicht mehr als nachahmenswerte Alternative an, sondern als Fehlschlag, den es zu vermeiden gilt. Ein Bankrott in drei Zügen: Die Bürgerrechtsbewegung der 1960er- und 1970er-Jahre bewahrte das Land davor, in die Apartheid zurückzufallen. Auf die Emanzipierung der Sitten und der Minderheiten folgte jedoch eine heftige Gegenreaktion der Konservativen, die diese Errungenschaften um jeden Preis rückgängig machen wollte.

Diese zum Teil gewaltsame Konterrevolution rief wiederum eine linke Gegenreaktion von Frauen- und Minderheitenbewegungen hervor, die ihren Ausdruck in Gender-Extremismus, einer Überempfindlichkeit gegenüber Diskriminierung und einer extremen Rhetorik fand. Amerika fordert den Rassismus heraus, indem es Menschen auf ihre Hautfarbe reduziert und dadurch jede soziale Analyse aufgibt; es bekämpft das Böse, indem es das Böse verschlimmert. Das Ergebnis ist eine ewige Fragmentierung. Gefangen zwischen den Hammerschlägen der Anhänger Trumps und dem Amboss der Rassenfanatiker, hat das Land seinen Verstand verloren. Hinzu kommt die militärische Ohnmacht einer amerikanischen Hypermacht, die alle Kriege verliert, im Irak scheitert und nach zwanzig Jahren Besatzung aus Afghanistan flüchtet. Sie mag eine bramarbasierende Diplomatie betreiben, doch sie kapituliert vor Nordkorea und den Mullahs in Teheran. Die globale Führung tritt sie an China ab, wo sie interveniert, scheitert sie als Friedensstifter. Amerika missachtet seine Freunde und umwirbt seine Feinde: ein unverzichtbarer Verbündeter, vor dem wir uns dennoch, in Erwartung besserer Tage, in Acht nehmen sollten.

Diese Verschiebung der Ideologie erscheint wie ein schlechtes Remake der 1960er-Jahre, bloß in umgekehrter Richtung. Besonders auffällig ist ihr anthropologischer Pessimismus. Auf die großen Tauwetterphasen in unserer jüngeren Geschichte – 1936, der Mai 1968 oder die Perestroika – folgt nun eine neue Eiszeit. Wir verriegeln unsere Türen und kerkern uns ein. Das Projekt der menschlichen Emanzipation ist verschwunden, weil es kein Menschengeschlecht mehr gibt, sondern nur noch ethnische Gruppen, Communities.

Die großen Kämpfe der 1960er- und 1970er-Jahre standen noch unter der Ägide einer geeinten Menschheit: Das Ziel des Antikolonialismus war es, sowohl Kolonisatoren als auch Kolonisierte aus dem Verhältnis gegenseitiger Unterwerfung zu befreien, und der Feminismus zielte auf die ökonomische wie symbolische Gleichberechtigung von Mann und Frau. Der Antirassismus forderte die Anerkennung vielfältiger Bevölkerungsgruppen in einem migrantischen Europa, das weiterhin unter dem Trauma des Nationalsozialismus litt. Was könnte edler sein als diese Ideale? Was ist von ihnen übriggeblieben? Ein boshaftes Grinsen, dessen Quelle das Rachegefühl ist – nicht der Großmut. Drei große Anliegen werden so von denjenigen missbraucht, die sie als ihr Eigentum ansehen. Das geschieht zur großen Freude der Reaktionären, die ihr Glück gar nicht fassen können. *Es ist dieses Umschlagen des Fortschritts in Obskurantismus, das wir auf den folgenden Seiten untersuchen werden.* Wir bewegen uns durch eine finstere Landschaft: Der Rassismus im Westen ist lebendiger denn je, Männer und Frauen befinden sich in einem ewigen Krieg und der Kolonialismus hat mit seinem Verschwinden noch an Kraft zugenommen. Jeden Morgen entdecken wir eine neue Kränkung, über die es sich zu empören gilt: Das gesamte Universum steht unter dem Einfluss bösartiger Schwingungen. Sisyphos rollt auf ewig seinen Stein. Der lange Marsch der Befreiung kommt zu keinem Ende.

Verwirrung der Fronten

Noch ein Paradoxon: Dort wo die Rechte von Minderheiten und Frauen am besten geschützt werden, also in den westlichen Demokratien, wird am heftigsten gegen die Verletzungen von Grundrechten protestiert. Mit der Beseitigung von Unrecht wächst auch das Unrechtsbewusstsein und die noch verbliebenen Missstände werden plötzlich als unzumutbar erfahren. Wer ist unser Feind? Nicht etwa Diktaturen oder Autokratien, sondern dasjenige System, das das höchste Maß an Selbstbestimmung gestattet. Vielleicht handelt es sich hierbei um die Erweiterung von Tocquevilles berühmtem Gesetz[8]: Ein Volk lehnt sich nicht dann auf, wenn seine Lage sich verschlechtert, sondern wenn sie sich verbessert. »Je mehr Gleichheit herrscht, desto unstillbarer wird der Wunsch nach ihr.«[9] Reformen und Verbesserungen befördern Revolutionen, nicht das Elend. Eine aus der Welt geschaffene Unterdrückung wird nicht als neu gewonnenes Glück empfunden, sondern als Etappe auf einem endlosen Pfad, der gelegentlich einem Leidensweg gleicht.

Traditionellerweise folgt auf die Ernennung des Sühneopfers die Strafe: Exil, Feuer, Schwert, Ertränken[10]. Die Bezeichnung des Sündenbocks ist stets auch der Ruf nach dem reinigenden Mord. Mit diesem archaischen Brauch, der in Form des Rassismus wiedergeboren wurde, verlässt man den universalistischen Raum der Linken, um auf dem ureigenen Territorium der Rechten zu wildern. Man tut dies im Glauben, die Rechten zu bekämpfen, dabei teilt man mit ihnen den Hass auf die Aufklärung und die Unteilbarkeit der Menschheit.

Die große Herausforderung eines jeden politischen Kampfes besteht darin, sich deutlich vom Feind zu unterscheiden. Karl Jaspers bemerkte diese Verwirrung der Fronten bereits 1936 in Deutschland bei der rotbraunen Bewegung, in der Kommunisten, Konservative und Nazis aufeinander abfärbten und die gleichen Vorurteile hegten, obwohl doch Feindschaft zwischen ihnen herrschen sollte. Die aus Mussolinis Italien stammende These von den zwei Faschismen[11] muss heute verteidigt werden: Es gibt einen Faschismus der extremen Rechten und einen der identitären Linksextremen, der sich mit dem Banner des Antifaschismus, Antiimperialismus und Antirassismus schmückt und deshalb subtiler ist. Jacques Doriot, ein bekannter kommunistischer Aktivist der Vorkriegszeit, trat nach 1940 zum Nationalsozialismus über und starb in der Uniform der Waffen-SS. Man könnte in dem Sinne auch von einer »Doriotisierung« vermeintlicher Volksbewegungen sprechen. Die Annäherung dieser Extreme, die überzeugt sind, sich gegenseitig zu hassen und sich doch einander nähern, ist vielleicht das beunruhigendste Ereignis dieses jungen Jahrhunderts.

Die neuen Ausgestoßenen

Im Diskurs der neuen Kreuzritter nimmt eine Menschheit Gestalt an, die antritt, eine neue Rangordnung durchzusetzen: ganz unten die Ausgestoßenen, der Abschaum der Erde, der heterosexuelle weiße Mann aus dem Westen. An der Spitze die schwarze, arabische oder indische Frau, lesbisch oder queer, die neue Königin des Universums. Zwischen ihr an der Spitze und ihm unten im Staub befindet sich eine ganze Palette von Schattierungen, die von Weiß bis Beige, Beige bis Braun und Braun bis Dunkelbraun reichen.

Gemäß diesen neuen Vorurteilen ist es besser, dunkel zu sein als hell, homosexuell oder transgender als heterosexuell, Frau als Mann, Moslem als Jude oder Christ und Afrikaner, Asiate, Indigener als Westler. Die antiquierte, monochrome, servile, auf dümmliche Art heterosexuelle Bevölkerung auf der einen Seite. Ihr gegenüber steht die neue Bevölkerung: bunt, zusammengesetzt aus dynamischen, talentierten und erotisch begehrenswerten Minderheiten. Wie sollte man als junger Mensch da nicht auf die andere Seite wechseln wollen? Was aber, wenn die Versöhnung unmöglich ist, wenn Schwarze und Weiße, Männer und Frauen nicht zusammenleben können? Was bleibt uns dann noch übrig? Die endgültige Trennung? Oder ein System der permanenten Anschuldigung, in dem eine Armee von Juristen damit beauftragt wird, Differenzen auszuhandeln?

Seit 1983 warne ich vor der Möglichkeit eines Ausbruchs von antiweißem Rassismus, eines Kreuzzugs gegen Bleichgesichter[12]. Bereits während der Entkolonisierung konnte man, insbesondere unter den sich befreienden Völkern Afrikas, einen Gegenrassismus wahrnehmen – zum Beispiel im Sommer 1960 im Kongo Patrice Lumumbas[13]. Wie auch Sartre erkannte Albert Memmi, der berühmte Militante des Antikolonialismus, in ihm ein notwendiges Moment des Kampfes, eine Antwort auf die koloniale Gewalt, eine Umkehrung des Verhältnisses von Herrscher und Beherrschten.

Lassen wir die Historiker hierüber urteilen. Eine vollkommen neue Erscheinung ist jedoch, dass es europäische und amerikanische Weiße aus besseren Kreisen sind, die sich selbst verfluchen, die »unerträgliche Weißheit unserer Kultur«[14] anprangern und sich für ihre Hautfarbe schämen. Der Hass auf den Weißen ist zuerst ein Selbsthass des reichen Weißen. Seine spektakuläre Selbstgeißelung gleicht einem Schauspiel, in dem er mit anderen in der Darstellung des Ekels wetteifert: Wer lässt die Peitsche am festesten auf sich niederkrachen, wer hält am längsten durch?

Da ich selbst das bin, was man im heutigen Neusprech einen weißen, heterosexuellen, nicht mehr ganz jungen Mann nennt, gelte ich von vornherein als disqualifiziert. Ich verkörpere die Welt von gestern. Indem ich diese Themen anspreche, lege ich meinen Kopf auf den Richtblock. Obwohl ich mich gleich mehrerer Vergehen schuldig mache, möchte ich es mir dennoch nicht nehmen lassen, eine regressive Doktrin anzuprangern, die als linker Diskurs auftritt und den herrenmenschlichen Wahn[15] begründet und nährt. Wenn Emanzipation sich nicht mehr von Unterdrückung unterscheiden lässt, dann ist in der Bewegung, die sich »fortschrittlich« nennt, etwas faul.

Erster Teil

Der männliche Satan

Kapitel 1

Gibt es eine »Rape Culture«?

Zwei einander bedingende Ereignisse haben die Generation der Baby-Boomer geprägt: Der Wandel der Umgangsformen und der Feminismus. Für Frankreich war es ein langer Weg. Frauen erhielten 1945 das Wahlrecht; die Befreiung von der ehelichen Vormundschaft folgte erst 1965. Ab diesem späten Zeitpunkt war es ihnen erlaubt, ohne das Einverständnis ihrer Männer zu arbeiten oder ein eigenes Bankkonto zu führen. Ein 1970 erlassenes Gesetz entzog dem Vater das Monopol auf die elterliche Autorität, die er nun mit der Mutter teilen musste. Die Kontrolle der Fruchtbarkeit dank neuer Verhütungsmittel und die Entkriminalisierung der Abtreibung durch das Veil-Gesetz[1] vom 17. Januar 1975 ebneten Frauen den Weg zu mehr körperlicher Selbstbestimmung. Noch später wurden Gesetze verabschiedet, die den Prozess der Scheidung erleichterten. Die Ehe war fortan nicht mehr ein Gefängnis für Frauen, sondern eine auf Freiwilligkeit beruhende Institution, die jederzeit aufgelöst werden konnte.

Früher liebten wir den Feminismus, weil er Mann und Frau gleichermaßen befreien wollte und es dabei verstand, Wut mit Großzügigkeit zu verbinden. Er ermöglichte jedem, sich neu zu erfinden, und half, bestehende Stereotype zu durchbrechen. Für viele Frauen bedeutete es eine große Erleichterung, nicht mehr Mutter oder Ehefrau sein zu müssen und sich durch Arbeit unabhängig zu machen. Und es war eine große Erleichterung für Männer, nicht mehr toxische Virilität und die dem Machismo inhärente Aggressivität, die auch eine Unterdrückung des Manns durch andere Männer ist, reproduzieren zu müssen. Heute jedoch steht die Standarte der Befreiung nur noch für den Kampf des einen Geschlechts gegen das andere. Wie konnte das passieren? Wie konnte der Feminismus des Fortschritts zu einem Feminismus der Verfolgung werden?

Alles Vergewaltiger?

Ein paar Worte vorweg: Wir alle kennen in unserem sozialen Umfeld eine Frau, eine Freundin, eine Gefährtin, die Opfer einer Aggression oder gar einer Vergewaltigung wurde. Überall kann man Männer jeglichen Alters dabei beobachten, wie sie Frauen auf der Straße hinterherrufen oder sie sonstwie beleidigen. Die Gefahr steigt mit Anbruch der Nacht, wenn Alkohol und das Gefühl der Straffreiheit hinzukommen. Alle Väter und Mütter machen sich Sorgen, wenn die junge Tochter abends ausgeht und dabei riskiert, eine unangenehme Begegnung zu machen. Vergewaltigung ist ein Verbrechen, Massenvergewaltigungen in Kriegszeiten sind eine Massenvernichtungswaffe, die Körper und Seelen zerstört. Ihren Schrecken und ihre Häufigkeit zu leugnen wäre obszön. Aber sollte man in der Vergewaltigung das offenbarte Wesen aller zwischengeschlechtlichen Beziehungen sehen, ganz so, als ließe sich das Verhältnis von Mann und Frau auf solche Akte der Gewalt reduzieren?

Wenn man der neuen Doxa Glauben schenkt, manifestiert sich sexuelle Gewalt in allen Facetten unseres Alltags:

im Blick der Passanten, ihrer schwer zu deutenden Erscheinung, ihrer Mentalität, bis hin zur Luft, die wir atmen. Noch hinter dem harmlosen Lächeln, das ein Junge einem Mädchen schenkt, verbirgt sich eine mörderische Absicht. Frauen kommen als Opfer zur Welt, so wie jeder Mann ein geborener Täter ist. Die überwiegende Mehrheit der Männer in Frankreich und anderswo würden nur davon träumen, den weiblichen Körper zu missbrauchen: »Wenn ein Ehemann seine Frau regelmäßig vergewaltigt, tut er dies, damit sie zu verängstigt und isoliert ist, um sich jemandem anzuvertrauen. Der Abteilungsleiter, der seine weiblichen Angestellten sexuell belästigt, schafft eine Atmosphäre, die so einschüchternd ist, dass niemand es mehr wagt darüber zu sprechen. Zu groß ist die Angst, die Arbeit zu verlieren.«[2] Schlussfolgerung: »Die Vergewaltigungskultur ist allgegenwärtig. Sie ist bei Ihnen zu Hause, bei mir, in den Sendungen, die wir schauen, in den Büchern, die wir lesen, in den Gesprächen mit unseren Liebsten, in unseren Institutionen. So schwer es auch fällt dies zuzugeben, wir alle partizipieren an einer Kultur der Vergewaltigung.«[3] So lautet die Botschaft eines Feminismus, der aus Nordamerika stammende Thesen aufwärmt und diese seit einigen Jahren ohne Unterlass in Umlauf bringt. So sagt Caroline de Haas, die frühere Präsidentin der Unef[4], in einem Interview, das sie am 14. Februar 2018 der Zeitschrift *L'Obs* gab: »Jeder zweite oder dritte Mann ist ein Gewalttäter.«[5] Und in den Worten des Soziologen Éric Fassin: »Es geht darum, sexuelle Gewalt nicht individuell, sondern kulturell zu denken, nicht als pathologische Ausnahme, sondern als Praxis und Teil einer gesellschaftlichen Norm, die sie duldet und fördert.«[6] Vergewaltigung soll also kein Ausnahmefall sein, sondern die Bestätigung der Regel – in der Norm enthalten wie das Gewitter in der Wolke. Derselbe Éric Fassin erklärte nach den Übergriffen von nordafrikanischen Migranten auf deutsche Frauen während der Silvesternacht von 2015 auf 2016 am Kölner Hauptbahnhof und in anderen deutschen Städten: »Diese Personen begingen dic Taten nicht, weil sie Moslems sind. Die Übergriffe hatten einen politischen Zweck. Wen haben sie angegriffen? Deutsche, weiße Frauen. Sie sind nicht losgezogen, um Prostituierte zu vergewaltigen. Das verleiht der von ihnen ausgeübten Gewalt einen Sinn.«[7] Der Angriff auf weiße und folglich dominante, außerdem deutsche Frauen ist nicht so tragisch. Man kann ihn beinahe als Akt antiimperialistischer Rebellion auffassen. Éric Fassin unterzeichnete 2017 eine Petition gegen die Kriminalisierung von sexistischer Belästigung in der Öffentlichkeit, da er befürchtete, dass der Text die »Rassifizierten«, d.h. Migranten, stigmatisieren würde. Alles Männliche ist schlecht, aber nicht alle Männer sind es gleichermaßen. Wer aus armen, unterdrückten Ländern stammt, kann mildernde Umstände erwarten. Davon wird später noch zu sprechen sein.

Der Penis als Massenvernichtungswaffe

Wie gelehrsame Papageien wiederholen französische Feministinnen seit 2010, was ihre amerikanischen Vorgängerinnen zwischen 1970 und 1990 verbreiteten. Im Vorwort zu ihrem Buch über die Kultur der Vergewaltigung à la française zitiert Valérie Rey-Robert die amerikanische Feministin Andrea Dworkin: »Wir Frauen haben nicht die Ewigkeit vor uns (...). Wir sind dem Tod allzu nahe. Alle Frauen sind es. Und wir sind Vergewaltigungen und Schlägen ganz nah.«[8] (Zur Erinnerung: In Frankreich ist die

Lebenserwartung von Frauen fünf Jahre höher als die von Männern. Französische Bürgerinnen sind dem Tod also weniger nahe als ihre männlichen Pendants, eine Ungleichheit, die niemanden zu stören scheint.[9]) Der französische Neofeminismus ist so sehr vom amerikanischen Modell beeinflusst, dass er wie eine direkte Kopie erscheint. Wir Franzosen neigen dazu, die schlimmsten Fehler unserer amerikanischen Freunde demütig nachzuahmen, während wir ihre größten Qualitäten vernachlässigen.

In den USA wird der weiße Mann seit über 50 Jahren als Feind wahrgenommen, da er über wirtschaftliche Macht verfügt, drei Viertel der Stellen in den Aufsichtsräten besetzt und mehr als die Hälfte der Abgeordneten stellt. Der weiße Mann gestaltet und beherrscht die Welt. Gäbe es ihn nicht, wäre alles besser. Er ist der Schandfleck, der die ursprüngliche Reinheit der Welt beschmutzt. Für die »Afrofeministin« Françoise Vergès gibt es nur zwei Arten von Männern: Raubtiere, die in den meisten Fällen weiß sind und von ihren Frauen unterstützt werden, und »Rassifizierte«[10] (womit gemäß der aktuell geltenden Rhetorik Schwarze und Araber gemeint sind, nicht aber Asiaten). Der neue Puritanismus verteufelt nicht mehr die Frauen wie im heutigen Islam oder im früheren Christentum, sondern die Männer. Die Verdammung mag sich verändert haben, während sich die Geisteshaltung treu geblieben ist. Der Mann gilt in jeder Hinsicht als schädlich, angefangen beim »Mansplaining«, dieser abscheulichen Angewohnheit, mit Frauen in herablassender Weise zu sprechen (als ob Frauen untereinander nicht auch dazu neigen würden), über das sogenannte »Mansterruption«, das rüde Unterbrechen des Gesprächspartners – bis hin zum »Manspreading«, dem breitbeinigen Sitzen in der U-Bahn oder im

Zug. Man fühlt sich an deutsche Feministinnen der 1970er erinnert, die das Stehpinkeln als Zeichen chauvinistischer Arroganz verbieten wollten.

Das andere Geschlecht ist von Natur aus unschuldig, sogar wenn es selbst der Belästigung beschuldigt wird. Als die Professorin Avital Ronell, Inhaberin des Lehrstuhls für feministische Literatur an der New York University, 2017 von einem ihrer Studenten angezeigt wurde, unterschrieben sämtliche Kolleginnen und Kollegen, darunter auch Judith Butler und der Philosoph Slavoj Žižek, eine Petition zu ihren Gunsten. Ruf und Bedeutung der Professorin dienten ihnen dabei als Argument dafür, dass dem Ankläger nicht zu glauben sei.[11] Ronell erhielt später eine einjährige Lehrsperre. Aufgrund seiner körperlichen Überlegenheit erscheint der Mann als geborener Täter, der sich ebenso wenig wie die von René Girard beschriebenen mittelalterlichen Juden von seiner Schuld befreien kann[12]. Der Kampf gegen ihn ist gerecht: Sollte es auch vorkommen, dass Unschuldige der Vergewaltigung oder Belästigung bezichtigt werden – dieser Preis ist unseren unverzichtbaren Kreuzzug wert. Zudem ist das Leid, das Frauen seit Jahrtausenden widerfährt, so groß, dass kein neues Unrecht es jemals aufwiegen könnte. Die gesamte Menschheit steht in ihrer Schuld. Selbst die Verurteilung aller lebenden jungen Männer wäre keine ausreichende Vergeltung. Für die Frau ist das Opfersein ein sozialer, geradezu ontologischer Zustand.

Der Mann ist mit einer furchterregenden Waffe ausgerüstet, die ihn zur Gewalttätigkeit verurteilt: sein Penis. »Der Penis oder das Sperma, das aus ihm dringt, ist Gewalt«, schreibt die Feministin Andrea Dworkin. »Der Penis muss Gewalt anwenden, damit der Mann zum Mann werden kann.«[13] Ausgestattet mit diesem zwischen seinen

Beinen baumelnden Fluch, kennt der Mann bereits als Kind nur eine einzige Obsession: Töten, Vernichten. »Die männliche Sexualität, trunken von der ihr inhärenten Verachtung für alles Leben, besonders dasjenige der Frauen, kann wild werden, im Schutze der Nacht ihre Beute jagen. In der Finsternis findet sie ihren Trost, ihre Zuflucht.«[14] Das Ehebett ist ein Kriegsgebiet, ein horizontales Kobané oder Stalingrad. Liebe machen bedeutet für einen jungen Mann fast immer Brutalität und für eine Frau Leiden. Es hat nie eine Zeit der unschuldigen Liebe gegeben: Hinter dem erotischen Werben tobt ein lautloser, permanenter Krieg. Laure Murat, Professorin an der Universität von Los Angeles, kommt zu dem Schluss: »Wir leben in einer globalisierten Gesellschaft, die, ob rigoristisch oder liberal, religiös oder säkular, muslimisch, jüdisch oder christlich, Frauen Gefahren aussetzt.«[15] Mit anderen Worten: Alle Frauen leben in Gefahr, in Rakka wie in Beverly Hills, in Goma wie im 7. Bezirk von Paris, die obere Mittelschicht ebenso wie das Proletariat. Wirklich?

Nicht alle Vergewaltiger sind gleich

Doch die Sorge um die Unversehrtheit der Frau wird durch den Antirassismus aufgewogen. Die Schande verteilt sich nicht gleichermaßen auf alle Männer. Allein Weiße sind wahrhaft schuldig. Wenn afrikanische Migranten oder Menschen aus dem Nahen Osten Pariserinnen belästigen, sollten sie nicht bestraft, sondern Bürgersteige verbreitert und die Straßenbeleuchtung ausgebaut werden. So lautete eine Forderung von Caroline De Haas vom 22. Mai 2017. Der Kampf gegen Vergewaltigung oder Aggression endet also bei der Hautfarbe.[16]

Ein Vergewaltiger aus einem Land des Südens darf nicht als solcher gelten, denn für ihn gelten mildernde Umstände. Der Essayist Thierry Pech erklärt die Übergriffe in Köln und im Pariser Viertel La Chapelle-Pajol mit einem bestimmten orientalischen Habitus: »Die Angreifer in Köln haben immer nur Arbeitslosigkeit und sexuelles Elend erlebt; deshalb sollte man sie nicht vorschnell verurteilen. Die Emanzipation der Frauen in der muslimischen Welt ist der Grund für die Frustration der muslimischen Männer. Die patriarchale und machohafte Verhärtung in den arabischen Ländern ist die Folge der Emanzipation der Frauen.« Sobald es um Nichtweiße, also sogenannte Dominierte geht, sind wir bereit, die Tragweite sexistischer Handlungen zu relativieren[17]. Eine Kultur der Entschuldigung trifft auf eine Gruppe von Menschen, die von Natur aus unschuldig ist. Der Paternalismus, der in diesem Denken steckt, ist wirklich erstaunlich. »Wir sind keine willigen Körper, die für den Konsum weißer Männer zur Verfügung stehen«, sagt die Islamistin Houria Bouteldja, gerade so, als hätte sie kein Problem damit, eben dies für Männer anderer Hautfarben zu sein. »Wenn eine schwarze Frau von einem schwarzen Mann vergewaltigt wird, ist es nachvollziehbar, dass sie keine Anzeige erstattet. Sie möchte die schwarze Gemeinschaft schützen«[18], ergänzt sie.

Kurz gesagt, alle Vergewaltigungen sind zu verurteilen, aber nicht alle sind es gleichermaßen; der Übergriff eines dominanten »Weißen« und derjenige einer Person »in subalterner Position«[19] gehören unterschiedlichen Ebenen an. Die amerikanische Philosophin Judith Butler sah in der Burka einen Schutz vor dem falschen Freiheitsversprechen des amerikanischen Imperialismus, weshalb sie afghanische Frauen dazu aufforderte, die Ganzkörperverschleierung bloß nicht abzulegen. Es ist besser, dem östlichen Patriarchat zu gehorchen, als Uncle Sam auch nur einen Zentimeter nachzugeben[20].

Sich auf die Übergriffe in Köln oder den Fall Tariq Ramadan zu konzentrieren, heißt also, bestimmte Menschengruppen – Moslems und Asylbewerber – zu stigmatisieren und Rassismus zu befördern, während »bereits die allmorgendlichen Männermassen in den öffentlichen Transportmitteln eine Gefahr für Frauen darstellen und betrunkene Gruppen umso mehr.«[21] Valérie Rey-Robert ist darauf aus, das gesamte männliche Geschlecht zu verurteilen, damit eine bestimmte Gruppe umso leichter in Schutz genommen werden kann.

Wann immer männliche Gruppen zusammenkommen – sei es auf dem Oktoberfest oder auf einem Fest in Bayonne –, werden Frauen Risiken ausgesetzt und die Zahl der Übergriffe vervielfacht sich. Was Tariq Ramadan anbelangt: Warum sollte man die Anschuldigungen gegen ihn mit dem Islam in Verbindung bringen? Finden denn nicht »jeden Tag Millionen von Vergewaltigungen auf der Welt«[22] statt?

Während die Autorin »die rassistische Konstruktion des Vergewaltigers« kritisiert, scheint sie zu vergessen, dass der Prediger Tariq Ramadan sich auf den Koran bezog, um eine höherwertige, über allen anderen Glaubensrichtungen stehende, moslemische Moral zu predigen. Sei's drum: Für die eifrigsten Denunziantinnen des männlichen Geschlechts sind Vergewaltigungen dann zulässiger, wenn sie von Moslems oder Migranten begangen werden. Erwägungen des Geschlechts weichen solchen der Rasse; alle Männer sind schuldig, aber einige sind schuldiger.

Um die Geheimnisse dieser neuen Kasuistik entschlüsseln zu können, müssen wir bei einem neuartigen Konzept ansetzen, das als »Intersektionalität« bekannt ist. Es wurde 1991 von der amerikanischen Juraprofessorin Kimberlé Crenshaw theoretisch begründet, auf Grundlage der Arbeiten von Peggy McIntosh und Gloria Jean Watkins. Die Intersektionalität verspricht, die Lebensrealität von Menschen, die mehreren Formen von Unterdrückung ausgesetzt sind – etwa Sexismus, Rassismus, Homophobie oder Transphobie – besser erfassen zu können. Durch Kumulation von Diskriminierungen zum besseren Verständnis der Verwundbarsten. Menschen werden in Abhängigkeit von Klasse, Rasse, Geschlecht oder Identität von mehreren Gebrechen durchkreuzt. Diese Metapher erinnert an ein Autobahnkreuz und konnte nur in einem Land entstehen, in dem das Auto König ist. Wie Metallspäne an einem Magneten gruppieren sich die verschiedenen Diskriminierungen und wirken aufschlussreich: Jeder ist die Summe seiner verletzten Teile. Eine schwarze lesbische Frau kann sich drei Unterdrückungen gleichzeitig in ihr Zeugnis eintragen lassen. Aus dieser Hypothese folgt, dass ein heterosexueller Weißer, einer möglichen Benachteiligung oder Krankheit zum Trotz, weniger befugt ist sich zu äußern als ein Schwarzer oder ein Homosexueller.

Das perfekte Opfer ist dasjenige, das gemäß dem aktuell herrschenden Martyrologium die meisten Punkte sammelt. Und wehe dem, der nicht dazugehört: Eine junge weiße Frau, die am Women's March 2017 gegen Donald Trump teilnehmen wollte, wurde von der Menge ausgeschlossen: Zuerst sollte sie sich dazu bekennen, Nutznießerin eines rassistischen Systems der Ausbeutung zu sein. Trotz ihrer

Armut und ihrer erfahrenen Vergewaltigung, musste sie sich für ihre angeblichen »Privilegien«[23] entschuldigen. Jeder wird zur maßgeschneiderten leidenden Minderheit, angepasst an kundenspezifische Wünsche. Benachteiligungen werden wie teure Schmuckstücke getragen: Man kann Frau sein, Veganer, Homosexueller, Inder, Behinderter, und all diese Eigenschaften stärken die symbolische Immunität.

Da der Konflikt der Identitäten den Klassenkampf ersetzt hat, finden sich sämtliche unterdrückten Gruppen unter dem gleichen Joch wieder: dem des heterosexuellen, weißen Manns, des intersektionalen Übeltäters par excellence. Was wie eine ständige Verfeinerung der mikropolitischen Analyse scheint, entpuppt sich als Rückkehr zu einer altertümlichen Ideologie: der Fluch der Pigmentierung. Was in der Debatte beherrschend geworden ist, ist die Hautfarbe. Ein posthumer Sieg von Gobineau, Chamberlain und Rosenberg. Die Nürnberger Gesetze werden auf neue Art und Weise umgeschrieben[24]. Wie im zwanzigsten Jahrhundert teilt sich die Welt erneut in Rassen und ethnische Gruppen.

Kapitel 2

Das unmögliche Einverständnis

Vor langer Zeit schrieb Jean-Jacques Rousseau: »Eine Frau gibt nach, indem sie sich zur Wehr setzt«, sie wehrt sich, um ihre Ehre zu retten und der Tugend einen letzten Tribut zu zollen. Heutzutage belächelt man diese altmodische Theorie und hält sich für frei von solchen Vorurteilen. Aber haben sich die Dinge wirklich geändert? Laut den Neo-Feministinnen willigt die Frau niemals ein, sie kapituliert nur um des Friedens willen. Warum tut sie das? Laut Valérie Rey-Robert, weil sie von der täglichen Arbeit abgestumpft ist – unterernährt, geistig und körperlich erschöpft von der Kinderbetreuung. Sie sei physisch und spirituell entwaffnet.[25] »Nachgeben heißt nicht einwilligen. Nachgeben heißt, keine weiteren Handlungsmöglichkeiten zur Verfügung zu haben und sich für die diejenige zu entscheiden, die die geringsten Nachteile hat.« Von wem ist hier überhaupt die Rede? Von einer Französin, einer Engländerin oder einer Schwedin aus der Mittelschicht, die sich vollkommen frei für ihren Ehemann oder Partner entschieden hat, die arbeitet, ihren Lebensunterhalt bestreitet und deren Lebenserwartung kontinuierlich steigt? Oder einer Person aus einem Kriegsgebiet? Reden wir über Frankreich oder den von Milizen verwüsteten Ostkongo, das Syrien Assads, das Mexiko der Kartelle oder das Kalifat des Islamischen Staats, in dem jesidische und christliche

Frauen versklavt wurden (worüber unsere Feministinnen nur selten ein Wort verlieren)? Die Theoretiker einer systematischen »Kultur der Vergewaltigung« sind die größten Feinde ihrer eigenen These: Die Maßlosigkeit ihrer Äußerungen entwertet sie, kaum sind sie ausgesprochen. So niederträchtig es ist, die Tragödie der Vergewaltigung zu leugnen, so fragwürdig und verharmlosend ist es, alle Akte der Liebe unter ihr zu fassen. Die Philosophin Geneviève Fraisse misst dem sexuellen Einverständnis nicht die geringste Relevanz bei: Es sei bloß das Symptom einer geleugneten Knechtschaft. Laut ihr verbirgt sich hinter diesem Einverständnis immer ein Kräfteverhältnis, in dem die schwächere Seite zu einem Kompromiss gezwungen wird.[26] »In unserer Kultur vermischen sich Vergewaltigung und einvernehmlicher Sex«, ergänzt Valérie Rey-Robert. Erotische Beziehungen, in denen sich die Partner ergänzen, sind folglich unmöglich. Männer gebieten, Frauen geben nach.

Das Patriarchat des Steaks

Verweilen wir einen Moment bei der oben angeführten Unterernährung. Es mag sein, dass diese in sehr armen oder von Hungersnöten geplagten Ländern vorkommt, aber auch in Europa? In Frankreich? Das erinnert an die von Peggy Sastre[27] widerlegten Fake News vom Patriarchat des Steaks, wonach die geringere Körpergröße von Frauen auf das historische Vorenthalten von wachstumsfördernden tierischen Proteinen zurückzuführen sei. 2005 verteidigte die Anthropologin Priscille Touraille unter der Leitung von Françoise Héritier eine Dissertation, die den Größenunterschied nicht in biologischen Tatsachen begründet sah, sondern in einer ins Paläolithikum zurückreichenden sozialen Konstruktion. In einem Interview für die Zeitung *Le Monde* wiederholte Françoise Héritier die These: »Seit prähistorischen Zeiten haben Männer Proteine, Fleisch, Fette, alles, was zum Knochenaufbau notwendig war, für sich beansprucht, während Frauen stärkehaltige Nahrungsmittel und Brei erhielten, die sie kurviger machte.

Diese Ungleichheit in der Ernährung, die immer noch beim größten Teil der Menschheit zu beobachten ist, führte im Laufe der Jahrtausende zu einer Abnahme der Größe der Frauen, während Männer größer wurden. Dieser Unterschied wird zwar als natürlich angesehen, ist jedoch kulturell erworben.« Die sexuelle Selektion rührt also aus dem Sexismus und nicht aus den Gesetzen der Evolutionsbiologie. »Gender-Diäten«, ergänzt Priscille Touraille, förderten eine »Reduktion von Nährstoffen« bei großen Frauen, die dadurch an den Rand gedrängt wurden. Diese Entdeckung wurde von der Journalistin Aude Lancelin als »anthropologischer Scoop« gefeiert. Selbstverständlich wurde die Hypothese der Nahrungssegregation gleich von sämtlichen Fachleuten widerlegt, denn laut dem Biologen Robert Trivers hat der Sexualdimorphismus nicht im Paläolithikum begonnen, sondern ist, als Ergebnis von Selektion, bei allen unseren Primatenvettern – Schimpansen, Gorillas, Orang-Utans – seit Millionen von Jahren vorhanden.

Es reicht ein wenig gesunder Menschenverstand, um zu erkennen, dass Männer, allein schon um die Gesundheit ihrer (männlichen und weiblichen) Kleinkinder zu sichern, ein Interesse daran hatten, auch ihre Frauen zu ernähren. Man schreckt vor keiner Dummheit zurück, wenn es darum geht, extreme Thesen zu stützen.

Den Beweis zu erbringen, dass es zu keinem Zeitpunkt ein freies und aufgeklärtes Einverständnis zwischen zwei Personen jeglichen Alters gab, ist das Entscheidende. Fazit: Von der Wiege bis zur Bahre willigen Frauen unter Zwang ein: »Die französische Heterosexualität basiert auf der Täuschung, dass Frauen zwar das Gefühl der Macht haben, dabei aber eigentlich ohnmächtig sind. Sie glauben Nein sagen zu können, wenn sie dies möchten. Sie glauben, dass sie die Meisterinnen des Spiels sind.« Woher weiß die Autorin das? Was gestattet ihr, für alle heterosexuellen Frauen zu sprechen? (Und geht sie davon aus, dass lesbische Beziehungen immer auf Konsens beruhen, weil sie frei von einer männlichen Präsenz sind?)

Frankreich, eine stinkende Rose

Frankreich soll nichts anderes als eine kulturelle Betrügerei sein. Unser Land behaupte, der puritanischen Verführung zu widerstehen, aber das sei nichts als Augenwischerei. Zu Beginn des zwanzigsten Jahrhunderts beobachtete die bedeutende amerikanische Schriftstellerin Edith Wharton, dass in Frankreich erwachsene Beziehungen zwischen Männern und Frauen möglich sind, weil Letztere über einen besonders großen Einfluss verfügen: Man sähe sie überall, omnipräsent, unentbehrlich auf sämtlichen Ebenen der Gesellschaft, während die amerikanischen Frauen unter sich blieben und isoliert seien[28]. Französische Frauen hingegen stünden für Vielfalt und Sichtbarkeit. Wharton führte dies auf den besonderen Mut der französischen Frauen und auf die bedeutende Rolle, die sie während der deutschen Besatzung 1870 und 1914–1918 gespielt hatten, zurück. In Frankreich besäßen Männer und Frauen ein

Gut, das unendlich viel wertvoller sei als Geld: Zeit, sich zu entfalten, zu flanieren und die Sitten zu verfeinern. Frankreich besitze Lebenskunst, Amerika mache Geschäfte. Für sie waren die wichtigsten Wörter der französischen Sprache und Literatur Ruhm, Liebe, Sinnlichkeit und Freude.

Das dürfte reichen, um unsere einheimischen Puritaner zum Schreien zu bringen. Laut der amerikanischen Historikerin und Pädagogin Joan Wallach Scott, die beim Thema sexuelle Gewalt in Frankreich Licht ins Dunkel bringt, bedarf es heute der »Beschwörung von 500 Jahren an Literatur, 400 klassischen Schriftstellern und 1000 Jahren der Zivilisation«[29], um eine Dame zum Beischlaf zu überreden. Wenn das zutrifft, dann ist französische Kultiviertheit bloß ein anderes Wort für Machismo: man belästigt euch auch weiterhin, aber nun mit Blumenstrauß und Zitaten berühmter Dichter und Dramaturgen. Laure Murat fasst in Anspielung auf die Affäre um Dominique Strauss-Kahn die französische Fantasie folgendermaßen zusammen: »Dodo la Saumure chez Madame du Deffand.«[30] Indem es den Kult des Geheimnisses und der Ambiguität praktiziert, rechtfertige Frankreich Vergewaltigungen mit den Mitteln der Rhetorik und der Literatur. Fazit: »In der DNA Frankreichs steckt auch die Verteidigung sexueller Gewalt.«[31]

So sind sie, unsere gallischen Mitbürger: elegante Vergewaltiger, die ihr schmutziges Spiel mit feinen Argumenten kaschieren. Sie betören und täuschen ihre Beute, bevor sie sie missbrauchen. Verführung, Raffinesse, Beweihräucherung sind bloß Teil einer List. Ein Hinweis an die Freunde der guten Manieren: Das Aufhalten einer Tür, das Angebot den Koffer zu tragen, kann ernsthalte Zurechtweisungen zur Folge haben. Wie soll einem hierbei nicht die große Historikerin Mona Ozouf einfallen, deren Bild Frankreichs ein vollkommen anderes ist: »Frankreich ist eine Zivilisation der Sinnlichkeit. Frankreich ist eine Sprache, eine Literatur, ein Geschlecht, eine Nation, in der laut Mallarmé alles zum Buch oder zum Sex führt. (…) Frankreich ist eine Frau, ein Gebiet, das vom Handel der Geschlechter geprägt und geschliffen wurde.«[32] Falls unsere #Metoo-Aktivistinnen jemals an die Macht kommen, wird Mona Ozouf zweifellos wegen unziemlicher Aussagen im Umerziehungslager landen.

Zwei Einwilligungen

Zumeist werden in der Diskussion die beiden Bedeutungen des Wortes Einwilligung – Akzeptanz und Wunsch – durcheinandergebracht. »Ich könnte« und »ich will« meinen nun einmal nicht dasselbe. Auf der einen Seite hält man ein Angebot für annehmbar, auf der anderen für begehrenswert.

Im ersten Fall fragt man sich »Warum nicht?« – in ihm manifestiert sich die eigene Lust. Es gibt eine Spielart des Feminismus, der davon ausgeht, dass das weibliche Begehren unmöglich freiwillig sein kann. Alle Frauen seien »fracassées du oui« (Nancy Huston), die einem unerträgliche Druck ausgesetzt sind[33]. Der Liebesakt sei für sie die reinste Hölle. Aber wie ist es möglich, dass es einer kleinen Zahl Hellsichtiger gelingt, sich dem Einfluss dieses Bannes zu entziehen?

Ist diese »Klarsicht« nicht vor allem eine Negation der selbstbestimmten weiblichen Sexualität, in dem Moment, in dem sie sich dem sogenannten starken Geschlecht zuwendet? Man stellt intime Beziehungen unter Verdacht, damit der Akt der physischen Liebe selbst als maskierte Vergewaltigung dargestellt werden kann.

Laut einer Schätzung des von Caroline De Haas gegründeten Kollektivs »Nous toutes«, hatten 70–80 Prozent aller Frauen bereits mehrmals Sex, ohne es zu wollen. Wird hier nicht unterschlagen, dass auch der Mann seine Einwilligung geben muss und sich manchmal zu körperlichen Intimitäten zwingt, die ihm missfallen? Wird hier nicht unterschlagen, dass es nicht allein Frauen sind, die Lust vortäuschen, um ihre Partner nicht zu verletzen. Auch Männer bedienen sich dieser List – obwohl sich das technisch ein wenig schwieriger gestaltet. Die eheliche Pflicht ist nun einmal keine Einbahnstraße.

Möchte der zeitgenössische Feminismus, dass zwischengeschlechtliche Beziehungen auf Respekt und gegenseitiger Zustimmung gründen, oder denunziert er gegenseitige Anziehung lieber als Anomalie, die es auszuradieren gilt? Es gibt eben einen Unterschied zwischen der Glorifizierung der Frau mit dem Ziel, sie aus der ihr zugewiesenen historischen Rolle zu befreien, und der Herabwürdigung aller Männer, als wären sie Teil einer verfluchten Rasse. Wird die Hexenjagd durch eine Jagd auf Hexer ersetzt?

So wichtig der Kampf gegen Vergewaltigung, Inzest und Pädophilie auch ist, der hysterische Charakter mancher Anschuldigungen lässt vermuten, dass ihre eigentlichen Ziele nicht Belästigungen und Missbrauch sind, sondern Liebesbeziehungen an sich, also die Heterosexualität. Man lehnt eine Hierarchisierung der Vergehen ab und banalisiert Vergewaltigung als eine Art Kontinuum, als kulturellen Habitus, der beim Flirt oder bei sexistischen Witzen[34] beginnt und beim Gewaltakt endet. Das Wort selbst ist zur Floskel geworden, zum semantischen Werkzeugkasten.

Wie ein unheimlicher Schatten liegt es über allen Gesten der Liebe, vom Blick bis zum Übergriff. Es kann jedem zum Verhängnis werden, der sich eine ungeschickte Handlung zu Schulden kommen lässt oder das Pech hat, wider Willen in eine kompromittierende Situation zu geraten. In den USA reicht es bereits, allein mit einer Frau in einen Aufzug zu steigen. Wenn sie sich zwischen zwei Stockwerken unwohl fühlt, kann sie die Polizei kontaktieren; die bloße Anwesenheit eines Manns kann bereits eine potenzielle Belästigung darstellen. Wenn Vergewaltigung überall ist, ist sie nirgends.

Kapitel 3

Nein heißt nein, ja heißt vielleicht

Was ist das Ziel dieses Feminismus? Die Emanzipation der Frauen? Oder sollen sie durch die Verbreitung von Angst kontrolliert werden? Ein halbes Jahrhundert nach der sogenannten »sexuellen Revolution« ist die Liebe zu einem Machtspiel geworden, das Glück zu einer verzehrenden Sorge und die Lust zur Beklemmung. Der Pfeil der Freiheit droht jetzt diejenigen zu durchbohren, die ihn einst abgeschossen haben. Einst, im christlichen oder bürgerlichen Abendland, stand der Liebesakt unter Beobachtung, geduldet als Akt der Fortpflanzung innerhalb der ehelichen Sphäre. Zumindest dem Mann standen noch Bordell oder Mätresse, frustrierte Ehefrau, Lebedame, Grisette oder Junggesellin zur Triebkanalisierung einer überbordenden Libido zur Verfügung. Ehefrauen, die zu Hause in der Rolle der Mutter, Erzieherin und Köchin gefangen waren, nahmen sich manchmal Liebhaber – auch auf die Gefahr hin, von der Gesellschaft getadelt und hart bestraft zu werden. In der Literatur stellt Madame Bovary hierfür das markanteste Beispiel dar. Seitdem haben sich die Dinge geändert und Frauen haben durch Verhütung und Abtreibungsrecht endlich die Kontrolle über ihren Körper erlangt: ein beachtlicher Fortschritt. Nach der kurzen Phase der Euphorie und Unbeschwertheit der 1960er- und 1970er-Jahre scheint die Liebesumklammerung erneut zur

Herausforderung geworden zu sein, zu einer rechtlichen und politischen Hürde, vor allem in den englischsprachigen Ländern. Vorbei ist es mit der einst gefeierten leidenschaftlichen Begierde: Die Zeit der kleinen schmutzigen Geheimnisse ist zurück.

Eros an der Universität

So sieht die gelebte Erfahrung an zahlreichen amerikanischen Unicampussen aus. Diese den Reichsten vorbehaltenen Oasen der Ruhe und des Komforts sind auf ihre Weise auch die Laboratorien des Amerikas von morgen. So wird seit den 1990er-Jahren Dozenten empfohlen, niemals Studentinnen in geschlossenen Büros zu empfangen. Falls doch, sollte das Gespräch aufgezeichnet werden, damit jede spätere Zweideutigkeit ausgeschlossen werden kann. Bemerkungen über Aussehen oder Kleidung gelten ebenso als Tabu wie intensive Blicke oder persönliche Beziehungen, selbst wenn die Studentin die Universität verlassen hat. Gegenseitige Einwilligung gilt in diesem Bereich aufgrund möglicher Interessenkonflikte und Amtsmissbrauch als ausgeschlossen. Zuwiderhandlung wird mit sofortiger Entlassung geahndet.

Auch Beziehungen unter Lehrkräften werden verurteilt, es sei denn, sie führen zu einer ordnungsgemäßen Ehe. In englischsprachigen Ländern erinnern die Liebesbeziehungen zwischen Dozenten und Studenten an Romeo und Julia; sie sind zu Orten des totalen Verbots geworden. Brigitte Macron, die als Französischlehrerin an einer Schule in Amiens eine 15-jährige Schülerin verführte oder sich von ihr verführen ließ, wäre in den USA gnadenlos bestraft worden. Es liegt ein apriorisches Misstrauen über den Bewahrern des Wissens und der Überlieferung. Das inquisitorische Klima, das hier herrscht, kennen wir aus den Werken von Philip Roth oder aus dem Roman *Schande*[35] des südafrikanischen Nobelpreisträgers J. M. Coetzee: Die Autorität nimmt das Recht in Anspruch, ihre Mitglieder zu kontrollieren und Widerspenstige zu Reue und Beichte zwingen zu dürfen.

Um diese Entwicklung zu begreifen, müssen wir uns mit der Desillusionierung beschäftigen, die auf die Emanzipation der Sitten folgte. Vielen Frauen schien es, als hätte man sie nur »befreit«, damit sie den endlich von der Last des Verbotenen befreiten Männern als Beute dienen konnten. Wer Sex ablehnte, galt fortan als verklemmt und spießig. Indem die Emanzipation den klassischen Ausdruck von Gefühlen verspottete und Sex unter die Vormundschaft einer mechanischen Pornographie stellte, machte sie die Liebe komplizierter. Die Freizügigkeit der 1970er-Jahre haben altmodische Moralvorstellungen, Konventionen und falsche Keuschheit in Verruf gebracht. Die alte Welt musste getötet werden, koste es was es wolle. Und jetzt befindet sich eben diese Freiheit selbst auf der Anklagebank.

Title IX (benannt nach einem 1972 verabschiedeten Gesetz) verpflichtet öffentliche Bildungseinrichtungen in den Vereinigten Staaten, beim Verdacht eines Vergehens sexueller Natur den Fall gewissenhaft zu prüfen und den Verwaltungsapparat unverzüglich in Gang zu setzen. Bereits Anfang der 1990er-Jahre hat das Antioch College in Ohio eine Satzung erlassen, nach der sexuelle Beziehungen zwischen Studenten durch einen schriftlichen Vertrag zu regeln seien. Die Warnung an die Liebenden war unmissverständlich: »Für jede Etappe des Vorgangs muss erst die Zustimmung eingeholt werden. Wenn man das Oberteil abnehmen, die Brüste berühren möchte, muss man jedes Mal um Erlaubnis bitten.«[36] Was hier vorgeschlagen wird, ist eine Umarmung nach Art des Morse-Codes, die kaum der Leidenschaft dienen wird. Dabei soll die Einwilligung nicht für den gesamten Akt gelten, sondern die Möglichkeit bieten, bereits erfolgte Schritte wieder rückgängig zu machen. NOW (National Organization for Women), die einflussreichste feministische Organisation Amerikas, setzte sich dafür ein, den Code von Antioch zur Grundlage erotischer Beziehungen an sämtlichen Universitäten des Landes zu machen. Während die Reaktionen der amerikanischen Bevölkerung damals zumeist negativ ausfielen, hat sich die Situation heute, dank des Wirkens einer entschlossenen Avantgarde, radikal verändert. Als Reaktion auf zahlreiche Fälle von Vergewaltigungen auf Partys gingen Universitätsleitungen dazu über, das Prinzip des Affirmative Consent[37] noch strenger umzusetzen – auch aus Angst vor finanziellen Einbußen oder juristischen Klagen. Ob es sich nun um eine Studentin handelt, deren Angreifer nicht belangt wurde, oder einen Studenten, der zu Unrecht angeklagt und dessen Grundrechte mit den Füßen getreten wurde: Die Zustimmung muss klar, freiwillig und gegenseitig sein. Schweigen oder mangelnder Widerstand gelten als juristisch belanglos. Die Einwilligung wird als nichtig angesehen, wenn sie unter Einwirkung von Gewalt oder dem Einfluss von Alkohol oder Drogen erfolgte. Sie ist jedes Mal einzigartig und kann auch noch während des Aktes modifiziert werden, wenn eine Person ihre Meinung ändert. Mit Person ist ausschließlich die Frau gemeint. Der Austausch beruht auf dem unstrittigen Prinzip des »Nein heißt Nein«; jedoch bedeutet »Ja« nicht immer »Ja«, sondern kann auch »Vielleicht« bedeuten, falls die Frau ihre Meinung ändert oder von der Darbietung ihres Partners enttäuscht ist. Es gibt hier weder Raum für Nachsicht noch für ein Herantasten. Eine Veränderung des Gemüts und die Erlaubnis wird zur Ablehnung. Eine solche Willkür kann beim Liebenden Beklemmungsgefühle hervorrufen. Was einmal erlaubt war, muss es nicht beim zweiten Mal sein. Es handelt sich um Verträge, die nur für eine kurze Dauer gelten und die jederzeit gelöst werden können.

Die Reue des folgenden Tags

Eine Regel mit vielen Ausnahmen: War die Frau leicht betrunken, so trägt der Mann die Schuld. Bereut sie eine intime Handlung, kommt nicht zum Höhepunkt oder möchte sich dafür rächen, dass der Begehrte sich nach der ersten gemeinsamen Nacht verleugnen lässt, kann sie diese zur Anzeige bringen. Wenn eine kurze Affäre einen enttäuscht zurücklässt oder die andere Person sich doch nicht als begehrenswert herausstellt, spricht man auch von der »Reue des folgenden Tags«. Rechtfertigt das eine Anzeige, das Heranziehen eines juristischen Beistandes? Körperliche Intimität und Liebesbeziehungen haben die Besonderheit, dass sie Vertrauen und Zeit zur Voraussetzung haben. Sie zum Gegenstand willkürlicher Umdeutungen oder juristischer Prozesse zu machen, bedeutet, ihren Zauber zu zerstören, bevor sie sich festigen können.

Wie lässt sich das Einverständnis verrechtlichen? Da sich der offizielle Weg über einen Richter manchmal als recht kompliziert erweist, kann man mittlerweile auch auf eine App zurückgreifen, die ein laut und deutlich ausgesprochenes »Yes to Sex« als Zeichen der Einwilligung aufzeichnet und auf sicheren Servern speichert. In einem Vertrag können dann auch die bevorzugten sexuellen Fantasien kodifiziert werden. Haftbar bleibt dennoch ausschließlich der Mann, daran ändern auch diese neuartigen Verfahren nichts. Man träumt von einer Gesellschaft, in der das Recht sämtliche soziale Verhältnisse neu erschafft und umgestaltet, bis hinein in die intimsten Details. »Intimitätskoordinatoren«, eine Mischung aus Nachtclub-Türstehern und Anstandsprofessoren, werden auf Partys und in Bars als Vermittler eingesetzt, um den sozialen Austausch anzuleiten, unwillkommene Gäste fernzuhalten und die Konformität des Verhaltens zu überprüfen. In den 1990er-Jahren tauchten an manchen amerikanischen Universitäten »Mauern der Schande« auf, an denen Machos, tatsächliche oder vermeintliche Vergewaltiger, steckbrieflich angeprangert wurden – ohne, dass sie sich dagegen zur Wehr setzen konnten. Das sind Praktiken, die an die demütigenden Kampf- und Kritiksitzungen der chinesischen Kulturrevolution erinnern lassen.

Eigens geschulte Pädagogen haben auf Grundlage »realistischer Szenarien« Programme entwickelt, die die Grenze zwischen Erlaubtem und Verbotenen festlegen und deren Implementierung die Fakultäten vor juristischer Verfolgung bewahren sollen[38]. Wie muss man sich das vorstellen? Gemeinsam mit Sexologen und Psychologen beraten Lehrer über alle erdenklichen Stellungen, um den reizüberfluteten Studenten die Ergebnisse zu präsentieren? Es ist, als wären wir ins katholische Europa des 17. Jahrhunderts zurückgekehrt, als sündige Damen unter Anleitung sogenannter Beichtbücher alle anstößigen Details preisgeben mussten, um die Absolution zu erhalten. Die Leitungen unserer Universitäten sind von zwei Zielen geleitet: der Aufrechterhaltung der Disziplin und der Sorge um die Selbstverwirklichung. Es gilt, einen angemessenen Umgang mit Vorfällen zu finden und gleichzeitig die hormonellen Ausbrüche junger Menschen zu kanalisieren. Für einen Großteil der Jungen und Mädchen zwischen 18 und 24 Jahren wird der Campus der Ort sein, an dem sie ihre Jungfräulichkeit verlieren und ihre ersten Gefühle der Erregung erleben. Es ist an den Erwachsenen, ein Umfeld zu schaffen, das Kontrollverlusten vorbeugt. Laut einer Studie des Weißen Haus werden fast zehn Prozent aller Studentinnen Opfer sexueller Übergriffe; Vergewaltigungen sind vor allem im Bereich des Sports verbreitet. Es sind vor allem die von Gleichaltrigen wie Halbgötter bewunderten Basketballer, Footballspieler oder Schwimmer, die am häufigsten außer Kontrolle geraten, dann aber aufgrund ihres Status auf Straffreiheit hoffen können.

Nicht anders als in Europa besteht auch hier das Hauptproblem im übermäßigen Genuss von Alkohol. Junge Menschen betrinken sich vor dem Ausgehen, um ihren Verstand zu verlieren und Hemmungen abzubauen. Das Ziel besteht darin, sich bis zum Erbrechen volllaufen zu lassen und dann bis zur Bewusstlosigkeit weiterzutrinken. Was sich anschließend abspielt, bleibt häufig schleierhaft und gibt Anlass zu allerlei Interpretationen[39]. In den 1940er-Jahren wurde von einem wohlerzogenen jungen Mann erwartet, dass er zunächst den Vater der Begehrten um Erlaubnis bittet, sie auszuführen, und sie noch vor Mitternacht wieder zu Hause abliefert. Von dieser Art des Datings haben wir uns weit entfernt. Unter dem Einfluss von Alkohol kann es passieren, dass man sich am Folgetag nicht mehr daran erinnert, mit wem man die Nacht verbracht hat. Das sind sicherlich nicht die besten Bedingungen für eine längere, auf Liebe und Zärtlichkeit beruhende Partnerschaft. Deshalb ziehen junge Frauen es oftmals vor, in einem sicheren Raum unter sich zu bleiben, anstatt Übergriffe ihrer betrunkenen Kommilitonen zu riskieren.

Manche Wochenenden und Ferien, wie an Ostern oder während des Spring Breaks, können den Charakter römischer Orgien annehmen. Das massenhafte Komasaufen schafft eine Situation, die auf allen Ebenen gefährlich ist. Es sind die Saturnalien einer puritanischen Gesellschaft, die ihrer Jugend an festgelegen Tagen den Kontrollverlust gestattet.

Risiken des Gesellschaftsvertrags

Zu den vergessenen Opfern gesellen sich die zu Unrecht Verleumdeten. Manche Einrichtungen versuchen nun, ihr früheres Versagen, Vergewaltigungen zu verhindern, durch systematisches Überbestrafen zu kompensieren. Fehlurteile werden billigend in Kauf genommen. Hunderte von Studenten haben bereits wegen der Verletzung ihrer Rechte Klage eingereicht. Die Wahl zwischen Nachgiebigkeit und Willkür ist ein veritables Dilemma. Die Tatsache, dass bereits eine einfache Denunziation ausreicht, um einen Mann vor einen Disziplinarausschuss zu bringen, wird viele Frauen dazu verleiten, sich mit Diffamierungen und Falschaussagen für empfundene Kränkungen zu rächen. Fällt das Belügen einer Frau, um sie ins Bett zu kriegen, in die Zuständigkeit eines Gerichts, oder gehört es lediglich zu den Unwägbarkeiten der Liebe? Stehen wir vor der Gründung eines Ministeriums der enttäuschten Liebe? Lassen sich sentimentale Enttäuschungen, die nun einmal schwer zu vermeiden sind, als zivilrechtliche Vergehen verfolgen?

Einen notwendigen Teil des Schauspiels der Leidenschaften möchten zahlreiche radikale Aktivisten am liebsten zerstören. Eros und Amor bleiben ewige Störenfriede.

Und die von gleichgültigen Frauen verlassenen Männer? Werden auch sie Klage führen können? Eine Versicherung gegen Liebeskummer gibt es zumindest (noch) nicht. Einer Nation, deren Begriff von Leidenschaft entweder pornographisch oder fade ist, gelten die Launen des Begehrens, das Herzrasen, als ein Verbrechen, das mit den grausamsten Bestrafungen geahndet werden muss – vor allem, wenn es sich um männliche Täter handelt. In Nathaniel Hawthornes großartigem Roman *Der scharlachrote Buchstabe* galt das Zeichen für Ehebruch den untreuen Frauen. Der Puritanismus hat sein Geschlecht verändert, nicht aber seine Methode.

Der Gesellschaftsvertrag erweist sich als problematisch, wenn er auch die unscharfen Bereiche der Affekte regeln soll. Die Sphäre der Liebe setzt gegenseitige Zuneigung voraus, die sowohl das Aufkündigen, das Entdecken und schließlich das Finden einer Übereinkunft zwischen den Verliebten ermöglicht. Man macht nicht Liebe, um seine Würde zu bewahren, sondern vielmehr, um sie zu verlieren.

Das unbarmherzige Universum des Neofeminismus kennt hingegen keine Gnade, sondern nur allzeit kampfbereite Kriegerinnen, bereit, Schlag auf Schlag folgen zu lassen. Statt eine geteilte Freude zu sein, wird Sex wieder zu dem, was er in der viktorianischen Epoche war: ein Objekt des Misstrauens, sogar des Ekels, ein Wettkampf zwischen zwei Kontrahenten. Was diese Perspektive unterstellt, ist: Sexualität kann immer nur männlich sein, während die Rolle der Frau darin besteht, die Angriffe einer monströsen Bestie still hinzunehmen. Begehren ist eine einseitige Angelegenheit.

Liebe auf Video

Wie kann man sich vor den natürlichen Neigungen junger Männer zum Missbrauch schützen? Juristen haben einige Vorschläge gemacht. Lauren Campbell etwa fordert, den gesamten öffentlichen Raum zu filmen und das Filmmaterial mehrere Monate lang aufzubewahren[40]. Besteht dann nicht das Risiko, dass die Liebenden gehemmt werden? Ganz zu schweigen von den Gefahren einer Verbreitung der Aufnahmen im Internet und der Möglichkeit späterer Erpressungen. Auch die Unterzeichnung eines Vertrags in Anwesenheit eines Zeugen würde nicht ausreichen, da einer der beiden Vertragspartner sich später umentscheiden könnte. Die einzige transparente Lösung bestünde darin, Sex nur noch unter dem wachsamen Auge einer dritten Person zu vollziehen – eine recht knifflige Angelegenheit. Man kann nicht voraussetzen, dass der Zeuge sich als unparteiisch erweist. Er könnte versucht sein, seine Machtposition auszunutzen, und auf seine Teilnahme bestehen. Ist es möglich, sich vor einem Fremden hinzugeben, sich aller Scham zu entledigen, wenn ein neugieriger Blick einen von allen Seiten mustert? Sollte man einen zweiten Zeugen hinzuziehen, der den ersten im Blick hält? Hieße das nicht, zum Zwecke der Transparenz und den Mitteln der Justiz, Gruppensex neu zu erfinden? Letztlich werden wir, egal auf welche Methode man sich einigen wird, nie mit Sicherheit wissen, ob der Akt wirklich einvernehmlich war. Zudem dürfte es dem Körper schwerfallen sich gehen zu lassen, wenn der Geist ständig wachsam bleiben muss: Beim ersten Anflug von Zweifel wird der junge Mann erschlaffen, die junge Frau sich verschließen. Es gibt keine Wunderlösung, nur mehr oder weniger unvollkommene Optionen.

Laut Laura Kipnis, Professorin der Filmwissenschaft, ist das nicht weiter tragisch. In einem Buch, das sich kritisch mit dem universitären System beschäftigt, beschreibt sie, dass »sexuelle Übergriffe« in den USA längst Teil eines lukrativen Geschäfts geworden sind. Ein Geschäft, das u.a. zahlreiche Smartphone-Apps wie Online-Kurse hervorgebracht hat, die zwar die Anbieter reich machen, die Gehälter der Lehrkräfte jedoch schrumpfen lassen. Wir haben es hier mit einer neuen Industrie zu tun, deren Wachstum mit der Qualität des Studiums korreliert[41]. Das akademische Amerika scheint sich in einen Zustand des sexuellen Deliriums gestürzt zu haben, der den prüden Dogmen der Gründerväter in nichts nachsteht.

Kapitel 4

Die Liebe ist eine Falle

»Die Tugend selbst braucht Grenzen.«
Montesquieu

Mit besten Absichten lädt man Frauen dazu ein, den erotischen Akt als Falle und sich selbst als Reingetappte zu betrachten. Man zerlegt ihn in einzelne Sequenzen, die anschließend minutiös auf mögliche Schwachstellen hin untersucht werden. Das Feld des Umstrittenen dehnt sich dabei ins Unendliche aus. Auf diese Art zerstückelt, wird der Liebesakt auf die manichäische Alternative des Ja oder Nein reduziert. Für Zögern und Hinhalten bleibt wenig Raum. Dabei liegt es doch in der Natur der Sache, dass Begehren immer auch das Risiko einer Abfuhr birgt. Was also tun? Aufgeben oder beharren? Wenn derjenige, dessen Liebe nicht erwidert wird, hartnäckig bleibt, riskiert er die umworbene Person zu verprellen. Das bedeutet natürlich nicht, dass das Beharren nicht eines Tages zum Ziel führen kann. (Das ist das Motiv des großartigen Romans von Gabriel Garcia Márquez, *Liebe in Zeiten der Cholera.* Der 1985 veröffentlichte Roman handelt von einem Mann, der sich in eine unglücklich verheiratete Frau verliebt und 50 Jahre auf sie wartet.) Wie viele glückliche Partnerschaften kamen zustande, weil die anfängliche Gleichgültigkeit einer Person aufgrund von hartnäckigem Werben in Zuneigung umschlug?

Vor zwei Jahren veröffentlichten einige Frauen als Reaktion auf #MeToo eine Petition, die von Teilen der Öffentlichkeit als Skandal empfunden wurde. In ihr forderten unter anderem Catherine Millet, Ingrid Caven, Catherine Deneuve und Sarah Chiche »eine Freiheit, zu belästigen, die für das Sexualleben unerlässlich«[42] ist. Die Kolumne begann wie folgt: »Vergewaltigung ist ein Verbrechen. Aber aufdringliches oder ungeschicktes Flirten ist ebenso wenig ein Vergehen, wie die Galanterie eine machohafte Aggression ist.« Über die Wahl der Begriffe lässt sich unterschiedlicher Meinung sein; Catherine Millet und Catherine Deneuve wurden für ihren Beitrag jedenfalls mit Dreck beworfen. Selbst die eher gemäßigte Emma Thompson, die nie im Ruf stand eine Brandstifterin zu sein, ging in einem Gespräch mit *Le Monde* so weit, Catherine Deneuve »Kollaboration mit der männlichen Herrschaft«[43] vorzuwerfen. Ein schlimmer Vorwurf, der alle Frauen vor die unmögliche Wahl stellt: Hältst du es mit dem Feind, oder leistest du ihm Widerstand? Durch die Beschwörung einer mythischen Schwesternschaft versuchen Extremistinnen all diejenigen, die nicht ihrem Banner folgen, zu exkommunizieren und ins Lager des Patriarchats zu verfrachten. Feministinnen im fortgeschrittenen Alter dabei zu beobachten, wie sie der #MeToo-Generation hinterherhecheln, ist so komisch wie traurig: Um nicht als veraltet zu gelten, versuchen sie gar ihre jüngeren Kolleginnen zu übertreffen. Ein Opportunismus, der die Intelligenz beleidigt. Selbst die Historikerin Michelle Perrot fühlte sich in einem biographischen Interview zu folgender Aussage genötigt: »Männliches Lachen verursacht Lärm, weibliche Tränen fließen leise.«[44] Vermutlich hat Michelle Perrot noch nie das Lachen amerikanischer Mädchen in einem Restaurant oder das von Schülerinnen beim Verlassen des Gymnasiums gehört. Jenseits des pathetischen Tons soll dieser Satz wohl zum Ausdruck bringen, dass die Welt zweigeteilt ist: in lachende Männer und still schluchzende Frauen. Ein Triumph des Manichäismus. Die große Errungenschaft von #MeToo bestand darin, dass Frauen sich durch die Kampgange ermutigt fühlten, das Wort zu ergreifen und skrupellose Raubtiere anzuprangern. Das sollte einen jedoch nicht daran hindern, über die negativen Seiten zu sprechen.

Man vergisst, dass Frauen durchaus zu Belästigungen in der Lage sind, und dass manche, wenn auch in geringerem Maße, ihre männlichen oder weiblichen Partner und ihre Kinder misshandeln[45]. Man schweigt darüber, dass auch Frauen mit ihren sexuellen Erfahrungen prahlen, lügen oder besondere erotische Talente zur Schau stellen. Diese Schwächen allein dem männlichen Geschlecht anzulasten heißt, sich auf die Seite einer Partei zu schlagen. Und was die Lust betrifft, so folgt sie häufig verschlungenen Pfaden und fühlt sich zum Ungewissen hingezogen. Häufig ist uns auf Anhieb nicht klar, was genau wir begehren. Gefühle und Erotik brauchen Zeit, um zu reifen. Von zwei Menschen, die sich entdecken und aneinander Freude haben, zu verlangen, streng nach Plan vorzugehen, bedeutet, dem naiven Glauben anzuhängen, dass sich die Lust wie ein Computer programmieren lässt. Wir haben es hier mit dem Paradox der zeitgenössischen Liebe zu tun. Wir wünschen zwei sehr unterschiedliche Dinge zugleich: eine Bindung, in der wir uns verlieren, und den vollumfänglichen Besitz unserer eigenen Person. Wir möchten eine Leidenschaft, die verheert, und eine Freiheit, die trennt – auf die Gefahr hin, einen nicht zu überwindenden Graben zu schaffen[46].

Ob wir dies nun wünschen oder nicht: Lieben bedeutet, sich einem Wesen auszuliefern, das uns sowohl verzaubern als auch vernichten und in den Staub stoßen kann. Der geliebte Andere ist ein begehrter Herrscher, der sich in einen gehassten Despoten verwandeln kann. Die Einflussnahme ist das Herzstück der Liebe.

Alle Fortschritte des letzten Jahrhunderts, vor allem, dass die Gesellschaft sich aus unseren Liebesangelegenheiten heraushält, drohen im Namen der Sicherheit von Frauen und Kindern in Frage gestellt zu werden. Das einst von »philanthropischen« Philosophen ersonnene Ungeheuer des Panoptikums, die Überwachung aller durch alle, ist unter den Vorzeichen von Gleichheit und Gerechtigkeit zu uns zurückgekehrt. Heute plädieren einige bereits für die Umkehr der Beweislast und treten so einen bedeutenden juristischen Fortschritt mit Füßen[47]. Richter und Anwälte haben Priester und Beichtväter als offizielle Hüter der Begierde ersetzt. Gemeinsam mit dem Großen Anderen, dem Ameisenhaufen der sozialen Netzwerke, sind sie die wahren ehebrecherischen Dritten.

Schauen verboten

In Europa, vor allem in den romanischen Nationen, gilt Begehren als Anziehungskraft, in Nordamerika eher als Turbulenz. Jenes weckt unsere Neugier und verzaubert, dieses verstört sie und bereitet Unbehagen. Die amerikanische Berufswelt ist stark reglementiert: Frauen wird geraten, keine allzu enganliegende oder durchsichtige Kleidung zu tragen, Männer wiederum sollen sie nicht auf explizite oder gierige Weise anschauen. Einer Frau auf der Straße eindringlich mit Blicken zu folgen, sich nach ihr umzudrehen, kann juristische Folgen haben[48]. Das Auge wird erneut zu dem, was es in der Antike war: zum verderblichen Organ schlechthin. Schauen heißt Begehren, bewundern heißt Inbesitznahme. Frauen machen sich hübsch, doch sie mit genießerischem Auge wertzuschätzen, soll Sünde sein. Im Englischen spricht man dann auch von »eye raping«, der Vergewaltigung durch Augen.

Nach der Kündigung des Schauspielers Kevin Spacey, dem unangemessenes Verhalten gegenüber Kollegen vorgeworfen wurde, erließ das Unternehmen eine Reihe konkreter Maßnahmen. Fortan war es verboten, am Arbeitsplatz Telefonnummern auszutauschen, sich länger als fünf Sekunden in die Augen zu schauen oder sich zu umarmen. Jedes unangemessene Verhalten soll eine sofortige Kündigung nach sich ziehen. Es scheint hier weniger um Keuschheit als um den Wunsch nach Ruhe im Arbeitsleben zu gehen. Anzügliche oder herabsetzende Begriffe, die eine feindselige Atmosphäre erzeugen (z.B. Beleidigungen oder unangemessene Bemerkungen über die Kleidung), sind ebenso verboten wie lobende Beurteilungen. Kompliment und Herabwürdigung liegen dicht beieinander; ein »gerechter Mensch« (Ivan Jablonka) muss sie vermeiden: »Wer Komplimente macht, stellt seine Autorität unter Beweis: Der Andere ist das Objekt seines Urteils. Die Ideologie des Kavaliers, die Überbetonung des weiblichen Äußeren und die schützende Höflichkeit sind, wenn sie zur Stärkung der männlichen Autorität dienen, Teil eines ‚wohlwollenden Sexismus', der komplementär zum ‚feindlichen Sexismus ist'.«[49] Komplimente sind der neueste Feind, der umso hinterhältiger ist, da er die Herabwürdigung als Lob ausgibt. Jeder Mann, der entschlossen ist, sich dem feministischen Kampf anzuschließen, so Iwan Jablonka, sollte sie deshalb mit Bestimmtheit ablehnen.

Präsident Obama musste sich im Jahr 2013 öffentlich dafür entschuldigen, dass er Kamala Harris, damals Mitglied der kalifornischen Regierung, »die schönste Justizministerin des Landes« genannt hatte. Damit hätte er sich des Sexismus und »Lookismus« (blindes Vertrauen in das Äußere eines Individuums) schuldig gemacht[50]. Keine Frau, aber auch kein Mann, soll nach ihrem äußeren Erscheinungsbild beurteilt werden. Wenn man Personen vorgestellt wird, gilt es den aktuellen Codes zu gehorchen: Versuchen Sie doch nach französischer Art, in Amerika einer Frau oder einem jungen Mann einen Wangenkuss zu geben. Man wird sich von Ihnen abwenden, als hätten sie den fauligen Atem einer Kröte. Nur der Hinweis auf die eigene Fremdheit kann Sie dann noch vor dem Vorwurf der Übergriffigkeit bewahren. Die heutige Sitte gestattet den Händedruck, im äußersten Fall eine angedeutete Umarmung.

Kapitel 5

Die Raserei des frustrierten Männchens

Gewalt gegen Frauen bleibt ein drängendes Thema, das jedoch wichtige nationale und politische Unterschiede kennt. In traditionellen Gesellschaften leben Frauen auch weiterhin unter einem klassischen Patriarchat, das zwar infrage gestellt werden kann, jedoch auch weiterhin von einer Mehrheit der Bevölkerung unterstützt wird, einschließlich des weiblichen Teils der Bevölkerung. Emanzipationsideen werden hier als schädlicher Einfluss des Westens angesehen.

Der Versuch, Änderungen zu befördern, wird als Skandal erfahren – sogar, wenn es nur um das Recht geht, den männlichen Partner frei wählen zu dürfen, anstatt den Wünschen der Familie zu gehorchen[51]. Auch die Affirmation der eigenen Homosexualität ist unter solchen Verhältnissen nicht möglich. Es besteht ein klaffender Abgrund zwischen der Freiheit, die wir in den demokratischen Ländern des Westens genießen, und der Halbknechtschaft, die die Mehrheit in traditionellen Gesellschaften erfährt. Wer den rechtlichen Abgrund zwischen unseren Demokratien und den Autokratien der Welt nicht sieht, widersetzt sich jeder Vernunft.

Gewalt gegen Frauen

Das Böse ist schmerzhafter, wenn es sich in unseren Rechtsstaaten manifestiert. Es wird uns dann schlagartig bewusst, dass das Archaische nie wirklich aus unseren Gesellschaften verschwunden ist, dass unter dem dünnen Firnis der Zivilisation der Barbar lauert, und dass dieser Barbar männlichen Geschlechts ist. Ungeachtet der Verkündung weitgehender Gesetze sind Beleidigungen, Schläge und Morde auch weiterhin an der Tagesordnung. Allein in Frankreich stirbt alle drei Tage eine Frau an den Schlägen ihres Ehemanns oder Lebensgefährten (die gleiche Gewalt existiert übrigens auch bei schwulen und lesbischen Paaren). Präsidenten der Gerichtshöfe wiederholen es immer wieder: Vor allem sonntags, wenn die Partner unter sich sind, finden Verbrechen innerhalb der Ehe statt. Die Partnerschaft kann ebenso Selbstverwirklichung ermöglichen wie Einkerkerung. Aber belegen diese »Femizide«, wie sie von den Medien genannt werden[52], tatsächlich die Allgegenwart des Patriarchats, oder sind sie nicht vielmehr ein paradoxes Zeichen seiner Schwächung? Stellt diese neue Bezeichnung, die den Bestand »Verbrechen aus Leidenschaft« ersetzt hat, wirklich einen Fortschritt im Verständnis des Phänomens dar? Es ist an den Juristen, das zu entscheiden. Ist es nicht eher die abnehmende Toleranz gegenüber solchen Gewalttaten, die solche Bewegungen der Empörten auslöst? Und befeuert das nicht eben den Streit über die genaue Dimension des Problems?[53] Ein brutaler Ehemann wird zögern, zuzuschlagen, wenn er weiß, dass seine Frau ihn mit einem Tastendruck auf ihrem Handy anprangern (in Frankreich gibt es dafür eigene »Gefahrentelefone«), ein Gericht ihm die Kinder wegnehmen und ein Kontaktverbot verhängen kann. Die neu erworbenen

Frauenrechte, das Recht der Frauen, zu lieben, wen sie wollen, sich scheiden zu lassen, frei ihrer Karriere nachzugehen, finanzielle Selbstständigkeit zu genießen, führt bei manchen Männern zur Raserei. Mit Gewalt trachten sie danach, zurückzufordern, was das Gesetz ihnen genommen hat. Mit anderen Worten: Je unabhängiger Frauen werden, desto stärker sehen sie sich bestimmten Gefahren ausgesetzt. Die männliche Raserei ist weniger die Folge eines Rück- denn eines Fortschritts. Es ist der Revanchismus der Besiegten. Aber zu glauben, dass diese Morde nichts mit Liebe oder Verbrechen aus Leidenschaft zu tun haben, unterschätzt die archaischen und gewalttätigen Momente, die dem (gleichermaßen weiblichen) Begehren inhärent sind. Wer die Liebe als »eine einvernehmliche Vereinbarung zwischen zwei Menschen« begreift, die »aufgelöst werden kann, wenn eine Person dies wünscht«[54], verwechselt Leidenschaft auf marktlogische Art mit einem Geschäftsvertrag.

Manche werden auf die Fortschritte der Emanzipation mit Hass auf freie Frauen reagieren. Viele reagieren auf diese unverschämte Befreiung mit der Wut eines Sklavenhalters im Moment der Abolition. Unsere Wachsamkeit ist größer als früher, und noch der geringste Angriff auf Mitmenschen (Frauen oder Kinder) wird als Abscheulichkeit empfunden – zum Glück. Wir dürfen bei diesem Kampf nicht nachgeben.

Flirten verboten?

Lässt sich mit der Tatsache, dass manche Frauen von ihren Partnern getötet werden, die Kriminalisierung von Verführung begründen? Sollte man sie solch strikten Regeln unterwerfen, dass jede Spontaneität verloren geht? Viele Forderungen feministischer Strömungen aus den Vereinigten Staaten werden in Frankreich übernommen. Allzu oft handelt es sich um reines Copy-and-paste, wie im Fall der Journalistin und Filmkritikerin Iris Brey, die bei jeder sich bietenden Gelegenheit den Begriff »male gaze« ins Spiel bringt, um einen vermeintlich typisch männlichen, den weiblichen Körper denaturierenden Blick zu bezeichnen[55]. Was sie sich wünscht, ist ein Kino von Frauen für Frauen, in dem kein Raum mehr für Voyeurismus und Vulgarität ist. Im klassischen Diskurs der Liebe sieht sie bloß eine Erweiterung der Belästigung auf der Straße.

Wir wollen dieses Argument genauer unter die Lupe nehmen. Entweder man geht davon aus, dass Vergewaltigungen, Raubüberfälle und die Raserei gegen Frauen, die sich Männern nicht gleich zu Füßen werfen[56], in den Dörfern und Städten unseres schönen Landes die Regel sind, dass wir es also mit einer »systemischen Gewalt« zu tun haben – falls dies zutrifft, sollte unser altgedientes Modell der Liebe abgeschafft und eine Polizei der Begierde gegründet werden. Oder aber man ist der Ansicht, dass diese Morde eine ungeheuerliche Ausnahme und folglich kein hinreichender Grund für die Abschaffung erworbener Freiheiten sind[57]. Auch die terroristischen Anschläge haben nicht zu grundlegenden Veränderungen unserer Lebensfreuden und unserer Existenzweise geführt. Barbarei tötet, aber sie bricht uns nicht. Sich für eine gewisse sexuelle Zivilisiertheit, einen Kodex der guten Manieren einzusetzen, ist sicherlich nicht das Gleiche wie die gesamte Bevölkerung zu einem bestimmten Verhalten zu zwingen. Die Liebe muss, soweit wie nur möglich, eine Feier bleiben. Wenn sich Liebende in Zöllner der Erregung verwandeln, die über jeden Verstoß Meldung erstatten, geht ihnen die Schönheit und Kopflosigkeit des Liebesaktes verloren. Jede Ambivalenz aus unseren Beziehungen zu verbannen bedeutet, das Herz von sich selbst zu reinigen.

Zum Glück bleibt die Verführung bestehen, nicht zuletzt, weil sie den Wünschen von Frauen entspricht. Zumindest Frankreich wird weiterhin die Heimat der Galanterie bleiben – sehr zum Missfallen der spottenden Gegner dieser nationalen Besonderheit. Das Werben um eine Frau ist eine egalitäre Angelegenheit, da sie Autorität durch Überzeugungskraft, Zwang durch Zustimmung ersetzt. Beide Geschlechter müssen das Sakrament der Konversation anerkennen: Geplänkel oder Fieber, das Herz auf den Lippen, das Wort betört und verliert die Kontrolle. Es gilt, um jeden Preis das Interesse des anderen zu wecken, und nicht bloß für körperliche Reize. Das Verhältnis ist nicht gleich zwischen dem, der gefallen will, und der, die umworben wird, denn letztere kann ersteren durch Koketterie, vorgetäuschte Gleichgültigkeit und Verzögerungen auf die Probe stellen. Der gesamte Reichtum des Liebeshandels liegt in solchen Unwägbarkeiten. Das Faszinierende an der Verführung ist, dass sie durch solche Unschärfen gekennzeichnet ist: Ein einnehmendes Lächeln kann aus einfacher Höflichkeit rühren und dennoch Grund für trügerische Erwartungen sein. Umgekehrt kann eine gewisse Distanziertheit auch das Vorspiel für spätere Leidenschaften sein. Der Liebhaber ist ein Hermeneutiker, der sich in einer Welt voller verwirrender Zeichen vorantastet.

Man muss hier unterscheiden zwischen dem Begehren als Schuld und dem Begehren als Bekenntnis: Im ersten Fall schuldet mir der andere seinen Körper, weil er mich emotional berührt hat und ich ihn dafür entschädigen möchte. Sade hat diese Haltung am besten dargestellt. Seine literarischen Lüstlinge beiderlei Geschlechts vergreifen sich an Männern, Frauen und Kindern, die sie erregt haben, um sie zu vergewaltigen oder gar zu ermorden (in den USA kommt der verstorbene Jeffrey Epstein dieser Position am nächsten). Im zweiten Fall ist die Lust, die das begehrte Wesen erweckt, kein ihm erteilter Befehl, sondern ein Vorschlag. Die Auslieferung des Selbst an das Ungewisse ist eine schreckliche Prüfung. »Conter Fleurette«[58], wie man früher sagte (von dem Begriff leitet sich das Wort »Flirt« ab), hieß auch, sich moralisch zu entkleiden und Verspottung zu riskieren. Da Frauen nun frei sind, besteht für sie das gleiche Risiko, abgewiesen oder von einer Rivalin ausgestochen zu werden. Die Romanautorin Alison Lurie schreibt, dass hässliche Frauen viel häufiger Sex haben, als man denkt. Dafür müssen sie sich jedoch von ihren Liebhabern ständig Geständnisse über deren Zurückweisungen durch hübschere Frauen anhören. Das ist die schreckliche Ironie der Emanzipation: Männer und Frauen, beide Opfer und Komplizen, unterdrücken sich gegenseitig im Namen von Jugend, körperlicher Verfassung und Schönheit. Was zu einem früheren Zeitpunkt ein Instrument der Befreiung war, kann auch zu einem Mittel der Unterwerfung werden.

Wer selbst einmal Opfer einer Belästigung war, kann nachvollziehen, was Frauen empfinden, die solches täglich erdulden müssen. Auf Obszönitäten oder anstößige Bemerkungen reagieren sie in den meisten Fällen mit gesenktem Blick, schnellerem Schritt und die Ohren verschließenden Kopfhörern. Manche weisen den Rüpel zurecht oder verpassen ihm sogar eine Ohrfeige. Auf das Unglück, belästigt oder verfolgt zu werden, folgt das ebenso große Unglück, nicht mehr beachtet, aufgrund des Alters nicht mehr umworben zu werden. Das gilt auch für Männer. Wenn andere durch einen hindurchschauen, man im

Hintergrund verschwindet, stellt sich ein Gefühl der Dämmerung ein. Wer die Welt des Begehrens verlässt und auf das Abstellgleis geschoben wird, erfährt die Tragödie der großen Reife, über deren Ausmaß Simone de Beauvoir schrieb: »Ja, der Moment ist gekommen, um zu sagen: Nie wieder! Nicht ich löse mich von meinen früheren Momenten des Glücks, sondern sie sich von mir: Die Bergpfade verweigern sich meinen Füßen. Nie wieder werde ich mich erschöpft in den Heugeruch werfen. Nie wieder werde ich allein auf dem morgendlichen Schnee ausrutschen. Nie wieder werde ich einen Mann haben.«[59]

Kapitel 6

Eine unvollkommene Justiz?

> »Man wunderte sich doch, dass so gebildete, so höfliche Menschen bereitwillig der uralten Versuchung nachgeben konnten, das Böse in einer einzigen Person verkörpert zu sehen.«[60] *Philip Roth*

Man sagt, dass der Neofeminismus Individuen nach ihrem Geburtsdatum sortiert, dass er eine Sache der Generationen ist. Das Argument ist bis zu einem gewissen Punkt valide. »Ihr gehört der Welt von gestern an«, entgegnen Aktivistinnen ihren Kritikern. Aber auch diese Formulierung ist bereits veraltet: Sie kam im 19. Jahrhundert in die Welt, als die kommunistische Bewegung zur großen Tabula rasa aufrief.

Die #MeToo-Bewegung plagt das gleiche Problem: Manche Aktivisten halten sich für besonders modern, dabei ist ihre Verwirrung über den Unterschied zwischen Gerechtigkeit und Lynchjustiz nur allzu archaisch. Sie scheren sich nicht um die Wahrheit; was sie wollen, ist eine schlichte, zweitgeteilte Welt: Der vorzugweise weiße Mann hat so schuldig wie die Frau leidend zu sein[61]. Sie sind getrieben von einer regelrechten Säuberungswut gegen ihre Vorgänger, auch gegen Feministinnen wie Simone de Beauvoir, der man vorwirft, unter der Fuchtel von Jean-Paul Sartre gestanden zu haben. Ihr Blick auf die die jüngste Vergangenheit kennt nur Gut und Böse. Sie kennen nur Anathema und Exkommunikation; jede Abweichung ist verboten.

Lauf Genosse, die alte Welt ist dir auf den Fersen

Man sagt, #MeToo hätte der jahrzehntelangen Straflosigkeit ein Ende gesetzt. Das stellt sicherlich einen Fortschritt dar, aber es ist nicht verboten, auch auf die Grenzen und Gefahren dieser Bewegung hinzuweisen. In Frankreich zum Beispiel mussten 114 Strafrechtler und Feministinnen einen längeren Artikel in *Le Monde* (7.–8. März 2020) veröffentlichen, um daran zu erinnern, dass »Sexualdelikte häufig zu besorgniserregenden Schuldvermutungen führen«. Sollen wir dem Wort der Opfer blind vertrauen? Die Entgegnung der Unterzeichnerinnen: »Jeder Frau, die sich als Opfer sexueller Gewalt bezeichnet, bedingungslos Glauben zu schenken, hieße auf willkürliche Weise ihr Wort heiligzusprechen. Auf keinen Fall hätte dies etwas mit der ›Befreiung‹ der Frau zu tun. (…) Wir müssen darauf hinweisen, dass eine Anschuldigung allein noch kein Beweis ist. Es würde sonst ausreichen, die Wahrheit bloß zu behaupten, um zu einem Urteil zu kommen. Mit einem Mausklick versuchen manche Frauen einen Opferstatus zu erlangen, der die Existenz eines Peinigers impliziert. Wenn die Justiz die designierten Täter dann freispricht, hätten diese sich gleich doppelt schuldig gemacht.«[62]

Das steckt hinter den Medienkampagnen, deren Zeuge wir in den letzten Jahren geworden sind. Mehr oder minder bekannte Persönlichkeiten tauchen in der Öffentlichkeit auf, um andere zu denunzieren und an den Pranger zu stellen. Das Publikum wird ohne Umschweife aufgefordert, sich zum Fall zu äußern, obwohl es in den meisten Fällen wenig bis gar nichts über die zu richtende Person weiß. Wer nicht augenblicklich Partei ergreift, macht sich der Komplizenschaft mit dem Objekt der Verachtung schuldig. Das traditionelle Recht ist fehlerhaft und nicht selten parteiisch, die neue Art der Rechtsprechung hingegen arbeitet zügig und hält sich nicht lange mit Bedenken auf. Die Lager spalten sich, nähern sich aber in ihrer Unkenntnis an. Einen Fall aufzubauen, Beweise zu sammeln, Zeugen zu befragen, Argumente für und gegen den Angeklagten zu sammeln, ist zeitintensiv.

Symbolische Tötungen

Während die demokratische Justiz zwischen zwei Abgründen oszilliert – soll sie ein Verbrechen ungesühnt lassen oder einen Unschuldigen bestrafen? – ist dem digitalen Urteil jede Zurückhaltung fremd. Man möchte den mutmaßlich Schuldigen treffen, ohne sich groß um zerstörte Karrieren und Leben scheren zu müssen. Alles wird vermischt: Tischreden, unbeholfene Annäherungsversuche, deplatzierte Gesten, unpassende Berührungen. Eine einfache Bemerkung, und man gilt als Schwein, als ewig gezeichnet – Verteidigung zwecklos. Das Internet ist ein gnadenloses Lasso, das dich auch ein halbes Jahrhundert später noch einfängt, wo immer du dich auch aufhältst. Während das Strafgesetzbuch noch eine Verjährungsfrist kennt, vergisst das Tribunal der öffentlichen Meinung nie. Der geringste Verstoß wird wahrgenommen, gemeldet und für die Ewigkeit konserviert, selbst wenn er ein halbes Jahrhundert alt ist. Die sozialen Netzwerke bieten zwei Vorteile: Öffentlichkeit und Gefühl. Alle Sorgen, alle Beschwerden können hier abgeladen werden. Doch »sie töten auch ohne Vorwarnung«[63], anonym und voller Wut; angefeuert von ein paar unbewiesenen Behauptungen, stürzen sie sich auf ihr Opfer, um es auszuweiden. Argumente zerschellen an der Empörung.

Wie viele Menschen sahen durch unbegründete Anzeigen (man denke in Frankreich an den Fall des Schauspielers Philippe Caubère oder des Trompeters Ibrahim Maalouf[64]) ihren Ruf ruiniert? Sobald Sie auf der Liste der vermeintlich Schuldigen stehen und noch dazu das Pech haben, berühmt zu sein, hat Ihre Stunde geschlagen. Man wird Sie auf ewig verfolgen, ohne die Möglichkeit einer Verteidigung. Sollte ein Gericht den Fall aber einstellen, verdoppelt sich die Schuld: Nicht nur bleiben Sie im Bewusstsein der Öffentlichkeit ein Vergewaltiger, Sie werden auch noch von einer Justiz gedeckt, die im Auftrag der Herrschenden arbeitet. Ein Unschuldiger ist stets nur ein Schuldiger, der das Glück hatte, gute Anwälte und mächtige Verbündete zu besitzen. Eine einfache Anschuldigung zeichnet Sie fürs Leben. Die mediale Guillotine läuft auf Hochtouren und verlangt nach weiteren Köpfen. Spezialisierte Anwälte, die aus dem Opferhandel ein profitables Geschäft gemacht haben, zögern nicht, Fälle aus dem Nichts zu erfinden.

Retrospektive Reue

Nehmen wir dic Pädophilie: Um sich für ihre frühere Toleranz zu bestrafen, wendet sich die Gesellschaft nun gegen all diejenigen, die sich der Verurteilung nicht rechtzeitig angeschlossen haben. Und weil das Verschweigen so lange anhielt, muss die Verfolgung jetzt umso radikaler ausfallen[65]. Es gilt, moralisch aufzuholen, und je populärer das Ziel, desto härter muss zugeschlagen werden: Roman Polanski soll an die amerikanische Justiz ausgeliefert und Woody Allen nicht mehr nach Frankreich eingeladen werden[66].

Im Fall Gabriel Matzneff, der bereits aus dem kollektiven Gedächtnis verschwunden war und erst durch das schöne Buch eines seiner Opfer, Vanessa Springora, wiederentdeckt wurde[67], werden alle autobiografischen Veröffentlichungen aus dem Verkehr gezogen, die Bibliotheken von ihnen gesäubert. Der Autor hat aufgehört zu existieren, wie die Bolschewisten, die unter dem Regime Stalins in Ungnade gefallen sind. Und wehe dem, der ihn einst lobte, mit ihm Umgang pflegte oder ihn zu literarischen Sendungen einlud, wie etwa Bernard Pivot – alle verschmutzt und besudelt. Vierzig Jahre lang proklamierte Matzneff in seinen Büchern laut und deutlich seine Leidenschaft für Kinder, seine militante Päderastie, doch die moralische Linke schwieg. Die Staatsanwälte von heute sind die Komplizen von gestern. Man erfindet sich ein Monster, das den gesamten Hass auf sich konzentrieren soll. Die Meute wird erst von ihm ablassen, wenn der Halali-Ruf ertönt und die Jagd für beendet erklärt wird. Noch während man sich über den Sturz einer Bekanntheit freut, wendet man sich der nächsten zu: Morde auf Aufschub.

Ist die Frau der Jude des Mannes?

Es war daher kaum zu vermeiden, dass die feministische Bewegung irgendwann auf die Figur des Opfers schlechthin stoßen würde, die des deportierten Juden. Unvermeidlich, dass das eintrat, was auch sonst immer eintritt: Antisemitismus aus Neid. Seltsame Forderungen waren anlässlich der César-Verleihung am 28. Februar 2020 zu hören, als Roman Polanski, der im Verdacht stand, auch nach der Samantha-Geimer-Affäre[68] Frauen missbraucht zu haben, der Preis für die beste Regie verliehen wurden. Die Parolen, die von den Demonstrantinnen gerufen wurden, ließen einen erschaudern: »Kerosin ist nicht für Flugzeuge da, sondern zum Verbrennen von Vergewaltigern und Mördern.« Eine kleine Gruppe namens Les Terriens[69] twitterte als Reaktion auf das von der Polizei eingesetzte Tränengas: »Es ist Polanski, der vergast werden müsste.« Ach, wie freundlich diese Rückkehr des Verdrängten doch klingt! Was auch immer man von dem französisch-polnischen Filmemacher hält, es gibt Argumente, die diejenigen entwürdigen, die sie benutzen. Warum nur gleicht ein Teil der extremen Linken von heute so sehr der extremen Rechten von gestern[70]?

Zu diesen symptomatischen Entgleisungen tritt die Forderung, Vergewaltigung zu einem Verbrechen gegen die Menschlichkeit zu machen, die schlimmer als Mord ist und unverjährbar. Vergewaltigungsopfer würden, so fordert es eine neue Bewegung seit ein paar Jahren, zu Repräsentanten eines modernen Genozids werden. »Was ist Pornographie?«, fragte Andrea Dworkin vor zwanzig Jahren. Ein »Instrument des Völkermordes«, »ein ins Schlafzimmer eingeführtes und gefeiertes Dachau«[71]. Deshalb sei die Unterdrückung der Frau mit der Verfolgung der Juden im Nationalsozialismus vergleichbar. Ein gewisser Frédérik Detue, Akademiker und Experte für Zeugenaussagen bei Massenverbrechen, verglich in einem bizarren Text die Aussagen von Adèle Haenel vom 4. November 2019 auf Mediapart zu den Übergriffen des Regisseurs Christophe Ruggia mit denjenigen von Primo Levi, einem Überlebenden von Auschwitz. Beide hätten sich um Nüchternheit bemüht, um Richtern eine Prozessführung zu ermöglichen, die nicht auf »das Pathos des Opfers oder die Vehemenz des Rächers« angewiesen sei[72]. Auch die Namen von Robert Antelme und Walter Benjamin wurden beschworen, um die »Überlebende« Adèle Haenel zu feiern, die im Übrigen Louis-Ferdinand Céline als ihren Lieblingsschriftsteller nannte. Die Parallele ist verblüffend, um nicht zu sagen unanständig. Es gibt zwar keine Richterskala des Leidens, aber können wir uns nicht eine Rangordnung vorstellen, die es gestattet, die Verschiedenartigkeit von Gewalt zu denken? Müssen wir den Nationalsozialismus bemühen, um Reflexionen über sexuelle Übergriffe anzustellen? Warum alles auf diesen historischen Moment beziehen und ein weibliches Vergewaltigungsopfer zum Äquivalent der in der Shoah zu Tode gefolterten Männer und Frauen machen? Das Unbehagen auslösende *Godwin'sche Gesetz*[73] mag erklären, warum manche Feministinnen »jüdischer« als Juden sein wollen und das Risiko in Kauf nehmen, sich einer ungezügelten Judenfeindschaft hinzugeben[74].

Die Ambiguitäten von #MeToo

Die Moderne stellt den Einbruch der Beherrschten in die Öffentlichkeit dar, ein ebenso reeller wie paradoxer Fortschritt. Gestern noch mussten wir ertragen, heute protestieren wir. Die Toleranz gegenüber Unterdrückung nimmt beständig ab. Früher wurden gesellschaftliche Widrigkeiten als notwendige Prüfung begriffen, in der Gegenwart werden sie als Daseinsgrund, als Identität aufgefasst. Dies führt dazu, dass die jüngeren, allzu behüteten Generationen unendlich vulnerabler sind – daher auch der symbolische Kampf für die Erlangung des Pariastatus. Nehmen wir Samantha Geimer, die im Alter von 13 Jahren von Roman Polanski unter Drogen gesetzt und anschließend missbraucht wurde. Auf die Anzeige (Geschlechtsverkehr mit einer Minderjährigen) durch die Mutter folgte eine für die amerikanische Rechtspraxis typische Einigung (90 Tage Haft, reduziert auf 45, mit einer anschließenden psychischen Untersuchung und finanzieller Kompensation). Samantha Geimer verzieh Polanski nach dem Verfahren und gratulierte ihm sogar für spätere Auszeichnungen. Am 24. Februar 2020 erklärte Adèle Haenel in der New York Times: »Polanski auszuzeichnen, heißt allen Opfern ins Gesicht zu spucken. Es bedeutet, dass man es nicht so schlimm findet, Frauen zu vergewaltigen.« Einer Journalistin, die Samantha Geimer darum bat diese Aussage zu kommentieren, entgegnete sie:

»Damit bin ich ganz und gar nicht einverstanden. Von allen Frauen zu verlangen, nicht nur die Last der Übergriffe zu tragen, sondern auch die Empörung der ganzen Welt bis in alle Ewigkeit, heißt denjenigen ins Gesicht zu spucken, die genesen sind und die ihr Leben einfach fortführen möchten. Opfer zu benutzen, um Menschen für ihr Fehlverhalten zu bestrafen, bedeutet sie in die Opferrolle zu zwängen. Niemand hat das Recht, einem Opfer vorzuschreiben, was es denken und was es fühlen soll. Wenn sie einem Opfer das Recht nehmen, dem Täter zu vergeben und einen Schlussstrich zu ziehen, nur um ein egoistisches Bedürfnis nach Hass und Bestrafung zu erfüllen, fügen sie ihm zusätzliche Verletzungen zu. Ein Opfer hat das Recht, die Vergangenheit hinter sich zu lassen, und der Täter hat das Recht, Wiedergutmachung zu leisten und rehabilitiert zu werden, insbesondere wenn er sein Fehlverhalten einsieht und sich entschuldigt.«[75]

Eine einzigartige Entgegnung, die aber nur für Samantha Geimer selbst Geltung hat. Es ist nicht an uns, den Überlebenden zu sagen, wie sie sich verhalten sollen, weder im Vergessen noch im Trauma. Das kann nur das Ergebnis eines langen, oftmals schmerzhaften persönlichen Prozesses sein. Die Phantome tauchen erneut auf, erschweren die Bildung von Narben. Die Abscheulichkeit von Missbräuchen trifft manchmal auf ein Schweigen der Behörden oder wird von Angehörigen in Zweifel gezogen (siehe François Ozons schönen Film aus dem Jahr 2018, *Grâce à Dieu*, über pädophile Verbrechen in der Kirche). Das Entscheidende ist, dass eine Wiedergutmachung möglich ist, sobald das Urteil gesprochen und der Täter bestraft wurde. Es besteht immer die Gefahr, aus dem Leid der Frauen ein Geschäft zu machen, sie in das moralische Elend zu stürzen, damit aus ihnen ewige Anklagen werden.

Stellt die Mentalität von #MeToo einen Fortschritt oder eine »katastrophale Entwicklung für den Feminismus« (Laura Kipnis) dar? Es ist wenig überraschend, dass dieses Phänomen seinen Ursprung in Hollywood hat, diesem Ort des unverschämten Narzissmus und des rücksichtslosen Karrierestrebens. Südamerikanische Feministinnen wiesen zu Recht darauf hin, dass #MeToo vom angloamerikanischen Ich ausgeht, während das 2015 gegründete lateinamerikanische Kollektiv *Ni una mujer menos, ni una muerta más* (»keine Frau weniger, keine weiteren Toten«) von einem gemeinsamen *Wir* ausgeht[76]. Das Showbiz hat seine ganz eigene Art, das Unglück der anderen zu beschlagnahmen und es anschließend zu dramatisieren: ohrenbetäubende Empörung, gefolgt von Leichtsinn und spektakulären Wendungen. Die Unterhaltungsindustrie verträgt sich nur schlecht mit bedeutenden politischen Anliegen, die sie oft lächerlich und belanglos zu machen droht. #MeToo ist ebenfalls eine gewerkschaftliche Bewegung zur Förderung von Schauspielerinnen und Komikerinnen, die sich damit 2019 etliche Rollen erkämpft haben. Hinter dem empörten Geschrei stecken allzu oft beruflicher Ehrgeiz und die Erweiterung des Marktanteils für aufstrebende Talente. Und warum auch nicht? In der Bilanz wird sich #MeToo womöglich nur als Umverteilung der Macht innerhalb der Eliten entpuppen: ein Palastputsch, eine bürgerliche Revolution, ein fanatischer Karrierismus – ein Versuch, sich unter der Maske feministischer Tugend durchzusetzen.

Das Demolieren berühmter Männer wie Kevin Spacey, Plácido Domingo, Woody Allen, Luc Besson oder Louis C. K. stellt einen ikonoklastischen Genuss dar, der sich im Übrigen nicht um das tatsächliche Verhalten der Verfolgten schert (eine Aufgabe, die ohnehin ausschließlich der Justiz zusteht). All diese Mächtigen ins Feuer zu werfen, sie zu Fall zu bringen, hat etwas von der Nacht des 4. August 1789[77], der Gesellschaft des Spektakels, einem zeitgenössischen Pranger. Was einst aufstieg, muss nun zu Fall gebracht werden; neue Eliten töten ihre Vorgänger, um später selbst ihr gewaltsames Ende zu finden.

Freuden des Lynchens

Wenn die Verbrechen zweifellos nachgewiesen wurden, wie im Fall von Harvey Weinstein oder Jeffrey Epstein, ist nichts weiter zu beanstanden. Solange jedoch noch kein Urteil vorliegt, gilt es den Fall gründlich zu untersuchen, was eine langwierige Aufgabe sein kann. Die Denunziantinnen jedoch sind nicht für ihre Geduld bekannt: Wer auf der schwarzen Liste steht, ist schuldig – wie in der McCar–

thy-Ära. Es kann auch vorkommen, dass der Lynchmob selbst zum Objekt der Verfolgung wird. Eben dies widerfuhr zum Beispiel Sandra Muller, der Erfinderin des Hashtags #BalanceTonPorc[78]. Nach einer Anmache (»Du hast große Brüste. Du bist genau mein Typ. Ich werde es dir die ganze Nach besorgen.«) durch den ehemaligen Fernsehregisseur Éric Brion initiierte sie eine Online-Kampagne. Der pöbelhafte und prahlerische Kommentar hätte die Vierzigjährige nachhaltig »traumatisiert«. Brion wurde wegen seiner Aussagen sogleich an den Pranger gestellt und kurz darauf aus der Gesellschaft verbannt. Er verlor seine Arbeit und begann unter Depressionen zu leiden. Sandra Muller wiederum wurde von Éric Brion verklagt und im September 2019 von einem Gericht für schuldig gesprochen. Das Gericht war der Ansicht, dass der Tatbestand der »sexuellen Beleidigung«, der durch das Schiappa-Gesetz 2019 eingeführt wurde, die Klägerin nicht dazu berechtigt, ihren Angreifer zu beschimpfen, ihn öffentlich durch den Dreck zu ziehen. Das Verhalten von Muller hätte Brion nicht nur »sozial vollkommen isoliert«, sondern sein »Leben völlig ruiniert«[79]. Dieses Urteil sollte dazu beitragen, die Missstände, die in den sozialen Netzwerken grassieren, wieder in die Zuständigkeit autorisierter Institutionen zurückzuführen.

Dem Regisseur Christophe Ruggia wurde vorgeworfen, die minderjährige Schauspielerin Adèle Haenel mit unangemessenen Gesten belästigt zu haben. Haenel erhob nicht nur Anklage gegen ihn, sie forderte zusätzlich eine Änderung der Art und Weise, wie »Wahrheit konstruiert« wird: eine Besorgnis erregende Forderung. Juristisch ist die Wahrheit keine Konstruktion, sondern Ergebnis einer präzisen Rekonstruktion der relevanten Fakten. Eine konstruierte Wahrheit ist auch eine manipulierbare Wahrheit, wie es bereits in Platons *Kratylos* steht. Erinnern wir an Margaret Atwoods Stellungnahme zu #MeToo: »Natürlich hatte es positive Auswirkungen, aber wir dürfen nicht dem Irrtum unterliegen, dass alle Frauen makellose Engel sind und dass sie systematisch die Wahrheit sagen. Denn, welche Überraschung, das ist nicht der Fall.«

Die Frustration zahlreicher Aktivistinnen über die juristische Aufarbeitung und Bestrafung von Vergewaltigungen ist nachvollziehbar. Gemäß (umstrittener) Untersuchungen, erstatten in Frankreich lediglich zehn Prozent der Opfer von Vergewaltigungen Anzeige, und nur drei Prozent der Taten führen auch zu strafgerichtlichen Verhandlungen[80]. (Woher soll man überhaupt wissen, dass 90 Prozent der Opfer die Tat nicht zur Anzeige bringen, wenn diese sich gar nicht zu Wort melden? Woher stammen diese Zahlen?) Niemand zweifelt daran, dass der juristische Apparat mit seinem komplexen Zeremoniell, seiner technischen Sprache, die oft so obskur wie Kirchenlatein ist, eine abschreckende Wirkung auf Laien haben kann und beim Erstatten einer Anzeige entmutigt. Die richterliche Pflicht zur Mäßigung, labyrinthische Verfahren, pedantische Vernehmungen, in denen Klägerinnen vor Zeugen ihr Sexualleben offenlegen müssen, vor allem aber der Schmerz, den Angreifer konfrontieren zu müssen, verleiht dieser Institution einen durchaus unmenschlichen Charakter.

Gleichzeitig ist es aber diese Distanz, die dem Wunsch nach Rache entgegenwirkt und ein solches juristisches Verfahren unverzichtbar macht. Das Gefühl von Kälte, das der Prozess bei den Beteiligten auslöst, ist der Tatsache geschuldet, dass das Gericht die Rolle eines leidenschaftslosen Dritten einnehmen muss. Jene, die wie der frühere Innenminister Verständnis dafür äußern, dass gelegentlich

»Emotionen die gesetzlichen Regeln überschreiten«, missachten den Rechtsstaat. Die Vorschriften dienen genau dem Zweck, Emotionen fernzuhalten. Der Richter verkörpert das Recht, weil er als Unparteiischer auftritt: Er bewertet den Tatbestand, indem er das Für und Wider abwägt und die Argumente prüft. Die Feststellung von Tatsachen ist ein Vorgang größter Feinheit; das Wort des einen steht gegen das Wort des anderen. Der Wunsch nach einer Stärkung bestimmter rechtlicher Werkzeuge ist nachvollziehbar – die Justiz darf jedoch nicht zu einem Sondergericht, zu einem summarischen Strafverfahren degenerieren. Selbst die Verfahren gegen Serienmörder, selbst Terrorismusprozesse erstrecken sich über Jahre. Die Institutionen müssen sich der Forderung widersetzen, Recht auf Grundlage von Instinkt und oberflächlicher Schätzung zu sprechen[81]. Das wäre tatsächlich eine der schlimmstmöglichen Regressionen.

Die Justiz treibt uns ganz zu Recht das Bedürfnis nach Züchtigung aus: Sie klärt auf, bevor sie ihr Urteil spricht. Im Falle einer Vergewaltigung gilt es, zunächst den genauen Vorgang zu charakterisieren. Konnte keine Penetration nachgewiesen werden, wird der Vorfall als sexuelle Nötigung eingestuft und anstelle des Geschworenengerichts vor dem Zuchtpolizeigericht verhandelt (auch wegen der Überlastung dieser Einrichtung). Es sei daran erinnert, dass in Frankreich die Richterschaft mehrheitlich aus Frauen zusammengesetzt ist, die vermutlich nicht mit männlichen Angreifern sympathisieren. Ebenso hat sich die Behandlung von weiblichen Vergewaltigungsopfern auf Polizeistationen deutlich verbessert (gelegentlich zum Nachteil von Männern, denen systematisch misstraut wird). Die meisten Vergewaltigungen finden im nächsten Umfeld, in der Familie, im Haus des Opfers oder des Angreifers, durch Väter, Mütter, Ehemänner oder Liebhaber statt[82].

Wir leben in einer seltsamen Epoche, in der bereits die Verteidigung des Rechtsstaates den Vorwurf der Mittäterschaft nach sich ziehen kann. So sehen es zumindest die Befürworter des Machtstaats. Die Denunziation findet nicht mehr im Geheimen statt, wie während der Besatzungszeit, sondern öffentlich, als Spektakel. Der »rechtliche Populismus« (Marie Dosé) hat einen Höhepunkt erreicht.

Das flache Land der Äquivalenz

Die Situation stellt sich von Land zu Land höchst unterschiedlich dar, und das Schicksal französischer Frauen lässt sich nicht mit den Zuständen in Afghanistan, Pakistan, Syrien oder den ärmeren Teilen Mexikos gleichsetzen. Ein Mindestmaß an Nuancierung ist erforderlich – auf die Gefahr hin, die Analyse zu verwischen und Zeiten des Friedens in solche des permanenten Krieges zu verwandeln. Eine Pariserin aus der Mittelschicht weiß wenig über das Schicksal einer unberührbaren Inderin oder einer mittellosen Afrikanerin. Sie verfügt über juristische, moralische, politische Ressourcen, von denen Frauen aus diesen Ländern nur träumen können. Wer die Unterschiede verwischt, nimmt den am stärksten Benachteiligten ihr spezifisches Leid. Es ist höchste Zeit, das Ende einer solchen Vermischung zu fordern. Es ist nachvollziehbar, das Justizsystem zu einer schnelleren Bearbeitung zu drängen, aber nicht mit der Absicht, es zu diskreditieren. Der Zweck des militanten Diskurses scheint darin zu bestehen, die Tatsachen systematisch zu verdunkeln, während sich die

Situation der Frauen in Europa und den Vereinigten Staaten seit den 1950er- und 1960er-Jahren deutlich verbessert hat. Die Deutungshoheit einer rachsüchtigen Fraktion der feministischen Bewegung, diesseits und jenseits des Atlantiks, gibt Grund zur Sorge. Ihr Programm ist nicht die Selbstverwirklichung der Frau, sondern vielmehr die Eliminierung des Mannes – die globale Verdrängung alles Männlichen.

Vielen Aktivistinnen ist dieser Extremismus fremd, aber aus Furcht, als »patriarchale Kollaborateure« denunziert zu werden, wagen sie es nicht zu sagen: »Nicht in unserem Namen.« Es stimmt, nichts wärmt die Gemeinschaft und stiftet Zusammenhalt wie ein geteilter Hass. Voller Rachsucht zeigen die Fanatikerinnen der Reinheit mit dem Finger auf ihre Vorgängerinnen. Wahrscheinlich werden ihre eigenen Kinder sie selbst in zwanzig, dreißig Jahren wegen ihres McCarthyismus auf die Anklagebank zerren. Wir leben nun einmal alle in der gleichen Welt und in der gleichen Zeit; die kommenden Generationen werden uns richten, nur um vom eigenen Nachwuchs zur Verantwortung gezogen zu werden.

Das Gesetz der Gegenseitigkeit erfordert, dass auch das Treiben der neuen Torquemadas, der Inquisitoren der Öffentlichkeit, unter die Lupe genommen und einer schonungslosen Prüfung unterzogen wird[83]. Die »neofaschistischen puritanischen Wachhunde« (Valérie Toranian)[84], die menschliche Beziehungen auf polizeiliche Berichte reduzieren, werden die gleiche Behandlung erfahren. Vergessen wir nicht, dass auch Robespierre unter der Guillotine landete.

Zivilität erlernen

Was können wir tun, um Vergewaltigern und gewalttätigen Männern Einhalt zu gebieten? Man könnte damit anfangen, die Ausbildung von Gendarmen und Polizisten zu verbessern, damit sie besser darin werden, Klagen aufzunehmen und gefährliche Männer von gefährdeten Frauen und Kindern zu trennen. Es wäre auch wichtig, Frauen so früh wie möglich darüber aufzuklären, dass sie niemals körperliche Gewalt dulden müssen, und sie zu lehren, gefährliche Situationen zu erkennen und rechtzeitig zu gehen. Junge Männer wiederum müssen lernen, das Zögern der Begehrten wahrzunehmen und sie zu nichts zu drängen. Das eigene Begehren nicht erwidert zu sehen, stellt häufig die erste fundamentale Erfahrung der Liebe dar, ihr erstes Unglück: sich nach einem Wesen verzehren, dem man gleichgültig ist. Es gilt, die Kunst des Umwerbens zu rehabilitieren, Zartheit und Geduld zu feiern, nicht räuberische Gier.

Das alles sind vernünftige Maßnahmen, die pädagogisches Geschick und Intelligenz voraussetzen. Man müsste auch literarisch, poetisch und filmisch das Gefühl der Liebe in all seiner Schönheit und Größe darstellen und die magische Dimension der Erotik jenseits der industriell gefertigten pornographischen Obszönität erfassen. Es stimmt, dass die umarmte Frau Geduld lehrt, Hast und Schlichtheit bekämpft. Sie lehrt den Mann den Wert der Zeit, das Bündnis von Geduld und Sinnlichkeit, die minutiöse Erkundung der Gebiete des Körpers. Sie bringt ihm bei, seine Lust hinauszuzögern, gegen die eigene Natur zu verstoßen. Gleichzeitig kann sie von ihren Werbern Rücksicht und Manieren verlangen, auch wenn das bedeutet, sie schmachten zu lassen. Es gilt, die Brutalität des Stürmischen ebenso auf Distanz zu halten wie das Drängen des Heranwachsenden. Alles was von Zivilität, also von Komplexität zeugt, dient dazu, den Eros auf eine höhere Stufe zu bringen. Es ist schwer verständlich, warum einige Feministinnen sowohl Gewalt als auch Galanterie ablehnen, anstatt letztere gegen erstere in Stellung zu bringen. Kann es sein, dass diese Ratgeberinnen darauf aus sind, das Leben solcher Frauen zu verunmöglichen, die auch weiterhin in Männer verliebt sind? Jede List ist der Misandrie recht.

Kapitel 7

Ist die Biologie nur eine Täuschung?

Seit seinen Ursprüngen oszilliert der Feminismus zwischen zwei gegensätzlichen Perspektiven: Manchmal feiert er Weiblichkeit als unzugängliche Festung, manchmal sieht er im Geschlecht ein reines Stereotyp, das bereits in der Kindheit dekonstruiert gehört. Jungen sollen sich rosa kleiden und mit Puppen spielen, Mädchen sich mit elektrischen Eisenbahnen vergnügen und all das tun, was Männern vorbehalten ist. Diese Forderung betrifft auch die härtesten, eher männlich wahrgenommenen Berufe bis hin zu gewalttätigen Sportarten. Geschlechterunterschiede wären nicht echt, alles was ein Mann kann, soll auch eine Frau tun können. Die Natur ist der Feind. Genau genommen gebe es nicht einmal Männer und Frauen. Bald schon wird man Gebärmütter und Penisse verpflanzen und jeden, der dies hinterfragt, als transphob beschimpfen. Jeder von uns kann, kraft seines Willens und ungeachtet seines angeborenen Körpers, sein was er möchte. Man verlegt sich auf Wortspiele, spricht von »jefrau« statt »jemand«, von Mutterland statt Vaterland. Wenn dieser semantische Schrott ausreicht, um das Bedürfnis nach Gleichheit zufriedenzustellen, umso besser.

In dem einen Fall werden Geschlechter als voneinander getrennte Heimatorte definiert, im anderen gelten sie als vollkommen austauschbar. Die traditionelle Grenzmarkierung wird weggewischt, die Biologie für irrelevant erklärt: eine soziale Konstruktion. Wurde nicht eine englische Forscherin gefeuert, weil sie aussprach, dass »ein Mann niemals eine Frau werden kann«? Und wurde die Schriftstellerin J. K. Rowling nicht beleidigt und als transphob bezeichnet, weil sie eben diese Forscherin unterstützte und sich ebenfalls zur biologischen Realität bekannte[85]? LGBTQIA+-Anhänger fordern deshalb auch die Einführung geschlechtsneutraler Toiletten für Menschen, die nicht in das patriarchale System von Mann und Frau passen. In den Vereinigten Staaten tobt der Streit darüber nun schon seit etlichen Jahren. (Ich für meinen Teil würde ja eher dafür kämpfen, dass die Orte, an denen man sich erleichtert, sauber gehalten werden.) Mancher Gnostiker hatte das Gefühl, dass seine Seele im falschen Körper gefangen ist. Menschen, die unter »Geschlechtsdysphorie« leiden, geht es ähnlich: Ihre weibliche Seele lebt in einem männlichen Körper oder umgekehrt. Jedem steht es jetzt frei, sich als ein »Er« (*he*) oder eine »Sie« (*she*) zu präsentieren. Und für die diejenigen, die sich keiner der beiden Geschlechterkategorien zugehörig fühlen, bleibt noch die Bezeichnung »Sie« (*they*). Die neue Regenbogenfahne, Emblem der geschlechtlich Heimatlosen, Symbol der neuen Differenzierung, besteht aus elf Farben, aber weitere können jederzeit folgen. Ihr Erfinder, Daniel Quasar, beschreibt sich als »queer, demi-Mann, nicht-binär«, mit den Pronomen »Xe/xem/xyr« (*sic*). Die große Bewegung der Emanzipation hat sich zu einer »absurden Buchstabensuppe ausgedachter Identitäten«[86] entwickelt. Die Bezeichnungen sind unverständlich geworden, das Kauderwelsch verwirrend. Der Binarität entkommt man nur durch endlose Aufzählungen. Die Verweigerung des biologischen Geschlechts wird von der Wiege an gepredigt, im

Namen des Prinzips, dass »der kleine Er eine kleine Sie«[87] sein könnte. Verhalten und Kleidung soll ebenso fluide sein wie die Geschlechter. Menschen, die als Mädchen oder Jungs »gelesen werden«, sich dem aber widersetzen, nennen sich selbst »a-gender«, geschlechtslos. Sie bestehen darauf, als neutral angesehen zu werden, und lehnen deshalb die Ansprache als Herr oder Dame ab. Bei der Fluglinie Air Canada verzichtet man bereits auf die Personenbezeichnungen, um niemanden zu »missgendern«, eine ernsthafte Form der Diskriminierung von Personen, die sich geschlechtlichen Kategorisierungen entziehen. In Frankreich gab es den urkomischen Fall eines Bärtigen, der sich in der Fernsehsendung *Arrêt sur images* dagegen wehrte, »Monsieur« genannt zu werden. Und noch viel weniger mochte er »weiß« genannt werden, er sei schließlich »Halb-Libanese«[88].

Eine 2017 von Facebook entwickelte App bietet nicht weniger als 58 Geschlechter an: transmännlich, transweiblich, geschlechtslos, Pangender, Drag, nicht-binär, Zwitter etc. Was in jedem Fall vermieden werden soll, ist die Autorität der Definition. Die Verweigerung einer Etikettierung führt in diesem Fall jedoch zu ihrer Vervielfältigung. Man gehört immer noch zur Kategorie derer, die Kategorien verweigert. Wenn etwa Paul B. Preciado, ehemals Beatriz Preciado, in *Libération* schreibt, dass »unsere Trans-Körper Akte der Dissidenz gegenüber dem Geschlechtersystem«[89] sind, definiert er sich auch weiterhin in Bezug auf eine Norm, die er verwirft. Auch in der Ablehnung der Normen von Geschlecht, Rasse, Sexualität oder Nation bleibt man diesen verbunden. Das Gegenüber zu bezeichnen wird als ein »Einsperren mit Worten« (Wendy Delorme)[90] bezeichnet. Das soll auch dann zutreffen, wenn von einem Neugeborenen gesagt wird, es sei ein

Junge oder ein Mädchen. Wir haben es hier mit dem kindlichen Wunsch nach immer feineren Differenzen zu tun. Das singuläre Selbst präsentiert sich als so kostbar, dass bereits die geringste Bezeichnung ihm Gewalt antut. Jeder muss die Freiheit haben, sich selbst zu definieren und Fremdzuschreibungen zu verbieten. Alles uns durch Personenrecht, Eltern, Familie und eigenem Körper Gegebene muss zugunsten einer beispiellosen Einzigartigkeit verworfen werden. Was man ist, hat man nicht geerbt, sondern aus eigener Kraft erschaffen. Darin besteht das Ziel dieser Dekonstruktion, die im Grunde ein Ergebnis des zeitgenössischen Narzissmus ist: Wie der Baron von Münchhausen, der sich am eigenen Schopf aus dem Sumpf zog, erschafft das Selbst sich ohne fremdes Zutun aus dem Nichts[91].

Wir haben es hier mit einem medizinisch-prometheischen Voluntarismus zu tun, dessen Vokabular rein kosmetischer Natur ist. Die Vermehrung der Klassifikationen und Akronyme verschafft denen, die angetreten sind, die Wahlmöglichkeiten zu öffnen, eine identitäre Heimat. Das revolutionäre Phantasma einer Tabula rasa, auf die die Menschheit ihre eigene Geschichte schreiben könnte, basiert immer auf der Negation der alten Welt. Sich gemäß dem Duktus à la mode als »non-binär« zu bezeichnen, heißt wenig mehr, als die oben beschriebene Verweigerung auf das biologische Geschlecht anzuwenden. Die Verwerfung dieser Trennung rückt diese umso stärker in den Mittelpunkt. Verneinung stärkt die Determination. Anstatt man selbst zu sein, ist man nicht das, was die anderen sind – ein ziemlich plumper Kunstgriff. Warum ist man nicht zum Beispiel nicht-trinitarisch, nicht-quartär oder auch nicht-trans? Mit früheren Bewegungen für die Rechte von Homosexuellen oder auch der Faszination, die Hermaphroditen und Transvestiten auslösten, hat das nicht viel zu tun. Die Adoleszenz geht oftmals mit einem Gefühl der Zerrissenheit einher, der Verflüssigung der Identitäten. Man ist weder das eine noch das andere, weder Mann noch Frau, weder homo noch hetero, weder alt noch jung. Diese Selbstdefinition ex negativo ist vergleichbar mit der negativen Theologie Maimonides', dessen Gott alle menschlichen Zuschreibungen transzendiert und nichts Bestimmtes mehr ist – definiert durch das, was er nicht ist[92]. Deshalb gilt es, die geltende Nomenklatur, alle Pseudo-Differenzierungen zu zerschlagen. Das fängt bei Toiletten an und reicht bis hin zu Gefängnissen. Männliche Transsexuelle haben bereits erfolgreich ihre Verlegung in Frauengefängnisse eingeklagt, um die Gunst der Insassinnen zu erlangen[93]. (Gegenwärtig werden in den USA Transgender-Personen in eigenen Trakten untergebracht.)

Im Juni 2020 feierten die französischen Medien die erste Transgender-Bürgermeisterin in der nordfranzösischen Gemeinde Tilloy-lez-Marchiennes. Die Sexualität eines Amtsträgers sollte niemals wichtiger sein als seine Fähigkeiten. Das ist das unausgesprochene Gesetz Frankreichs: Jeder macht aus seinem Leben, was er will. In den Worten Marie Claus: »Das hätte ein Nicht-Ereignis sein müssen.« Der berühmte und umstrittene Satz von Simone de Beauvoir »Man ist nicht als Frau geboren, man wird es, man wird es«, liest sich, als hätte sie die Gender-Bewegung antizipiert. Die Anatomie ist also kein Schicksal mehr, auch wenn sie ihre Vorrechte bewahrt: Der Mann wird niemals ein Kind gebären oder einen weiblichen Orgasmus bekommen, die Frau niemals die Freuden der Erektion kennenlernen. Es gibt hier weder eine Verwirrung noch eine Annäherung, sondern ein Schwanken, und vielleicht ist es ja das, was mit »Gender« gemeint ist. Das zeitgenössische

Individuum wandert zwischen den Definitionen und den Geschlechtern wie ein Pilger, der im Laufe seines Lebens verschiedene Kostüme anlegt. Die Beziehungen innerhalb der Bewegungen der Minderheiten sind alles andere als harmonisch. 2019 bedrohten englische Trans-Aktivisten Feministinnen, denen sie vorwarfen, sich nicht aus ihren Elfenbeintürmen herauszutrauen, mit dem Tod[94]. In Frankreich unterstützten feministische, bekennende Lesben die Schriftstellerin J. K. Rowling gegen die Lynchjustiz von Trans-Aktivisten und wiesen darauf hin, dass zahlreiche Personen, die zuvor von der Ideologie der »Geschlechtsanpassung« begeistert waren, jetzt eine »Detransition« vornehmen, das heißt zu ihrem ursprünglichen Geschlecht zurückkehren[95]. Die erlittenen körperlichen Schäden sind schwerwiegend und nicht rückgängig zu machen. Die schlimmsten sexistischen Vorurteile tauchen bei denjenigen wieder auf, die behaupten, sich von ihnen befreit zu haben[96]. Frauen werden von Trans-Aktivisten mit Vergewaltigung bedroht! Der zentrale Streitpunkt bleibt die Biologie: Für klassische Feministinnen ist sie essenziell, für Trans-Aktivisten, die ihre Inspiration in den heiligen Schriften von Judith Butler finden, ist sie bloße Fiktion. Es ist klar, dass die verschiedenen Minderheitenkämpfe sich widersprechen, und selbst die Anwesenheit des Bösewichts schlechthin, des »weißen, heterosexuellen Manns« reicht nicht aus, um die Gräben zu überbrücken. Man befindet sich in einer theoretischen Sackgasse. Die Raserei aller gegen alle wird das sicherlich noch anheizen.

Eine durch Chirurgie und Ideologie ermutigte postsexuelle Utopie ist bemüht, natürliche Grenzen zu verwischen. Hinter dem philosophisch-politischen Budenzauber verbirgt sich das altbekannte religiöse Misstrauen gegenüber Körper und Sexualität sowie der engelhafte, frühchristliche Traum eines von jeglicher Erotik befreiten Menschen. Es ist jedoch zu begrüßen, dass die Menschheit zweigeteilt ist, denn diese Bipolarität erzeugt einen unverhofften menschlichen Reichtum – auch in der Unentschlossenheit zwischen dem einen und dem anderen. Es wäre noch besser, wenn jeder Mensch sein biologisches Geschlecht zugleich affirmieren und ablehnen würde und sich nicht seiner Erscheinung gemäß verhalten würde. Es gibt nur zwei Geschlechter, doch tausend Möglichkeiten, diese Dualität zu gestalten. Selbst wer diese Teilung ablehnt, definiert sich doch in Abgrenzung zu ihr. Es ist bewegend, wie Paul B. Preciado (»Trans in-between nicht operiert«, »Drag-King«) seine Metamorphose zum Mann als Martyrium erzählt: die Biologie widerlegen, eine verschmähte soziale Ordnung verlassen, die ihn als Frau zur Welt gebracht hat, schmerzhafte Testosteroninjektionen, siebzehn Jahre auf der Couch »weißer, heterosexueller, patriarchaler, kolonialistischer« Psychoanalytiker. All das hat seinen Preis. Und dieser kann exorbitant hoch sein.

Dieser Mutant[97] berichtete mit verblüffender Ehrlichkeit. Trotz der aufmerksamkeitsheischenden Parolen gelingt es ihm nicht, von einem Zustand zum nächsten zu wechseln; er ist auf dem Weg in eine Region der Einsamkeit, in der die Luft dünn ist und das Risiko besteht, dass man ihn für gestört hält.

Kapitel 8

Die Kunst zur Erbauung der Massen säubern

> »Und was soll aus der Kunst werden? (…) Theaterstücke, in denen der Katechismus gepredigt wird – Gut gegen Böse. (…) Ein Tableau, das die Gleichstellung respektiert, Mann, Frau, Schwarz, Weiß, alt, jung, behindert, in Bio-Weizenfeldern und Tomatenpflanzen aus Permakultur?«
>
> Mazarine Pingeot, *Le Monde*, 28. Juli 2020

In Begleitung des Baptistenpastors Jesse Jackson marschieren im Januar 1988 Minderheiten über den Campus der Universität Stanford und skandieren: »Hey, hey, ho, ho, western culture's go to go«[98]. Die westliche Kultur soll verschwinden! Dieses Bedürfnis nach einer großen Säuberung hat seitdem ständig zugenommen. In den 1990ern kamen etwa die Werke von Herman Melville auf die Anklagebank. »Es gibt keine einzige Frau in seinem Buch, die Handlung schildert Tierquälerei und die meisten Schwarzen sind ertrunken, bevor man das 28. Kapitel erreicht«[99], schrieb ein Student in der New York Times über den Roman *Moby Dick*. Selbst die Verwendung einer gebräuchlichen Sprache, wie Englisch oder Französisch, soll Minoritäten unvorstellbare Qualen zufügen. Sie soll daher angepasst werden, in euphemistische Wendungen gesperrt werden, in Beschreibungen, die niemanden mehr stören können. Eine behinderte Person soll als »anders angepasst«, ein Tauber als »auditiv benachteiligt«, ein Fettleibiger als »übergewichtig« und ein Verstorbener als »dauerhaft entlassen« bezeichnet werden. In Frankreich spricht man nicht mehr von Schwarzen, sondern von Blacks, da der Rekurs auf die englische Sprache den Vorwurf des Rassismus vermeiden soll. Die Verlagerung des Kampfes von der Politik auf die Sprache ist nur ein Trostpflaster, ein seelischer Verband, der den Zustand der Benachteiligten unverändert lässt. Diejenigen jedoch, die die richtige Sprache beherrschen, werden aufgewertet, ihr schlechtes Gewissen entlastet. Wer sich nicht für das Verbot sämtlicher, potenziell riskanter oder verletzender Bemerkungen und Handlungen starkmacht, riskiert die Verfolgung durch Opferverbände, die ganz auf die Herrschaft eines »juristischen Terrors« setzen[100]. Schmutzige Wörter gehören verboten; wer sie dennoch benutzt, muss zur Rechenschaft gezogen werden. Es soll ihnen so gehen wie den Bürgern, die zur Zeit des Ancien Régime gegen Gott, Kirche und Anstand sündigten und zur Strafe den Mund mit Seife ausgewaschen bekamen. Wer sich danach immer noch nicht einsichtig zeigte, das Vergehen wiederholte, bekam die Zunge abgeschnitten oder die Lippen zugenäht.

Alle anstößigen Wörter gehören verboten, da sie sensible Ohren verletzen können. Die »No-platform«-Bewegung (die öffentliche Auftritte bestimmter Personen verhindern möchte), die in den Vereinigten Staaten, Kanada und Großbritannien verbreitete Cancel Culture (die alle Menschen zum Schweigen bringen möchte, deren Ideen als rassistisch oder sexistisch gebrandmarkt werden) zielt mehrheitlich darauf, die Redefreiheit einzuschränken[101]. Viele Zeitungen praktizieren eine präventive Zensur, etwa die New York Times, Symbol und Märtyrer der politischen

Korrektheit, um bloß keiner abweichenden Meinung verdächtigt zu werden. Dissens ist verboten.

Die Ställe des Augias ausmisten?

Es reicht nicht aus, nur diejenigen zum Schweigen zu bringen, die falsch denken; es bedarf einer retrospektiven Säuberung unserer Hochkultur. Sie ist nichts weiter als ein Sammelbecken der schlimmsten rassistischen und sexistischsten Abscheulichkeiten. Bereits vor dreißig Jahren geißelten amerikanische Feministinnen Picasso, Balthus, Renoir, Degas – Künstler, denen der Hass auf ihre weiblichen Modelle aus allen Poren quillt, die Frauen als kleine, laszive Mädchen darstellen – zerstückelt, entstellt, degradiert, verunstaltet[102]. Gauguin hat das Privileg, sich gleich mehrerer Schandtaten schuldig gemacht zu haben: Er ist zugleich ein sexueller Übeltäter, Pädophiler, Rassist und Kolonialist. Das Urteil trifft auch auf die gesamte abstrakte Bildhauerei des zwanzigsten Jahrhunderts zu. Gauguin muss zensiert werden, fordert eine gewisse Adele Gavi auf der Website des Guardians, anlässlich einer dem Künstler gewidmeten Ausstellung in der National Gallery. Statt diesen »pädophilen Perversen« auszustellen, sollten die Organisatoren sich lieber den »Tausenden großartigen« und oftmals unbekannten Künstlern widmen. Ihr Fazit: »Wir haben 2020 und haben es nicht mehr nötig, Sexualstraftäter zu fördern.«

Kurzum, die Größe und Schönheit eines Werkes liegt nicht mehr in seiner Komplexität oder dem Akt seiner Schöpfung, sondern vielmehr in seiner Konformität gegenüber den aktuell gültigen Werten. Französische Feministinnen sind dabei, die europäische oder nationale Kultur auszumisten. Höfische Liebe, Galanterie, Ausschweifung? Nichts weiter als mit blumigen Worten geschönte Vergewaltigung. Der große Maler Fragonard? Hinter seinen schelmischen und anzüglichen Szenen verschanzt sich ein abscheulicher Freund des Übergriffs[103]. Sein berühmtes Gemälde *Le Verrou* (um 1777), das einen Mann zeigt, der eine halbnackte Frau auf sein Bett zieht, während er die Tür verriegelt, wird als Apologie der Gewalt interpretiert. (Umgekehrt schildert die Kunstkritikerin und Romanautorin Sophie Cauveau Fragonard als Erfinder der glücklichen Liebe, als Maler der Jubilation, der letzten Reste der Ausschweifung[104].)

Der Vorgang der Exkommunikation ist nicht mehr aufzuhalten: Auf Balthus und Gauguin folgte der österreichische Maler Egon Schiele, der sich wegen seiner Darstellung von Frauen heftigen Anschuldigungen ausgesetzt sah. Während die Stadt Wien 2018 bekannt gab, seinen Todestag mit einer Plakatkampagne feiern zu wollen, verweigerten London, Köln und Hamburg ihre Teilnahme. Im Namen des antipatriarchalen Kampfes erfindet man die Hölle, den verfluchten Ort aufs Neue: die großen Bibliotheken, in denen erotische und obszöne Werke aufbewahrt wurden[105]. 2017 erhielt das New Yorker Metropolitan Museum 10.000 Zuschriften, die die Entfernung eines Gemäldes von Balthus forderten. Das Bild zeigte eine junge Frau mit gespreizten Beinen und weißer Unterwäsche. Die Petition unterstellte dem Bild, »die Sexualisierung des Kindes zu romantisieren«. Das trifft zwar zu, reicht jedoch nicht für ein Verbot aus: Bedeutende Maler erkennt man daran, dass sie verstören. Im Namen des Schutzes von Frauen versuchten Aktivistinnen im November 2019 mit allen Mitteln, die Ausstrahlung von Roman Polanskis Film »Intrige« zu verhindern. Den Zuschauern warfen sie Solidarität mit einem »Pädokriminellen« vor. Die Tatsache, dass der Film eine Reflexion über den Dreyfus-Prozess und Antisemitismus ist, macht den Fall noch gravierender. Was die Aktivisten fordern, ist die Verbannung der Gesamtheit aller Werke des Regisseurs. Wann sehen wir die ersten feministischen Bücherverbrennungen?

2020 nahm der amerikanische Verlag Grand Central Publishing auf Druck der Angestellten die Memoiren Woody Allens aus dem Programm. (Das Verlagshaus Stock, eine Tochtergesellschaft der Hachette-Gruppe, traf die Entscheidung, das Buch gegen Ende des gleichen Jahres in Frankreich zu publizieren). Allens Sohn Ronan Farrow und seine Exfrau Mia Farrow, die eine pathologische Abneigung gegen ihn hat, beschuldigen ihn, seine Adoptivtochter Dylan Farrow im Alter von sieben Jahren missbraucht zu haben. Woody Allen hat diese Vorwürfe stets vehement abgestritten und wurde in mehreren gerichtlichen Untersuchungen freigesprochen. Aber der Verdacht reichte aus, um seinen Ruf dauerhaft zu beschädigen. Nicht einmal die Aussagen von Moses Farrow, dem ältesten Adoptivsohn von Mia Farrow und Woody Allen, der die Vorwürfe gegen seinen Vater immer bestritt und den gewalttätigen Charakter von Mia Farrow betonte, reichten aus, um die Anschuldigungen zu entkräften. Moses sagte aus, dass Mia selbst ihre Kinder misshandelte, und bezeichnete die juristische Verfolgung des Regisseurs als ihre persönliche Obsession. Wer in dieser Angelegenheit ein Mindestmaß an Ehrlichkeit wahren möchte, sollte allen Streitparteien Gehör schenken und sich nicht zu einem Urteil hinreißen lassen. Im Juni 2020 weigerte sich France Inter, eine Werbung für Allens Buch auszustrahlen, und seinem französischer Verleger Manuel Carcassone wird öffentlich vorgeworfen, einen Pädophilen zu fördern.

Die Verleumder haben gesiegt. Einige berühmte Nachnamen sind keine dokumentierten Rechtsakten mehr, vielmehr Symptome einer universellen Panik.

Wie filmt man einen Hintern?

Von nun an sind wir nicht mehr Liebhaber des Kinos oder der Literatur, sondern Richter, die Bücher, Filme und Gemälde ausschließlich nach ethischen Kriterien bewerten[106]. Meisterwerke gibt es keine mehr, nur noch *Werke der Meister* westlicher Propaganda: Doktrinäre, Kolonialisten, Machos und Rassisten – von Cervantes bis Faulkner, allesamt DWEMs (Dead White European Males). Die emanzipatorische Kraft der großen Texte, aus denen das kritische Bewusstsein des modernen Menschen geschmiedet wurde, der Ort, an dem die Kultur Europas auf Distanz zu sich selbst geht, wird dadurch negiert[107]. Literatur wird nicht mehr als Schöpfung, Inszenierung oder Entschlüsselung einer Epoche begriffen; sie ist entweder Ausdruck der Herrschenden oder Rebellion der Minderheiten. Jeder Konflikt, jede irritierende Aussage soll beseitigt werden. Man erschafft nicht mehr, man legt Zeugnis ab. Dass Prosa, Talent und Fantasie dabei vor die Hunde gehen, hat niemanden zu kümmern. Ein Zeugnis ist dann gerecht, wenn es dem linken, westlichen Kanon entspricht. Das lässt sich gut am Beispiel Rigoberta Menchús, der guatemaltekischen Friedensnobelpreisträgerin von 1992, feststellen[108].

Die Exkommunikation verharrt nicht bei der Literatur und Malerei, auch die großen Opern müssen korrigiert werden. So sollen die berühmten Heldinnen Carmen und La Traviata ihren Liebhabern nicht aufgrund deren Beharrlichkeit nachgeben, sondern weil sie gezwungen werden. Für eine Aufführung 2018 in Florenz beschloss der Regisseur Leo Muscato, nicht nur Georges Bizets Carmen am Leben zu lassen, sondern inszenierte sie selbst als Unterdrückerin ihres Aggressors. »In der heutigen Zeit, in der Gewalt gegen Frauen zur Plage geworden ist, kann es nicht sein, dass man einem ihrer Mörder Applaus spendet.« In England protestierte eine Mutter gegen das bekannte Märchen *Dornröschen*, weil die Schlafende dem befreienden Kuss nicht zustimmen konnte, folglich missbraucht worden ist. Die kulturelle Säuberung marschiert voran.

Für die Verleihung der Oscars am 9. Februar 2020 in Los Angeles trug die »engagierte Feministin« Natalie Portman ein atemberaubendes Dior-Cape, das mit den Namen von nicht nominierten Regisseurinnen bestickt war. Die Geste ist vertretbar, auch wenn die Schauspielerin von ihren Kolleginnen dafür kritisiert wurde, ausschließlich mit männlichen Regisseuren zu drehen. Man kann sich mit gutem Recht für eine Parität unter Kinoregisseuren einsetzen. Aber ein Blick ist nicht deshalb weniger »gegendert«, um den schrecklichen Jargon unserer Zeit zu verwenden, weil der Regisseur männlich oder weiblich ist. Ethnische oder »Gender«-Quoten in die Kunst einzuführen, heißt, sie zu entstellen. Wenn ein Werk nur noch für einen Bruchteil der Bevölkerung repräsentativ sein soll, handelt es sich nicht mehr um eine Schöpfung, sondern um eine Proporzwahl. Gegenwärtig lautet die Forderung, dass jeder Film, jedes Buch, jede Oper einen bestimmten Prozentsatz an Minderheiten enthalten muss. Man bringt hier zwei Dinge durcheinander: gute Absichten und Talent. Letzteres hat nichts mit Gerechtigkeit zu schaffen. Seien wir froh, dass sich in Frankreich die Welt der siebten Kunst in Richtung einer größeren Geschlechtervielfalt bewegt und dass die Académie des César dies als Forderung in ihre neuen Statuten aufgenommen hat. Aber wird die Herstellung von mehr Gleichheit auch zur Veröffentlich ansprechender Werke führen? Nur das Ergebnis zählt, und das hat kein Geschlecht. Ein von überzeugten Feministinnen gedrehter schlechter Film bleibt ein schlechter Film.

So wirft die Kritikerin Iris Brey dem Regisseur Abdellatif Kechiche, Autor von *Mektoub my love* (2017), eine männliche Voreingenommenheit bei der Inszenierung von Frauen und ihren »Ärschen« vor. Das Filmen eines Hinterns sei an sich eine politische Handlung[109]! Es ist wie eine Rückkehr in die frenetischsten Stunden der 1970er Jahre, als die Missionarsstellung rechts, Sodomie links und die Hündchenstellung subversiv war. Und wie filmen Frauen, die nicht dem »männlichen Blick« unterworfen sind, weibliche Hintern? Und diejenigen der Männer? Existiert vielleicht ein Winkel oder eine Kamerafahrt, die eine progressive Darstellung dieses Teils der Anatomie ermöglicht? Wie soll man die Kultur des Hinterteils in Afrika oder Brasilien bewerten, wo das Gesäß verehrt, geliebt, vergöttert wird? Soll die Form gefilmt werden oder aber die Masse, das Volumen des Ganzen? Soll Stillstand der Dynamik vorgezogen werden? Wie wird man der Kurve gerecht? Sollte man Rap- und Hip-Hop-Videos zensieren, in denen ansprechend wackelnde Hintern ihren Auftritt haben, oder Kim Kardashian die Luft rauslassen? Ist bereits die Erinnerung daran, dass Frauen Schenkel, Brüste, also einen Körper haben, den prüden Wächterinnen unerträglich? Ist es für sie nicht hinnehmbar, dass Körper begehrenswert sein können, dass Fleischlichkeit unser aller Schicksal ist?

Explizit als lesbisch beworbene Filme unterscheiden sich nur wenig von heterosexuellen Filmen. Sie können gut oder schlecht sein, ausschlaggebend ist das Talent – und das hat, wie bereits gesagt, kein Geschlecht. Caroline Fourest berichtet, dass sie sich vor ihrem Coming-out immer mit männlichen Figuren identifizierte, besonders wenn diese attraktive Mädchen küssen durften. Sie identifiziere sich noch immer mit ihnen[110]. Lesbische Liebesbeziehungen sind nicht viel anders als solche zwischen Mann und Frau: gleiche Eifersucht, gleiche Schönheit und manchmal auch die gleiche Grausamkeit. Es gibt hier weder moralische Überlegenheit noch Unterlegenheit a priori. Marcel Proust, der größte Romancier der Liebe, war selbst homosexuell, und er verstand es auf bezaubernde Art, für alle zu sprechen.

Totalitäre Leidenschaft

Es sind vor allem Werke von herausragender Bedeutung, die einer Revision unterzogen werden. Laure Murat zum Beispiel schreibt in *Libération*, dass *Blow-Up* (1966) von Antonioni als Anstiftung zur Vergewaltigung interpretiert werden muss. Regie und Inszenierung würden eine unerträgliche Frauenfeindlichkeit zum Ausdruck bringen. Außerdem gelte es, die gesamte Geschichte der Kunst, des Kinos und der Literatur unter dem Gesichtspunkt der Vergewaltigung neu zu lesen, falls zutrifft, was der Kunsthistoriker und ehemalige Kurator Régis Michel erklärt: »Die sexuelle Obsession des Westens ist die Vergewaltigung.«[111] Die Frucht ist madig. Der Schuldige ist benannt, die Beweise zusammengetragen, der Prozess kann beginnen. Die westliche Kunst soll also von Vergewaltigungen besessen sein? Tatsächlich? Botticellis *Geburt der Venus* (1485), François Bouchers *Braune Odaliske* (1745), Manets *Frühstück im Grünen* (1863), Berninis *Verzückung der Heiligen Theresa* (1652), Watteaus *Einschiffung nach Kythera* (1717), Gustav Klimts *Der Kuss* (1908) – all diese Werke rufen zur Vergewaltigung auf? Wer heterosexuelles Begehren, die Liebe zwischen Mann und Frau, als verdeckte Vergewaltigung deutet, verlässt den Boden der Kunstgeschichte.

Von Epoche zu Epoche werden neue Klassiker als kanonisch betrachtet, andere in die Verbannung geschickt. Es ist eine Sache, Frauenfeindlichkeit in einem bestimmten literarischen Korpus aufzuspüren, wie es Kate Millet in ihrem Buch *Sexual Politics*[112] in Bezug auf Henry Miller, Norman Mailer oder Jean Genet getan hat. Etwas vollkommen anderes ist es, Listen von Büchern und Regisseuren zu erstellen, die man verbieten möchte, nur weil sie weiß und männlich sind. Laure Murat mag zwar strikt gegen Verbote sein, das aber ändert nichts daran, dass sich derzeit eine Atmosphäre des allgemeinen Misstrauens breitmacht. Von nun an wird der gesamte literarische und künstlerische Korpus unter die Lupe genommen. Autoren von Rang werden nicht mehr nach künstlerischen Kriterien bewertet, sondern nach dem aktuell herrschenden Moralkodex. Die Kultursäuberer marschieren.

Vor nicht allzu langer Zeit war es Professoren und Professorinnen daran gelegen, uns die Liebe zu bedeutenden Werken der Poesie, des Theaters, der Malerei oder der Literatur zu vermitteln und den Reichtum der Kunst zu erforschen. Heute hat man es hingegen immer häufiger mit Prüfern des Gewissens zu tun, die vor Klassikern warnen oder gar deren Entfernung fordern. Das ist der Kern des zeitgenössischen akademischen Streits um den Kanon: Da man den Wünschen von Minderheiten gerecht werden muss, ist es nicht länger tolerierbar, Shakespeare, Chaucer,

Cervantes, Balzac, Molière oder Goethe, diese Zeugen und Verbreiter repressiver Sitten, ungeprüft auf dem Lehrplan zu lassen. Anfang 2020 beschloss Tim Barringer, Leiter des Fachbereichs Kunstgeschichte an der Universität Yale, Geschichte nur noch in Beziehung zu »Fragen von Geschlecht, Klasse und Rasse«, der »Verwicklung in den westlichen Kapitalismus« bzw. »zum Klimawandel« zu unterrichten. Barringer begründete diese Entscheidung mit einem Unbehagen vieler Studenten gegenüber dem Kanon, diesem »Produkt weißer, europäischer, heterosexueller, männlicher Künstler.« Ginge es hier darum, eine breitere Perspektive anzubieten, den großen Reichtum indischer, ozeanischer, afrikanischer und indianischer Künste zu berücksichtigen, wäre diese Initiative durchaus zu begrüßen. Doch man schätzt nicht-westliche Kunstwerke umso mehr, je mehr man die eigene Kultur kennt und über bestimmte Referenzen verfügt. Wie sollen wir die großartige Metaphysik des Sufismus, des Hinduismus oder des Buddhismus bewundern und fremde Traditionen verstehen, wenn wir unsere eigene Geschichte in militanter Ignoranz mit Füßen treten? Man sollte sich stets vor denen hüten, die den Fremden nur schätzen, weil sie sich selbst hassen. Es steht zu befürchten, dass ihnen nur daran gelegen ist, die europäische Kunst seit der Renaissance herabzusetzen, weil sie nicht den Klischees von heute entspricht, weder queer noch rassifiziert oder feministisch ist. Doch auch diese Klischees sind so westlich, dass sie keinen Ausweg aus der empfundenen Gefangenschaft ermöglichen.

Diese in bester Absicht getroffenen Maßnahmen erinnern an die Lehren von Jdanow, einem Weggefährten Stalins, der von den 1930er-Jahren bis 1948 sozialistische Kunst als ideologische Erziehung der Massen definierte.

Als rücksichtsloser Zensor bezichtigte er die bürgerliche Kunst der Dekadenz und forderte die Intellektuellen auf, sich als »Ingenieure der Seelen« an der Erziehung des Proletariats zu beteiligen. Dmitri Schostakowitsch und Sergej Prokofjew, denen Dissonanz und Atonalität zum Vorwurf gemacht wurde, waren seine Hauptziele. Ein weiteres Beispiel: Das New Yorker Museum of Modern Art (MoMa), berühmt für seine Ausstellungen von Avantgardekunst in der Nachtkriegszeit, öffnet sich verstärkt der globalen Kultur sowie Frauen, Schwarzen und anderen Minderheiten – mit dem Ziel, das »westliche Narrativ« aufzugeben. Handelt es sich hierbei nicht eher um eine oberflächlich mit Ästhetizismus geschmückte Herablassung, bei der nicht mehr das Werk den Vorrang haben soll, sondern die Herkunft des Künstlers? Selbst in der Ablehnung des Eurozentrismus bleiben wir dem Westen verbunden.

Ein weiteres Zeichen von Opportunismus: In Baltimore verkaufte der Direktor des Museum of Modern Art mehrere Gemälde, darunter einen Rauschenberg und einen Warhol, um »Werke von unterrepräsentierten Künstlern, in diesem Fall von Schwarzen und Frauen«[113], zu erstehen. Was wird der Museumsbesucher von diesen Gemälden denken? Dass sie nicht wegen ihrer Originalität oder Kühnheit ausgestellt werden, sondern weil ihr Schöpfer ein Schwarzer oder eine Frau ist. Was könnte verachtungsvoller sein? Die vorgeschützte Demut kann nur Naive täuschen. Der Streit um den Kanon, das hat William Max, Professor am Collège de France, sehr gut erkannt, ist vor allem ein Mittel, die amerikanische Vormachtstellung in Literatur, Malerei, Kino und Theater zu sichern und Europa an den Rand zu drängen. Da allein Amerika Vielfalt verkörpert, gilt es, die Überlegenheit seiner Produkte zu bewerben und sich nur mit solchen Werken zu beschäftigen, die im Idiom des Imperiums verfasst werden. Die Scheidungskomödie ist ein Schattentheater für ein ausländisches Publikum; Uniformität erwächst so einer Pseudo-Vielfalt.

In dem schönen Buch *Lolita lesen in Teheran*[114] erzählt die persische Autorin Azar Nafisi, die heute als Hochschulprofessorin in den USA im Exil lebt, von ihrem geheimen Lesekreis, der jungen Frauen die Freiheit gab, unverschleiert zusammenzukommen, um verbotene Klassiker zu lesen. Während eines Seminars zum Roman *Der große Gatsby*, das sie gegen den Rat ihrer Vorgesetzten durchführte, stellte sie sich einen fiktiven Gerichtsprozess mit der Islamischen Republik Iran in der Rolle des Klägers und Gatsby in der Rolle des Beschuldigten vor. Eine wunderbare Allegorie. Wir können es kaum erwarten, dass unsere Feministinnen und »Subalternen« damit beginnen, Fitzgerald, Hemingway und Konsorten den Prozess zu machen und die Sorbonne, die University of California, Berkeley oder die Columbia University von diesen schmutzigen Büchern zu säubern. *Die minoritäre Leidenschaft ist totalitär*. Die Demokratie erzeugt diesen Totalitarismus, solange ihre Grundprinzipien Freiheit, Gleichheit, Gerechtigkeit und Brüderlichkeit nicht durch Gegenkräfte verteidigt werden. Müssen alle klassischen Tragödien der Griechen oder die Werke von Shakespeare und Racine umgeschrieben werden, weil sie zum Mord an Frauen aufrufen oder einer nicht-weißen Person eine negative Rolle zuweisen, wie in Othello, in dem obendrein noch ein rücksichtsloser Krieg der Geschlechter stattfindet? Müssten wir nicht auch bestimmte Kindermärchen verbieten? Zum Beispiel *Rotkäppchen*, das sich sowohl der Reproduktion sexistischer (weibliche Schwäche) als auch spezistischer (negative Darstellung des Wolfes) Vorurteile schuldig macht? Oder die Geschichte der drei kleinen Schweinchen, in der ein Tier zelebriert wird, das im Islam als unrein gilt? Wann wird André Gide wegen seiner in Ägypten oder Nordafrika begangenen pädophilen Akte verbannt? Wann trifft es Victor Hugo, der sich zeitlebens über Dirnen und Mägde lustig machte? Oder Arthur Rimbaud, der in den Waffen- und Sklavenhandel am Roten Meer verstrickt gewesen sein soll? Geehrte Zensoren und Zensorinnen, machen wir uns schleunigst an die Arbeit, denn die Aufgabe, die vor uns liegt, ist gigantisch. Bereits jetzt sind in den meisten englischsprachigen Verlagen sogenannte *sensitivity reader* am Werk, die entscheiden, ob eine bestimmte Manuskriptpassage eine Minderheit beleidigen könnte. Verlagshäuser bezahlen neuartige »Lektoren«, um sicherzustellen, dass kein potentieller Leser durch stereotype Darstellungen verletzt wird[115]. Das Phänomen lässt sich auch in Frankreich beobachten, wo »redaktionelle Minenräumer« Autoren über die Schulter schauen und sie vor anstößigen Begriffen und Redewendungen warnen.

Für eine Gedankenpolizei

Mit gutem Grund macht man sich große Sorgen um die Rückkehr einer neuen, vor allem von Linken getragenen Lust am Verbot im Namen der Unterdrückten. Wird man hinter jedem Komiker oder Regisseur einen Gendarmen postieren, der darüber wacht, dass das Werk nicht den aktuellsten Kriterien widerspricht? Wie im sozialistischen Realismus der Sowjetunion steht die Wahrung der politisch korrekten Normen über dem Talent. Sogenannte Minderheitenschriftsteller sollten jedoch nicht führ ihren Status als Minderheit gefeiert, sondern nach ihren künstlerischen Verdiensten bewertet werden. Schlimmer noch: Große Romane können nicht mehr ohne Warnhinweise, sogenannte *Trigger Warnings*, erscheinen, die Leser vor unbequemen Passagen warnen. Zu groß ist die Angst davor, dass etwa die Lektüre von Klassikern der Seele Schaden zufügt. Es ist eine Rückkehr zu den schlimmsten Erscheinungen des bürgerlichen 19. Jahrhunderts, als der gefürchtete Staatsanwalt Ernest Pinard Flauberts *Madame Bovary* wegen »Empörung der öffentlichen und religiösen Moral« und Baudelaires *Blumen des Bösen* wegen »obszöner oder unmoralischer Ausdrücke« juristisch verfolgte[116].

Im Bundesstaat Virginia wurden kürzlich die beiden Klassiker *Die Abenteuer von Huckleberry* Finn von Mark Twain und *Wer die Nachtigall stört* von Harper Lee aus dem Kanon der Schullektüre gestrichen. Man warf den beiden Klassikern den Gebrauch rassistischer Schimpfwörter vor. Es handelt sich um ein manifestes Missverständnis, wie die National Coalition Against Censorship deutlich machte: Diese Romane vermitteln den Schülern vielmehr »ein historisches Verständnis der Rassenbeziehungen in den Vereinigten Staaten.« Es gilt zu unterscheiden zwischen tatsächlich rassistischen Büchern und solchen, in denen sich bestimmte Figuren rassistisch ausdrücken. Doch man möchte alles löschen, was aus der Komplexität eines Werks rührt. Die Klassiker sollen geglättet werden, neu beurteilt durch den strengen Blick einer Gegenwart, die als absoluter Richter über vergangene Jahrhunderte waltet.

Die New York Times forderte, den Roman von Mark Twain mit einem Warnhinweis zu versehen: »Ein Buch, das Rassismus auf eine Art thematisiert, die geeignet ist, Traumata auszulösen und die kognitive Entwicklung zu stören.« Und für den Roman *Der große Gatsby*: »Ein Buch, in dem oft anstößige und hässliche, frauenfeindliche Gewalt vorkommt.« Die Moral ist gerettet.

Das gesamte intellektuelle Leben der Vereinigten Staaten steht auf dem Spiel: Redakteure, Journalisten, Forscher und Professoren werden aufgrund von Äußerungen oder Vorlieben entlassen. Schriftsteller, die von der Linie abweichen, werden nicht mehr veröffentlicht. Die geringste Abweichung von der herrschenden Ideologie wird als Angriff auf die »soziale Gerechtigkeit« angesehen, weshalb etliche Intellektuelle bereits einen linken McCarthyismus heraufziehen sehen[117]. Anders als die alte Zensur ist die neue nicht darauf aus, keusche Ohren vor schmutzigen Worten zu schützen. Sie gibt sich vielmehr exklusiv, schützend und nimmt dadurch in Kauf, dass sie Menschen am Erwachsenwerden hindert, sie infantilisiert. Um Schüler vor dem traumatisierenden Einfluss von Texten und Bilder zu bewahren, wird die Schule zu einem gesicherten Raum umgebaut. Die fragilsten Schüler sollten in unmittelbarer Nähe der Tür sitzen, damit sie schneller vor empfindlichen Texten oder Illustrationen fliehen können. In einem Land, in dem Gewalt – auch Waffengewalt – fast an der Tagesordnung ist, in dem Massenmorde regelmäßig für Schlagzeilen sorgen, ist dieses Babysitten von jungen Erwachsenen erstaunlich. Kultur ist nicht mehr der berauschende, überraschende, auch verstörende Zugang zu fremden Welten, sondern die Verschanzung hinter Schutzwällen. Anstatt unsere Seelen zu vergrößern, lassen wir sie schrumpfen.

Kapitel 9

Patriarchale Allmacht?

> »Echte Gleichstellung zwischen Mann und Frau wird an dem Tag herrschen, an dem eine inkompetente Frau für einen wichtigen Posten vorgeschlagen wird.«
>
> *Françoise Giroud* (1983)

Unterstützt man Minderheiten, damit die Norm erweitert wird, oder geht es eher darum sie zu torpedieren? Im ersten Fall werden vormals ausgeschlossene Gruppen integriert (wie bei der Ehe für alle, die nicht darauf abzielt, die Institution der Ehe zu zerstören, sondern sie für Schwule und Lesben zu öffnen), während im zweiten Fall ethische oder sexuelle Differenzen benutzt werden, um die soziale Ordnung zu untergraben und die Sphäre des Gemeinsamen zu zerstören. Beide Optionen sind das Ergebnis bestimmter politischer Entscheidungen. Gegen die Homophobie der einen und das Sektierertum der anderen gilt es immer das richtige Maß, den intelligenten Kompromiss zu finden – und der liegt in der Erweiterung der Rechte.

Der Heterorismus

Jede Generation belächelt die Ignoranz der Älteren und wendet sich gegen deren oftmals skandalöse Nachsicht, etwa die der 68er-Generation gegenüber der Pädophilie.

Die Vorwürfe sind legitim, weil sie zutreffen. Die Toleranz gegenüber von Guy Hocquenghem, René Schérer, Tony Duvert und sogar Michel Foucault geförderten Praktiken ist Teil der großen Erzählung des tabulosen Nervenkitzels. Die »Fous d'enfance«[118] wollten um jeden Preis mit den rechtlichen und familiären Normen brechen. Die Generation der Baby-Boomer – betrunken von einer absoluten Freiheit, auf der Suche nach einem selbstbestimmten Leben ohne Traditionen oder Eltern – muss nun ihren Kindern Rede und Antwort stehen. Die Älteren haben ihre Väter liquidiert, um jetzt durch ihre auf Sühne drängenden Nachkommen dasselbe Schicksal zu erfahren. Es herrscht ein komplementäres Verhältnis zwischen denen, für die es nichts Neues unter der Sonne gibt, und denjenigen, die glauben, sie würden die Welt neu erfinden. Die Gnade der späten Geburt (Helmut Kohl) macht weder luzide noch erfindungsreich.

Schlimmer als alte Arschlöcher sind junge Arschlöcher, die sich für besonders klug halten – nur, weil sie ein paar Jahrzehnte später geboren wurden. Es gibt einen weiteren Grund für die Verzerrung des gegenwärtigen Feminismus: den Fluch des Erbes. Wenn wir an die großen Pionierinnen wie Simone de Beauvoir, Gisèle Halimi, Simone Veil, Françoise Giroud, Benoîte Groult oder Élisabeth Badinter denken – allesamt Kritikerinnen, die Risiken eingingen und den Lauf der Geschichte beeinflussten –, dann scheint es, als wäre die Kette der Überlieferung gerissen. Für ihre Nachfolgerinnen ist die Versuchung groß, sie an den Pranger zu stellen und so zu tun, als hätte es seit Beginn des 20. Jahrhunderts keine besonderen Entwicklungen gegeben. Für eine kleine Anzahl hyper-mediatisierter Aktivistinnen besteht das einzige Programm darin, männliche Sexualität zu verfluchen.

Geht es wirklich darum, Vergewaltigungen zu bekämpfen? Oder ist dieser Kreuzzug, wie bereits bei den Gouines rouges[119] in den 1970er-Jahren, nur ein Vorwand für die Abschaffung der Heterosexualität? 2019 schlug ein feministisches Festival in Paris vor, die Heterosexualität, diesen »Eckpfeiler der Konstruktion des Patriarchats«[120], aufzugeben. Ganz der zeitgenössischen Ideologie verpflichtet, bezeichneten sie Binarität als gesellschaftlich konstruiert und nicht als natürlich gegeben. Auch hier wird Biologie als reine politische Tarnung angesehen.

> »Wir reden viel über Gender, aber wenig über die Produktion von Morphologie, Hormonen oder des Genoms, die ebenfalls durch Politiken der Bewegungseinschränkung oder der Versorgung von Frauen bedingt sind, die mit der Zeit eine Binarisierung des Körpers produzieren. Körper sind keine bloßen Gegebenheiten, sondern Archive des Sexismus und des Patriarchats.«

Denn

> »die kapitalistische Ökonomie ist eine rassifizierte und koloniale Ökonomie (…) die wünschenswerte Familie ist die weiße Familie, die weiße Nachkommenschaft, ein Ideal der Reinheit und Normalität, das alle nicht-weißen und Arbeiterfamilien in eine Art gefährliche Klasse verbannt (…) über den Umweg der Heterosexualität, wurde koloniale und rassistische Herrschaft in einem spezifisch französischen Kontext neu strukturiert.«

Da Heterosexualität nur eine historische Erfindung ist, sollten Frauen ihr Leben ohne Männer bestreiten.

Auch hier erweisen sich die französischen Theoretikerinnen als provinziell. In den Vereinigten Staaten wird der Liebesakt von manchen Aktivistinnen längst als Invasion beschrieben. Der normale Geschlechtsverkehr sei ein wahres Grauen, schrieben amerikanische Feministinnen bereits in den 1980ern. »Vergleichen Sie die Aussagen eines Vergewaltigungsopfers mit denen einer Frau nach dem Sex. Sie sind sich sehr ähnlich«, schrieb die Rechtswissenschaftlerin Catharine MacKinnon 1989. »Demnach besteht der einzige Unterschied zwischen dem normalen Geschlechtsakt und der anormalen Vergewaltigung darin, dass das Normale so häufig stattfindet, dass es niemanden mehr gibt, der sich wehren würde.«[121] »Körperlich«, ergänzt Andrea Dworkin, »ist die Frau beim Geschlechtsverkehr ein eroberter Raum, ein Gebiet, das buchstäblich besetzt wird, auch wenn kein Widerstand stattfindet, auch wenn die okkupierte Frau sagt: Ja, bitte, schneller, ja, mach weiter.«[122] Das Außergewöhnliche an diesem Urteil ist die Art und Weise, mit der die Einwilligung der Frau für nichtig erklärt wird. Sie kann niemals ihr Einverständnis zum Sex mit einem Mann geben, da sie auf ewig unmündig bleibt. Wo genau liegt der Unterschied zum konventionellen patriarchalen Diskurs? Wenn eine Frau einem solch niederen Akt zustimmt, dann nur deshalb, weil sie indoktriniert wurde: Wie sonst könnte sie die Knechtschaft begehren, als handele es sich um ihre Freiheit? Eine Frau begehrt nie aus freien Stücken, sie wird immer dazu gezwungen. So ähnlich drückte es auch Geneviève Fraisse später aus. Die klassische Paarung sei beinahe schlimmer als eine Vergewaltigung, da sie als freiwillig erfahren wird. Die Frau, die sich dem männlichen Despoten unterwirft, ist insofern eine Sklavin, dessen Meister sie dazu verleitet, ihren Zustand zu begehren.

»Heterosexualität ist so natürlich wie der mit Elektrozaun gesicherte Stall, in dem Kühe gehalten werden«, sagt Virginie Despentes[123]. Es gibt einen Unterschied zwischen der Zurückweisung der Heterosexualität aus persönlichen Gründen und ihrer allgemeinen Verdammung.

Die Frau als Heilige und Märtyrerin?

Es gibt aber auch Männer, denen der Liebesakt, insbesondere die Penetration, zuwider ist. Etwa der Romanautor Lionel Duroy, der sich »schämt ein Mann zu sein« und der »die Aggressivität des sexuellen Aktes«[124] nur schwer ertragen kann. Auch Gabriel Cohn-Bendit spricht sich gegen den Koitus aus und empfiehlt, den Penis mit Händen, Mund oder Lippen zu benutzen. Die freie Verfügbarkeit von Viagra fände er entsetzlich: »Der Koitus an sich ist eine physische und symbolische Gewalt (...) dass endlich die Klitokratie heraufzieht, um der Phallokratie ein Ende zu setzen.«[125] Und der Historiker Ivan Jablonka beklagt, dass »die Mauern unserer Städte Testosteron ausschwitzen«. Der Mann solle der Frau gegenüber eine Ethik des untadeligen Verhaltens an den Tag legen. Vor allem die Verführung müsse schleunigst »dem Gerechtigkeitsbegriff von Gender angepasst«[126] werden. Was soll ein Jugendlicher oder ein junger Mann, der das Herz seiner Angebeteten gewinnen möchte, bloß mit solchen Ratschlägen anfangen? Iwan Jablonka fordert dazu auf, »das große Männchen, das Tier, das Schwein«[127] abzulehnen. Es ist erstaunlich, dass er Metaphern nutzt, deren Ursprung in der die Libido der Gläubigen strafenden Kirche zu finden sind. Das wilde Tier gehört angekettet! John Stoltenberg, ein Weggefährte von Andrea Dworkin, hat das Grundlagenwerk verfasst, das den zitierten Herren voranging. Es erschien 1992 in den Vereinigten Staate und trägt den Titel *Refuse to be a man*[128]. Da Männlichkeit ein durch Pornographie, häusliche Gewalt und Militarismus vermitteltes Machtverhältnis ist, sei es absolut notwendig, »sich mit Frauen zu solidarisieren und gleichzeitig dem Patriarchat die Solidarität zu entziehen«, denn »Frauen sind im Allgemeinen nützlicher als Männer und ihr Leben ist reicher und ausgeglichener.«[129]

Woher stammt das Märchen, dass Frauen »besser« als Männer sind? Man tut so, als gäbe es eine vollkommen gute weibliche »Natur«, die einer ausschließlich schlechten männlichen »Natur« gegenübersteht. Beide Geschlechter werden auf diese Weise essentialisiert. Die historische Unterwerfung und Unterdrückung haben Frauen nicht zu Engeln gemacht. Wann immer sie Machtpositionen innehatten, sei es als Königin, Kaiserin, Premierministerin, Lageraufseherin im Zweiten Weltkrieg oder auch als aktive Teilnehmerin am Völkermord an den Tutsi, folgten sie der gleichen unerbittlichen Logik, Intelligenz und Grausamkeit. Als der Islamische Staat Mossul und Rakka besetzt hielt, kontrollierten *Hisba* genannte Frauenmilizen, ob andere Frauen die Scharia einhielten: 20 Peitschenhiebe für das Tragen einer zu engen Abaya, fünf Peitschenhiebe für das Tragen von Make-up unter dem Niqab, zehn Peitschenhiebe für das Verlassen des Hauses ohne einen gesetzlichen Vormund und Steinigung für Frauen, die als Ehebrecherinnen verurteilt wurden[130]. Im März 2020 fand in München ein Prozess wegen Verbrechen gegen die Menschlichkeit statt. Angeklagt wurde Jennifer Wenisch, ein aus Deutschland stammendes 28-jähriges Mitglied der Sittenpolizei des Islamischen Staates. Ihr wurde vorgeworfen, ein fünfjähriges jesidisches Mädchen als Sklavin gekauft und anschließend verdurstet haben zu lassen. Angeklagt wurde sie wegen Kriegsverbrechen, Menschenhandel und Folter. Gewalt und Grausamkeit sind also keineswegs männliche Vorrechte. Es war ihre soziale Marginalisierung, die Frauen davon abhielt, öfter auf Gewalt zurückzugreifen – nicht ihre Natur. Die vorübergehende Hinderung, Böses zu tun, wurde als Tugend fehlgedeutet. Eine Wirtschaftsführerin oder eine Staatschefin kann brillant, weise und genial sein, doch ihr aufgrund ihres Geschlechts eine moralische Überlegenheit zuzuschreiben, ist wahnhaft. Macht korrumpiert Männer wie Frauen gleichermaßen, wenn sie nicht durch Gegenmacht ausgeglichen wird. Das wusste bereits Montesquieu.

Frankreich kennt bei dieser Idealisierung des Weiblichen eine Ausnahme, man könnte auch von einer Art Arbeitsteilung sprechen: Dem Jugendlichen aus der Banlieue wird gestattet, einen Machismo der Superlative auszuleben, während der »weiße« Mann die Pflicht hat, Buße zu tun und jede Spur von Virilität abzutöten. Laut der Soziologin Fatiha Agag-Boudjahlat, die sich auf Houria Bouteldja bezieht, haben die »indigenen« Männer ihre Eier behalten. Das weiße Patriarchat »möchte die Frau des Indigenen in Besitz nehmen«, aber ihm ist nicht klar, dass sein Gegner, dieser furchteinflößende Feind, sein Eigentum verteidigen wird. Der indigene Mann wird die Interessen seines Geschlechts verteidigen, schonungslos Widerstand leisten. In den Worten Houria Bouteldjas: »Wir sind keine Schwuchteln!« »Nein, mein Körper gehört mir nicht (…) ich gehöre meiner Familie, meinem Clan, meinem Viertel, meiner Rasse, Algerien, dem Islam. Ich gehöre meiner Geschichte und, so Gott will, werde ich meinen Nachfahren gehören.«[131] Laut Fatiha Agag-Boudjahlat besteht die Pflicht der orientalischen Frau in der Unterwerfung, während der orientalische Mann zum Herrschen verpflichtet ist. Homosexualität gilt ihr als westlicher Virus zur Schwächung der Virilität des Orientalen: »Wenn die Weißen sich über das Coming-out des indigenen Mannes freuen, dann geschieht das sowohl aus Homophobie als auch aus Rassismus. Wie jeder weiß, ist die ›Schwuchtel‹ kein richtiger Mann, so wie ein Araber aufhört ein Mann zu sein, wenn er seine virile Macht verliert.« Aus dem Mund eines Rechten oder Rechtsextremen hätten diese Äußerungen eine Welle der Empörung ausgelöst, aber da Frau Bouteldja Moslemin algerischer Herkunft ist, verfügt sie über eine zweifache Immunität. Sie kann Mahmut Ahmadinedschad loben, die Shoah einen Fliegenschiss nennen, antisemitische Bemerkungen machen und bleibt doch unantastbar. Sie wird sogar von »linken« Persönlichkeiten wie Annie Ernaux gefeiert! Auf der einen Seite haben wir also die Übermänner, Gangster, Bärtigen, die großen Brüder, die mit einer gesunden, kraftvollen und altmodischen Virilität ausgestattet sind (wie sie etwa in Ladj Lys Film »Les Misérables« [2019] auftauchen), auf der anderen den Streber, den reuigen, leicht verweiblichten Bobo, der Fahrrad fährt, sich Bio ernährt, seinen CO^2-Fußabdruck misst, rücksichtsvoll und romantisch ist, sich für seine Existenz entschuldigt und gelobt, Buße zu tun. Eine seltsame Arbeitsteilung. Man fragt sich, ob manche Ultrafeministinnen nicht auf eine sehr archaische Art und Weise von brutaler Hypervirilität geradezu angezogen werden[132]. Und was wäre, wenn das wahre Verbrechen der Männer darin bestünde, kein Macho mehr zu sein? Nehmen wir zum Beispiel die Gay Parade. In Frankreich predigt sie nur zu den bereits Konvertierten und findet stets in den wohlhabenden Vierteln der Hauptstadt statt. Wäre es nicht überzeugender, in den 93. Bezirk zu gehen? Oder in die verlorenen Gebiete der Republik, die dem doppelten Griff von Banden und

Salafisten ausgesetzt sind, wo Homosexuelle und Transgender-Personen aufgrund von Vorurteilen und Religion immer noch als Verbrecher und Abnormale gelten. Es steht zu befürchten, dass der massive Zustrom von Migranten aus dem islamischen Kulturraum zu einer Zunahme der Gewalt gegenüber als »frei« wahrgenommenen Frauen führen wird – eine Entwicklung, vor der die Dissidentin Ayan Hirsi Ali eindrücklich in ihrem jüngsten Buch warnt.[133]

Die Reeducation des weißen Mannes

Heterosexualität wäre demnach eine von der sozialen Ordnung aufgezwungene Norm, der sich alle unterwerfen müssen. Der von Judith Butler zitierte Michel Foucault sprach in diesem Zusammenhang von einem »schmerzhaften Problem« für all diejenigen, die sich Tag für Tag verkleiden müssen, um dem herrschenden Dogma zu entsprechen[134]. Foucault empfahl eine Entgiftungskur, wie bei der Abhängigkeit von einer zerstörerischen Droge. Daher auch der Aufruf von radikalen Aktivistinnen an Frauen, alle Beziehungen zu Männern zu kappen und ihnen die Liebe zu verweigern. Die Aktivistin Juliette Drouar beschreibt Heterosexualität als »Dressur« und Partnerschaft als Verhältnis, in dem »eine dominante Person in einem abgeschlossenen Raum einer strukturell vom ›Er‹ dominierten Person gegenübersteht. Wie könnte man effektiver überwachen, ausbeuten und strafen? Was Heterosexualität anstrebt, ist die permanente Überwachung der Dominierten, geschützt vor fremden Blicken, auch dann, wenn sie schläft.«[135]

Balzac hat es präziser und mit mehr Prägnanz formuliert:

»In der Liebe gibt es immer einen, der leidet, und einen, der sich langweilt.« Und das trifft natürlich auch auf gleichgeschlechtliche Paare zu, die keinen Deut gesünder sind als heterosexuelle. Gibt es unter uns einen Ehepartner, der erfolgreich den Prüfungen der Zeit widerstand? Ohne Nachsicht, diese Kardinaltugend der Liebe, würde keine Partnerschaft länger als ein paar Monate halten. Die Philosophin Manon Garcia beklagt, dass selbst unabhängige Feministinnen es lieben, von Männern begehrt zu werden, sich in ihren Armen glücklich fühlen und sich mit der Hausarbeit, der gut gefalteten Wäsche, dem schön zubereiteten Frühstück zufriedengeben, anstatt ihre Autonomie zu erkämpfen. Sie glauben frei zu sein und sind dennoch unterworfen[136]. Man blendet aus, dass freie Frauen Sicherheit und häusliches Leben genauso lieben können wie Leidenschaft und erotische Lust. Die frühere moralische und religiöse Ordnung Europas kriminalisierte Homosexualität, vor allem in ihrer männlichen Form. Die heutige Verteufelung der Heterosexualität ist die Folge des lediglich ins Gegenteil gewendeten gleichen Dogmatismus.

Auch wenn der amerikanische oder der französische Feminismus keine monolithische Doktrin ist und sich aus gegensätzlichen Strömungen zusammensetzt, so sind es stets die extremen, die sich Gehör verschaffen und gemäßigtere Schulen terrorisieren. Wir sind an einem Punkt angelangt, an dem der Liebesakt selbst angegriffen wird, denn seine Suche nach Lust perpetuiert Verbundenheit. Im Kampf gegen die »straighte Konterrevolution«[137] (das Globish-Idiom ist tatsächlich die Sprache der Dorftrottel), werden heterosexuelle Normen als schreckliche Perversionen unter Beschuss genommen. »In dem umfangreichen Projekt der moralischen Nivellierung reicht es nicht aus, dass das Abweichende normalisiert wird. Es ist notwendig, dass das Normale als abweichend betrachtet wird.«[138] Weil Heterosexualität nur Zwang (Adrienne Rich)[139] und Begehren bloß ein Konstrukt ist, sollte sich jede echte Frau von ihr befreien – ohne zu zögern.

Über den Geschlechter-Beziehungen – sei es im eigenen Heim oder auf dem Arbeitsplatz – hängt eine dunkle Wolke des Misstrauens. Noch das harmloseste Geplänkel erscheint als Vorbote eines Verbrechens. Es geht längst nicht mehr um Bildung; es geht um Reeducation. Daher setzten etliche Unternehmen in England und den USA, sogar die *New York Times*, ihre männlichen Angestellten unter Druck, ihre Konformität durch das Absolvieren psychologischer Tests zu beweisen. Solche von Harvard entwickelten Impliziten Assoziationstests gelten in Büros und Universitäten längst als Referenzverfahren, obwohl ihre Aussagekraft stark in Zweifel gezogen wird[140]. Ziel dieser Tests ist es, verborgene Vorurteile, die weiße Männer gegenüber Minderheiten und Frauen hegen, aufzudecken und zu beseitigen. Wir alle sind wider besseren Wissens Wilde, die ab dem Moment des Schuleintritts neu formatiert werden sollten. Das Bündnis von »Rasse« und Wissenschaft, das schlimme Erinnerungen wachruft, unterlässt es, sich selbst auf Vorurteile zu testen. Man bleibt der Prämisse treu, dass einzig und allein der weiße Mann feindliche Gedanken hegen kann. Am 20. Januar 2020 twitterte Gabrielle Bouchard, Präsidentin der Föderation der Frauen in Québec, man solle heterosexuelle Beziehungen verbieten, um zukünftige Frauenmorde zu verhindern. Zwar bereute sie die Aussage später, doch der Ton war damit gesetzt: Der Tag wird kommen[141].

Tatsächlich ist bereits die bloße Existenz des Mannes ein Skandal. Der Schwanz auf zwei Beinen sollte endlich von der Erdoberfläche verschwinden.

Als wir noch jung waren, in den 1970er- und 1980er-Jahren des letzten Jahrhunderts, haben wir uns über die Warnungen der Konservativen lustig gemacht. Sie wollten uns damals vor dem Chaos der Entfesselung hemmungsloser Triebe warnen, die auf den Sturz der Tabus folgen würde. Sie lagen nur in einem Punkt daneben: Hinter dem Tor des Verbotenen wartete nicht die Anarchie, sondern der Bürgerkrieg der Libido, die allgemeine Raserei. Die gesellschaftlichen Gruppen und Untergruppen gehen sich gegenseitig an die Gurgel, die Subversion des Begehrens findet unter kriegerischer Prahlerei statt – untermalt von Trommelwirbeln und Kanonendonner. Die Ausschweifung wird zu einer Waffe, die gegen imaginäre Gegner gerichtet ist. Gleichheit überfordert die Ordnungshüter und geht ihnen doch nie weit genug. Freiheit berauscht; wenn man sie heraufbeschwört, erscheint sie plötzlich schrecklich banal, enttäuschend. »Und doch: Die Freiheitsblume blüht auch in der Regenpfütze«, dichtete der ostdeutsche Sänger und Dissident Wolf Biermann. Die Freiheit muss in regelmäßigen Abständen aus ihrem Schlaf gerissen werden. Die von Frauen gewonnene Selbstständigkeit hat die alten Pflichten der Mutter und der Ehefrau nicht abgeschafft, aber zu einer höheren Arbeitsbelastung geführt. Und das Ende der Vorrangstellung des Mannes hat ebenso wenig dazu geführt, dass er seine früheren Funktionen aufgibt. Sowohl Männer als auch Frauen befinden sich in einer Zone der Unsicherheit, in der sie aus den alten Modellen neue herstellen müssen. Diese Unschärfe erklärt die Sehnsucht mancher Frauen nach dem klassischen Macho, während Männer sich häufig mit Frauen wiederfinden, die so befreit wie traditionell sind, sowohl Unabhängigkeit als auch Schutz suchend. Emanzipation macht uns zu orientierungslosen, zwischen mehreren Rollen hin und her schwebenden Wesen. Es ist beunruhigend, wenn der andere seinen gewohnten Ort verlässt: Weiblichkeit erschöpft sich ebenso wenig darin, Mutter, Blaustrumpf, Muse oder Hure zu sein, wie Männlichkeit sich darin erschöpft, Chef oder Familienvater zu sein. Daher auch die geteilte Sehnsucht nach Klarheit: Sag mir, wer du bist, damit ich weiß, wer ich bin. Beide Geschlechter suchen die Sicherheit des Archetyps, um den anderen zu definieren und der Ungewissheit ein Ende zu bereiten.

Ende des letzten Jahrhunderts haben wir viele neue Freiheiten gewonnen. Das sollte ein Grund zur Freude sein. Viele Aktivisten sehen in diesen neuen Freiheiten jedoch nur das große Hindernis für die Freiheit an sich. Aus diesem Grund werden die erreichten Fortschritte vehement verleugnet. Es wird so getan, als befänden wir uns noch im 19. Jahrhundert, als müsste man Armeebataillone gegen die Tyrannei des Ancien Régimes anführen. Es ist eine Logik des Alles oder Nichts: Entweder Freiheit und Gleichheit herrschen absolut oder gar nicht; noch das geringste Privileg einer Gruppe wird als Monstrosität empfunden. Freiheit geht Hand in Hand mit Verantwortung und besteht auch darin, persönliche Fehler nicht anderen zuzuschreiben. Freiheit fordert, dass wird die aktuell grassierende Kultur der Abbitte überwinden. Je mehr neue Rechte Einzelpersonen oder Gruppen erhalten, desto mehr neue Feinde erfinden sie und desto vehementer prangern sie die vermeintliche Herrschaft an. Hierin besteht das Unglück einer unersättlichen Freiheit, die sich keinen Moment der Ruhe gestatten kann. Diese verzweifelte Suche wird zum Fluch, wenn es ihr nicht gelingt, zu einer neuen Lebenskunst zu führen. Die neuere Geschichte der westlichen

Kultur ist nichts anderes als die gleichzeitige Anhäufung von Tabus und Freiheiten: Man öffnet eine Tür, während man eine andere verschließt. Dieses gegenseitige Blockieren der Emanzipationen macht schwindelig und bestärkt den Wunsch nach einer Emanzipation von der Emanzipation. Es droht uns ein unheilvolles Gespenst der *endlosen Befreiung, das die Verbote vervielfacht.* Die von uns erworbenen Rechte richten sich gegen uns wie Ohrfeigen. Den alten Griechen galten Worte als Möglichkeiten, den großen Tragödien mit großen Reden zu begegnen. Andersherum können fehlgeleitete Worte zu schlechten Handlungen und neuen Tragödien führen. So weit sind wir gekommen.

Sich nicht in der Epoche irren

Chateaubriand hat noch vor Tocqueville eine interessante historische Gesetzmäßigkeit entdeckt: Das Verhältnis der Vorgeschichte eines Ereignisses zu dessen Eintreten. Er erkannte, dass »die Revolution (von 1789) mit ihrem Ausbruch bereits vollendet war: Zu glauben, sie hätte die Monarchie gestürzt, ist ein Irrtum; sie hat nur ihre Ruinen verstreut. Der Beweis ist der geringe Widerstand gegen die Revolution.«[142] Monarchie und Kirche befanden sich längst in einem Zustand der Dekadenz, als der Sturm auf die Bastille begann und die Nacht des 4. August einbrach. Das gleiche könnte man auch über den Mai 1968 sagen, als längst wurmstichige Tabus zu Fall gebracht wurden. Regime, Dynastien, Paare und selbst Nationen stürzen nur dann, wenn sie bereits tot sind. Und dasselbe gilt, *mutatis mutandis*, für das Patriarchat von heute: eine im Sterben liegende Vogelscheuche, die man in die Höhe hält. Was wir erleben ist nicht der Triumph des Patriarchats, sondern die Affirmation seines Zusammenbruchs. In den demokratischen Ländern ist der Mann dabei, »obsolet« zu werden[143]. Er versagt zunehmend in der Schule, vor allem in der Arbeiterschicht, und er wird auch nicht mehr zum Kinderkriegen benötigt. Ist es nicht bemerkenswert, dass in einer Zeit, in der Frauen in Schulen, in der Wirtschaft, in der Forschung an Macht gewinnen, ein Teil der feministischen Bewegung aus dem Klagen nicht mehr herauskommt und dabei ein Bild abgibt, das nur von Leiden, von Zorn auf das andere Geschlecht geprägt ist? Oder ist diese Viktimisierung nur ein Vorwand, um die vorderen Plätze zu erobern? Männer sind gerade dabei, ihre Vormachtstellung zu verlieren – auch in der Arbeitswelt. In der Mathematik und der Physik hat diese Entwicklung noch nicht stattgefunden, wobei unklar ist, ob das am Widerstand des ersten Geschlechts oder am Desinteresse des zweiten liegt. Mit Recht werden die gläserne Decke und Lohnunterschiede kritisiert, aber wir müssen auch feststellen, dass Frauen im Westen mittel- und langfristig die symbolischen und politischen Gewinner sein werden. Sie sind das Geschlecht, das öfter um eine Scheidung bittet. Sie sind insgesamt besser ausgebildet als Männer[144], sogar in der arabischen Welt, in der sie noch archaischen Herrschaftsregeln unterworfen sind[145]. Hanna Rosin spricht in Bezug auf die USA von einem »letzten Rest dominanter Männer«, die die Illusion aufrechterhalten, an der Macht zu sein, dabei aber bloß Dinosaurier sind, mit denen man sich arrangiert. Die Vorherrschaft homo- oder heterosexueller Ein-Personen-Haushalte führt unweigerlich dazu, dass eine große Zahl an Kindern unter einem quasi-matriarchalen Regime (Emmanuel Todd) aufwachsen wird. Das Eindringen der Technik in den Bereich der Sitten, durch Empfängnisverhütung, Abtreibung, künstliche Befruchtung und Leihmutterschaft, hat den Mann bei der Fortpflanzung irrelevant gemacht, so wie die Möglichkeit, Menschen im Reagenzglas zu züchten, die Surrogatmutter überflüssig machen wird.

Traditionell wurde das Weibliche mit Entsagung assoziiert (die Brontë-Schwestern, Jane Austen, Tschechow, Balzac, Flaubert). Verlorene Illusionen waren der Frau stets wichtiger als dem Mann. Kaum war der Wunschtraum aufgetaucht, war er auch schon wieder geplatzt. Heutzutage bewegen wir uns in die entgegengesetzte Richtung, und der Ehrgeiz triumphiert über die Resignation. Auf gleicher sozialer Ebene, in den mittleren Schichten des Westens, ist es ohne Zweifel leichter, eine junge 20-jährige Frau zu sein als ein gleichaltriger Junge. Sieg der »Girl Power«. Wird die Bedeutung dieser Veränderungen auch erfasst?

Der Weg ist frei für eine größere Angleichung der Verhältnisse, aber auch für wachsende Rivalität und eine potenzielle Segregation der Geschlechter am Arbeitsplatz, in Restaurants und an Universitäten[146]. Frauen finden sich in Gruppen zusammen, in großer Entfernung von Männern[147]. Die Frau ist die Zukunft des Mannes – doch es ist eine männerlose Zukunft.

Auf dem Weg zu einem bewaffneten Frieden?

Als ginge es darum, sich für Freiheiten der Liebe zu rächen, die vor einem halben Jahrhundert gewährt wurden, fordert man zugleich Freizügigkeit und Strenge, Lust und Bestrafung. Dabei wird riskiert, nur die Sinnlichkeit der Züchtigung zu ernten. Was die Beziehungen zwischen den Geschlechtern von jetzt an regelt, ist ein bewaffneter Frieden – Liebesbeziehungen und körperliches Begehren unter richterlicher Aufsicht. Selbst die Covid-Pandemie im Winter 2019 bot Anlass für einen lächerlichen Gender-Chauvinismus: Für die einen waren es Frauen, die das Land zusammenhielten, während die Gockel bloß hinter den Podien umherstolzierten; andere wiederum wiesen darauf hin, dass Männer nicht nur häufiger erkranken, sondern auch als Lieferanten, Lastwagenfahrer und Lagerarbeiter das Land über Wasser hielten. Wir sollten uns hier nicht auf das Feld kleinlicher Aufschlüsselungen begeben.

Das Zusammenleben ist schwieriger geworden, seit wir die Sexualität befreit haben. In Wirklichkeit aber hat die Sexualität sich von uns emanzipiert. Wir verstehen uns nicht mehr, wir basteln neuartige Modelle, ohne die alten ganz aufzugeben. Wir leben in der Melancholie der postrevolutionären Zeit, in der der Liebesakt bis ins kleinste Element analysiert und letztlich als trügerisch und enttäuschend dekretiert wird. Zahllose Umfragen belegen, dass Frauen von den großspurigen Versprechungen der Zeit enttäuscht sind[148]. Auf die Hypersexualisierung von Mode und Medien folgt eine frustrierte Erwartung: Das »Recht auf Lust« ist ein Anspruch, der nur selten erfüllt wird. Sex, ja – aber mit garantierten Ergebnissen. Wie Georges Brassens es ausdrückte: »In 95 Prozent der Fälle langweilt sich die Frau beim Ficken.«[149] (Es sei ergänzt, dass auch Männer dieses Gefühl kennen, denn in der Liebe beruht alles auf Gegenseitigkeit.) Die von der Journalistin Dora Moutot gegründete Website »T'as joui?« ärgert sich über die Selbstgefälligkeit der Männer und rät ihnen, sich vor dem Liebesakt mit der Anatomie der Frau vertraut zu machen. Weibliche Lust hat die Aufgabe des männlichen Egoismus zur Voraussetzung. Dem ist zuzustimmen, wobei die ekstatische Wiederentdeckung der Klitoris den

Retro-Duft der 1970er- und 1980er-Jahre ausströmt, als dieser Diskurs bereits in den gleichen Begriffen geführt wurde – nichts Weltbewegendes, nur das Fortbestehen einer tragischen Verkennung der Wirklichkeit. Die Ehe ist, wie Kant es prosaisch formulierte, der gegenseitige Gebrauch der Geschlechtsorgane, und es dürfte auch viele Männer geben, die Grund haben, die Ungeschicklichkeit von Frauen zu beanstanden. Ein wenig praktisches Wissen kann nicht schaden, das gilt für beide Geschlechter. Wissen ist nicht der Feind der Lust.

Ein weiteres Beispiel für gegenseitige Animositäten: Liebende, die sich ohne jede Liebenswürdigkeit gegenseitig bewerten (Spuren davon finden sich bereits in der Liebesliteratur des 18. Jahrhunderts, vor allem bei Choderlos de Laclos). Jeder führt sein Dossier, in dem Leistungen, Maße und Besonderheiten aufgeführt sind. Rüpel erhalten ebenso Strafpunkte wie Aufschneider und Angeber. Die Qualität der Erektionen, die Ausdauer, die Sanftheit der Liebkosungen, die Intimhygiene, die Schönheit der Seufzer, die Eleganz der Kleidung und der Unterwäsche – alles muss genau bewertet werden[150]. Und manchmal kommen auch kleine geheime Filmchen zum Einsatz. Wehe dem, der als »cunniphob«[151] abgestempelt wird! Der Markt der Begierden wird ihm verschlossen bleiben, es sei denn, er leistet glaubhaft Abbitte oder legt sich eine neue Identität zu. Es besteht die Gefahr, dass eine Atmosphäre allgemeiner Kränkung entsteht, in der die unschönsten Eigenschaften des Partners online veröffentlicht werden. Ein weiteres Merkmal unserer Zeit: Der drohende Schatten des Gesetzes hängt erneut wie ein drohendes Richtschwert über den Liebenden. Das tut zwar weder der Romantik noch der Erotik Abbruch, macht sie aber zerbrechlicher. Manche Menschen machen es Anwälten gleich und legen Akten über ihre Partner an, sammeln SMS, E-Mails, Briefe oder Aufnahmen von Gesprächen, damit sie bei einem späteren Prozess als potenzielle Beweismittel eingesetzt werden können. Der geliebte Mensch kann sich eines Tages in einen Todfeind verwandeln, weshalb es wichtig ist, gut vorbereitet zu sein und sich entsprechend zu bewaffnen. Von der Idylle in den Untergrundkampf.

Die Angst und das Wunder

Wir sollten nicht den Traum einer vollkommenen Harmonie zwischen den beiden Teilen der menschlichen Spezies träumen. Das Schicksal anatomischer Unterschiede, die ungleich verteilten Fähigkeiten, die Gebärfähigkeit oder das unterschiedliche Lustempfinden werden auf ewig einer harmonischen Gleichheit im Weg stehen. Aber zwischen der Harmonie und dem Krieg existieren noch tausend weitere mögliche Zustände. Mann und Frau bleiben füreinander Quellen von Angst und Bewunderung, in einem ständigen Wechsel von Anziehung und Grauen. Und die weibliche Sexualität wird, in den Worten Freuds, ein dunkler Kontinent bleiben, auch für Frauen selbst. Es gibt nur zwei Geschlechter, aber für manche ist das immer noch zu viel. Wer hätte vor fünfundzwanzig Jahren gedacht, dass wir in Frankreich die gleichen Ausbrüche von Hass und Wut erleben würden, die regelmäßig die Vereinigten Staaten heimsuchen? Von ein paar kulturellen Nuancen abgesehen, herrschen bei uns längst die gleichen Verhältnisse. Dass die Unterdrückung der Frau grausam war, bedeutet nicht, dass ihre Befreiung großartig sein wird. Emanzipation heißt auch, das Recht zu haben, alle Fehler der Männer zu wiederholen und noch ein paar neue hinzuzufügen. Man kann auch Feministin sein, ohne sich täuschen zu lassen: Diese Doktrin löscht weder das Mysterium des Bösen noch den Zauber der Leidenschaft aus. Liebe gibt es nur im Einzelfall, der Feminismus als Ideologie aber kennt nur Statistiken. Ausnahmen gelten ihm als feindlich; Wahlverwandtschaften versteht er ebenso wenig wie die Kommunion der Seelen oder den Tumult der Sinne.

Seien wir nicht blind gegenüber dem Leid und den Fehlschlägen, die der langsame Niedergang des Patriarchats und die Krise der Männlichkeit seit einem halben Jahrhundert verursacht hat. Auch für Frauen verlief das Erlernen neuer, fragiler Freiheiten nicht frei von Schmerzen. Manche sind so verzweifelt, dass sie sich danach sehnen, vermeintliche Verräterinnen zu bestrafen, andere träumen von einer apokalyptischen Rache am sogenannten starken Geschlecht. Eine solche Haltung lässt sich vielleicht begreifen, hinnehmbar ist sie auf keinen Fall. Der alte Kampf um Gleichheit und Würde wird weitergehen; es gibt keinen guten Grund, ihn zu verbieten.

Kritik am Sexismus bleibt notwendig, und heute stehen sich zwei gegensätzliche Ansätze gegenüber: Einer, der auf Rache aus ist und so prozesswütig wie argwöhnisch auftritt, und ein anderer, der eher auf gemeinsamen Werten als auf Spaltungen gründet. Die Forderung nach absoluter Gleichheit ist ein unersättliches Monster, das alle in einen Strudel aus Neid und gegenseitiger Feindschaft zu ziehen droht. Der Wunsch nach Ergebnisgleichheit muss durch die Freude am Zusammenleben sowie die Vernunft gemildert werden: Was uns verbindet, bleibt stärker als das, was uns trennt. Es liegt an uns, zwischen einem sterilen und einem produktiven Unfrieden zu wählen, damit die erotische und liebevolle Atmosphäre zwischen den Geschlechtern, die das Ziel einer jeden Zivilisation sein sollte, bewahrt werden kann.

Wird die zukünftige Menschheit aus zwei großen Stämmen bestehen, die, auf getrennten Flussufern stehend, nur über ihre Anwälte miteinander kommunizieren? Hatte Alfred de Vigny recht, als er 1839 in seinem Gedicht »Samsons Zorn« schrieb: »Die Frau wird Gomorrha haben und der Mann Sodom. Einander von weitem verwirrte Blicke zuwerfend, werden beide Geschlechter sterben, jedes auf seiner Seite«? Wir können hoffen, dass uns wenigstens eine Welt geteilter Schönheit und Zuneigung bleibt. Aus welchem Grund sollten wir die altertümlichen Beziehungen bewahren? Wegen des einmaligen Glücks des Zusammenseins? Der bekämpfte Feind ist auch das begehrte Wesen. Beide zu trennen hieße, einen wesentlichen Teil seiner selbst zu verlieren.

Zweiter Teil

Der exterminatorische Antirassismus

»Die jungen Generationen demonstrieren für Farbenblindheit und den Universalismus der Werte. Man führt ein erfolgreiches Leben, wenn man dafür kämpft, dass an die Stelle von Hass Recht und Freiheit treten.

Lionel Zinsou[1]

Kapitel 10

Die Grausamkeit ist weiß

»Hängt die Weißen«
Nick Conrad, Rapper, 2018[2]

»Rassistische, klassistische, islamophobe, putophobe, transphobe, ageistische, psychophobe, spezistische, fatphobe Kommentare oder Verhaltensweisen werden nicht geduldet. Es gibt keinen Sexismus gegen Männer oder Rassismus gegen Weiße.«
Meute de chiennes[3], feministisches Wochenende vom 12.–13. September 2020 im Département Sarthe

In seinem Buch *Cool Memories* (1993) stellte Jean Baudrillard eine mutige Analogie zwischen S.O.S.-Rassismus und »Rettet die Wale« her: »Im ersten Fall wird Rassismus angeprangert, im zweiten fordert man die Rettung der Wale. Man könnte den ersten Fall jedoch auch als unterschwelligen Aufruf begreifen, den Rassismus, diese dem Tod geweihte Spezies, zu retten – als Gegenstand des antirassistischen Kampfes, als letztes Überbleibsel politischer Leidenschaften.«[4] Baudrillard hatte nicht unrecht; die Rettungsaktion hat alle Erwartungen übertroffen. Tag für Tag werden neue Formen von Unterdrückung gegen Personen oder Gruppen entdeckt, die sich verleumdet oder verspottet fühlen. Es gibt keinen Grund, den Rassismus retten zu wollen, denn jeden Morgen erblickt eine brandneue Spielart das Licht der Welt. Der Begriff ist mittlerweile so verwässert, dass er alles und sein Gegenteil bezeichnen kann. Es gibt winzige Sekten, die keine andere Aufgabe haben, als immer neue Sedimente der Unterdrückung freizulegen: Von Glottophobikern (Menschen, die sich über Akzente lustig machen) über Fettphobiker bis hin zu Adophobikern[5]. Durch das massenhafte ideologische Etikettieren soll die Öffentlichkeit zu künstlichen Empörungsdarbietungen genötigt werden. Ganze Karrieren gründen auf dem Anprangern von tatsächlichen oder erfundenen Vergehen: eine niemals versiegende Einnahmequelle. In dem Moment, in dem unsere Gesellschaften den höchsten Grad an Toleranz erreicht haben, werden sie als infam wahrgenommen. Hat man uns nicht vor wenigen Jahren versucht zu erklären, bereits der Begriff »Mademoiselle« sei sexistisch[6]? Der geringste Vorbehalt oder eine ironische Haltung gegenüber Einzelpersonen, Gruppen und Religionen wird als Herabwürdigung gedeutet und augenblicklich scharf verurteilt.

Eine Krankheit der Verdichtung

Nach der Bandung-Konferenz vor rund siebzig Jahren schlossen sich eine Reihe von Nationen mit dem Ziel zusammen, die Spaltungen des Kalten Krieges zu überwinden, den westlichen Imperialismus sowie repressive politische Systeme zu bekämpfen und den Kolonien den Weg in die Unabhängigkeit zu weisen. Zu dem Zeitpunkt hatte der Begriff des Weißen noch eine metaphorische Bedeutung und wurde benutzt, um Europa und die Vereinigten Staaten zu bezeichnen. Heute hingegen verwendet man ihn in einem wörtlichen Sinn: Nichts als die Hautfarbe ist Grundlage des Urteils. Die Analyse ist in der Folge verarmt. Einzig die Weißen darf man heute noch mit Füßen treten, ohne nennenswerte Nachteile befürchten zu müssen. Die sich ankündigenden multirassischen Gesellschaften werden nicht ohne einen externen Dritten auskommen, der das Gebäude am Einstürzen hindert und den Krieg aller gegen alle bremst.

Rassismus ist eine Krankheit der menschlichen Verdichtung, der Aufhebung von Distanz auf einem Planeten, der zu ersticken droht. Jeder möchte vor der Beengtheit fliehen, sich in Schutz bringen. Der Rassismus artikuliert eine allergische Reaktion, die zwischen Menschen herrscht. Man könnte auch von einer Pathologie der Reibungspunkte sprechen. Setzen Sie sich während der Stoßzeit in eine U-Bahn in Paris, London oder New York und versuchen Sie, Ihren Mitmenschen mit Wohlwollen zu begegnen: Jeder Fahrgast ist ein Feind, der um seinen Platz zum Atmen kämpft. Was einem in einer Menschenmenge begegnet, sind nicht einzelne Gesichter, sondern Körper, denen es auszuweichen gilt. Wenn bereits die Abgrenzung, die eine Gruppe aus Gründen des Selbstschutzes unternimmt, als Rassismus bezeichnet wird, dann gerät die Grundlage menschlicher Gesellschaften unter Verdacht und der Begriff wird ins Unendliche ausgeweitet. In den Worten Pierre Bourdieus: »Es gibt so viele Rassismen, wie es Gruppen gibt, die ihre Existenz rechtfertigen müssen.«[7] Um sich von dieser Krankheit zu befreien, müsste die Menschheit an jedem Punkt der Erde zu einer geeinten Spezies werden, nur noch eine Sprache sprechen und sämtliche Unterschiede verbannen. Claude Lévi-Strauss würde nur wenige Zeilen brauchen, um aus dieser essentialistischen Argumentation Kleinholz zu machen. Während er 1952 in dem Buch *Rasse und Geschichte* noch für die Zusammenarbeit und den Austausch der Kulturen eintrat, schrieb er 30 Jahre später: »Die Vielfalt (der menschlichen Gesellschaften) resultiert zu einem großen Teil aus dem Wunsch jeder Kultur, sich gegen benachbarte Kulturen zu behaupten, sich von ihnen abzugrenzen – mit einem Wort: mit sich selbst identisch zu sein. Sie ignorieren einander nicht, sie tauschen sich gelegentlich aus, aber um ihren Untergang abzuwenden, ist es notwendig, eine gewisse Undurchlässigkeit zu bewahren.« Er fügte hinzu: »Es ist kein Verbrechen, eine bestimmte Lebens- und Denkweise allen anderen vorzuziehen und diese oder jene Lebensweisen für wenig anziehend zu halten. Sie mögen an sich respektabel sein, unterscheiden sich aber zu stark von den Werten, denen man traditionell verbunden ist. (…) Selbsterhaltung setzt nunmehr Distanz voraus, sogar eine gewisse Art der Taubheit.«[8] Kurz: Unter sich sein zu wollen ist kein Verbrechen und Xenophilie keine Pflicht. Das Gebot der Nächstenliebe aus dem Evangelium muss durch diese einfache Regel ausgetauscht werden: »Fangt an, euch nicht zu hassen.« Die Grundlage allen sozialen Lebens ist wohlwollende Gleichgültigkeit. Wir müssen lediglich die Erfahrung von verbalem oder physischen Hass verhindern und sanktionieren – in dem Wissen, dass er niemals ganz verschwinden wird. Antirassismus ist kein Ersatz für Politik.

Gegen die Weißenherrschaft

Man sagt, es gäbe keine Rassen mehr. Das französische Parlament schlug deshalb am 16. Mai 2013 vor, das Wort aus dem offiziellen Sprachgebrauch zu verbannenn und ein Jahr zuvor hatte Präsidentschaftskandidat Hollande den Wunsch geäußert, »allen schädlichen Theorien« die Legitimation zu entziehen. Da es den schlimmsten historischen Abwegen als Grundlage diente, habe das Wort »in unserer Rechtsordnung keinen Platz« (Alfred Marie-Jeanne, Prüfungsbeamter des Vorschlags). Es gibt also keine Rassen mehr, bis auf die verfluchte des weißen Mannes. So zumindest teilen es uns die autorisierten Stimmen auf beiden Seiten des Atlantiks mit. Wer beanstandet, dass diese Vorstellung selbst rassistisch ist, da sie eine körperliche Eigenschaft einer Gruppe essentialisiert, der bekommt zu hören, dass diese Kritik selbst bereits eine gleichzeitige Leugnung und Verbreitung von Rassismus darstellt. »Weiß« zu sein, so erklärt uns Françoise Vergès[9], diese leidenschaftliche Bekämpferin der »Weißenherrschaft«, ist ein unerhörtes Privileg, das von seinen Besitzern lieber geleugnet wird. Weiße Frauen machen uns müde, erklärt Vergès und bezieht sich dabei auf das Buch *Warum ich nicht länger mit Weißen über Hautfarbe spreche* von Reni Eddo-Lodge[10]. Und das Afro-Kollektiv Mwasi, das den »weißen Feminismus« unter Anführungszeichen setzt und niedermacht, fügt hinzu: »Wir sind weder Freunde noch Genossen. Du bist unser politischer Feind. Wir möchten deinen inklusiven Feminismus ebenso wenig wie deinen konditionalen Feminismus. (…) Kurz gesagt: Unsere Hunde jagen nicht gemeinsam.«[11] »Weiße Frauen mögen es nicht, wenn man ihnen sagt, dass sie weiß sind«, weil dies für sie ganz selbstverständlich ist[12]. Die afrofeministische Aktivistin Maboula Soumahoro ist der Meinung, dass ein weißer Mann keinen Antirassismus verkörpern kann, weil »er einer schwarzen Frau oder einem Araber gegenüber niemals im Recht sein kann.« Der Fluch der Unreinheit, wie in der guten alten Zeit des

Kolonialismus: Das gleiche Stück wird umgekehrt und mit neuen Darstellern reinszeniert[13].

Die Anerkennung eines »weißen Privilegs« durch privilegierte Weiße wie Virginie Despentes[14], also Personen, die in den Zirkeln hipper Intellektueller anzutreffen sind, stellt ein Privileg ersten Ranges dar: Hinter der ostentativ herausgestellten Demut verbirgt sich die Selbsterhöhung über den Pöbel[15]. »Weiße können nicht verstehen, was Schwarze fühlen«, sagt der Historiker Pascal Blanchard (er hingegen scheint es zu können). Ein bemerkenswerter Satz, der Wort für Wort die zentralen Kategorien des Kolonialismus, die Einteilung einer Bevölkerung in Weiße und Schwarze übernimmt. Man fühlt sich an *Tim im Kongo* erinnert: Es herrscht der Wahn, unterschiedliche Realitäten zu essentialisieren. Der Philosoph Pierre Tevanian fährt fort: »Die Weißen sind an einer Krankheit namens Rassismus erkrankt, die alle auf unterschiedliche Weise affiziert, auch wenn sie selbst nicht rassistisch sind.«[16] »Weiß zu sein bedeutet, in einem doppelten Betrug aufgewachsen zu sein: Man genießt ein Privileg und leugnet gleichzeitig, dass es existiert. Sich von diesem Privileg zu lösen, ist eine Askese in Permanenz.«[17] Von einem »weißen Privileg« zu sprechen, heißt Millionen Menschen schuldig zu sprechen, weil sie geboren wurden – als würde man Afrikanern in ihrer Heimat ein »schwarzes Privileg« unterstellen. Wirtschaftliche Privilegien kann man ebenso verlieren wie Adelstitel oder einen gesellschaftlichen Status, in seiner Haut bleibt man hingegen immer gefangen. Wenn sich der »Weiße« dagegen zur Wehr setzt, Rassist genannt zu werden, handelt er erst recht als solcher. So wie das Atom radioaktiv und der Schierling giftig ist, gehört der Rassismus zur Natur des Weißen. Was er auch tut, er hat immer Unrecht; sein Verbrechen besteht in seiner Existenz. Der

Krieg der Häute ist so gnadenlos wie simpel: Hier Bösewicht, dort Verfolgte – eine schreckliche Ironie, dass das eindimensionale Bild, das wir von uns zeichnen, an jenes erinnert, welches Kolonisatoren einst von kolonisierten Völkern hatten. Durch solche Kollektivbezeichnungen kehren wir zur metaphysischen Schuld zurück, zur alten rassistischen Anschuldigung, die Menschen nicht für ihre Taten, sondern für ihr Sein verurteilt.

Wenn klassische, »von alternden weißen Aktivisten« (Éric Fassin)[18] angeführte Organisationen wie MRAP, Licra, Ligue des Droits de l'homme und SOS-Racisme sich gegen Diskriminierung wenden, dann tun sie dies im Namen eines republikanischen Universalismus. Die neuen Lobby-Organisationen (CRAN, CCIF, Brigade anti-négrophobie, etc.) werden hingegen entlang ethnischer oder religiöser Linien gebildet. Sie rekrutieren direkt in den Vorstädten und erfassen noch die geringste Abweichung, um mediale Beachtung zu bekommen und sich auf einem rasch expandierenden Markt zu behaupten. Alle Schwarzen oder Araber als »Rassifizierte« zu definieren, selbst wenn kein Fall von Diskriminierung oder Beleidigung vorliegt, hieße eine mentale und legale Ausnahmeklausel zu fordern, nach der alle Menschen dunkler Hautfarbe als a priori unschuldig zu gelten hätten. Wird dann jemand auf frischer Tat bei einem Einbruch oder einer Körperverletzung erwischt, kann man den Beamten Rassismus unterstellen. Bei terroristischen Fällen könnte man die Beschuldigten unter Hinweis auf Islamophobie freisprechen.

Es besteht also die Gefahr, dass »sichtbare Minderheiten« Sonderrechte erhalten, die ihnen Straffreiheit garantieren, weil jede juristische Verfolgung in Verdacht steht, Racial Profiling anzuwenden. Der Begriff des staatlichen Rassismus, der bereits von Islamisten im Zusammenhang mit der Verhaftung von Verdächtigen moslemischen Glaubens bemüht wurde, verfestigt sich in der Justiz (obwohl der französische Staat schon in seiner Verfassung antirassistisch ist). Polizeigewalt gegenüber bestimmten Gruppen – in der Regel die ärmsten Bevölkerungsschichten (das können die Gelbwesten sicherlich bestätigen) – oder systematische Personenkontrollen finden unleugbar statt und werden ganz zu Recht verurteilt. Es ist jedoch zweifelhaft, dass sich dahinter ein struktureller oder systematischer Rassismus verbirgt[19]. Vielmehr handelt es sich um eine Art semantischen Missbrauchs, der dazu tendiert, Straftäter als Helden und Polizisten als Mistkerle darzustellen. Was die Franzosen empört, ist vor allem der Zustand des permanenten Chaos, die Streiks, Unruhen, Gewalttaten und Anschläge, die das Land seit zwanzig Jahren spalten, sowie der Versuch, die sozialen Verwerfungen mit einem übermäßigen Einsatz der Maréchaussée[20] zu kompensieren.

Was solche Anschuldigungen implizit enthalten, ist die Infragestellung der Existenz der Ordnungskräfte. Die komplexe Geschichte der französischen Polizei ließe sich grob wie folgt zusammenfassen: Bis in die 1980er-Jahre, nach dem Tod des jungen Studenten Malik Oussekine, war sie auf brutale Weise repressiv und zögerte nicht, mit scharfer Munition auf Streikende und Demonstranten zu schießen. Der Mai 1968 stellte eine wundersame Ausnahme dar, was auf das intelligente Vorgehen des Präfekten Grimaud zurückgeht. Die zunehmende Zivilisierung der Polizei ging jedoch mit einer Zunahme der Gewalt von Straftätern einher, die nicht mehr zögerten, Beamte, Busfahrer, Feuerwehrleute, Bürgermeister oder einfache Bürger mit Steinen zu bewerfen, zu töten oder zu lynchen. Erbitterung, Gleichgültigkeit gegenüber den Gesetzen des

Landes und ein tiefer Hass auf alle Uniformen bringt junge Menschen dazu, andere zu verprügeln und zu misshandeln[21]. Sie kennen keine Angst mehr, und wenn sie angreifen, dann im Bewusstsein, dass die Strafe äußerst milde ausfallen wird. Eine große Fraktion der Linken und der Rechten sieht im Polizisten, ob männlich oder weiblich, die verhasste Inkarnation des bürgerlichen und kapitalistischen Staats. Was die Institution an Menschlichkeit gewonnen zu haben scheint, hat sie an Respekt eingebüßt. Tatsächlich aber hat sie in beiderlei Hinsicht verloren und verkörpert nicht mehr das Gewaltmonopol, das stets die Verhältnismäßigkeit wahren muss. Die Polizei der Republik, die nicht den geringsten Fehltritt noch eine Beleidigung in den eigenen Rängen duldet, sieht sich nun tagtäglich von Randalierern, Schlägern und normalen Bürgern angegriffen. Ihr Verhalten zeugt von Diensteifer und Größe, gleichzeitig ist sie zutiefst ambivalent: Sie verkörpert den Schutz und das Verbot. Man spendet ihr Applaus, wenn sie Terroristen ausschaltet. Wenn sie hingegen Arbeiter oder Streikende niederknüppelt, steht sie für Willkürjustiz im Dienst der Herrschenden. Die Polizei hat den Anspruch, sowohl vorbildlich als auch effizient zu sein, und steht damit in einer symbolisch unhaltbaren Situation.

Staat und Gesellschaft sollen sich ändern, angefangen beim obligatorischen Kniefall und der Entwaffnung sämtlicher französischer Ordnungskräfte, wie manche es fordern, bis hin zur Abschaffung von Institutionen, denen man vorwirft, von der Erbsünde des »Weißseins« befleckt zu sein. Die gesamte Bevölkerung soll sich dem Diktat von Kleinstgruppen unterwerfen. Dass ein Innenminister im Juni 2020 auch nur in Erwägung zieht, Polizisten im Hof des Hôtel de Beauvau niederknien zu lassen, um »Rassismus zu bekämpfen«, sagt viel über die Unterwürfigkeit gewählter Beamten aus. In der Regel gilt: Je mehr sich die Republik entschuldigt, desto mehr Vorwürfe werden gegen sie erhoben. Der reuige Staat ist ein bedrängter Staat, sein Bedauern und seine Entschuldigungen können nur zu spät kommen. Er führt nicht mehr, sondern hält seine rechte Wange hin, nachdem die linke geohrfeigt wurde. Unterschätzen wir nicht die Art der Gerechtigkeit, die die neuen Bewegungen einfordern: Die Vorstellung, dass das Recht je nach Stellung und Hautfarbe unterschiedlich angewendet werden könnte, ist nicht hinnehmbar[22]. Wie könnte Gleichberechtigung realisiert werden, wenn wir a priori Straffreiheit für die einen und Verfolgung für die anderen fordern? Jeder weiße Mensch ist a priori schuldig, jeder nicht-weiße Mensch a priori unschuldig – so lautet die neue Vulgata. Eine derartige Trennung nach Farben würde zumindest die Arbeit der Richter stark vereinfachen.

Dem Guardian zufolge zahlen fortschrittliche amerikanische Frauen, besonders häufig in Denver (Colorado), bis zu 2500 Dollar, um während eines Essens zu erfahren, wie rassistisch sie sind. Das Ganze findet unter der Schirmherrschaft einer reichen schwarzen Gastgeberin statt, die sich an der Demütigung und Einschüchterung ihrer Gäste ergötzt[23]. Es ist unbestreitbar, dass diese Zeremonien eine Lust an der Beschimpfung, eine masochistische Dimension enthalten. Laut dem Akademiker Blake Smith[24] gab es erotisch konnotierte Diskurse dieser Art auch im Frühwerk Frantz Fanons. Fanon beschrieb den antischwarzen Rassismus als ein umgekehrtes sexuelles Begehren, als Phantasma des übermächtigen Schwarzen, der dem weißen Mann die Hörner aufsetzt (wie wir wissen, werden in den amerikanischen Südstaaten Liebesbeziehungen zwischen Schwarzen und Weißen von beiden Seiten weiterhin als Anomalie angesehen). Im Masochismus des Westens steckt auch ein gewisser subtiler Hochmut: Hinter der Herabwürdigung des Selbst verbirgt sich eine schlecht kaschierte, umgeleitete Verherrlichung. Das Böse kann ausschließlich von uns ausgehen; die ostentative Verachtung der eigenen Kultur ist ein weiteres Mittel, die Überlegenheit zu wahren. Wir bleiben die alleinigen Besitzer der Barbarei, bei anderen kann sie unmöglich vorkommen[25].

Unsere Epoche hat eine konzeptuelle Rarität ausgebrütet: einen rassistischen Antirassismus, der seine eigene Kritik verdaut hat und nun mit reinem Gewissen agieren kann. Seine Anhänger wehren sich und beteuern, dass es nicht um die Hautfarbe geht, dass vielmehr der Begriff des »Weißen« auf die Herrschaftsstruktur der europäischen Kolonialgeschichte verweist. Um zu verstehen, was sich hinter dieser Argumentation verbirgt, muss man der Annahme zustimmen, dass jede schwarze, arabische oder indische Frau von Natur aus beherrscht ist, auch wenn sie Millionärin ist, und jede weiße Frau von Natur aus herrscht, auch wenn sie arm oder krank ist. Wie sind wir zu diesem Unsinn gekommen? »Rasse und Hautfarbe sind nicht immer äquivalent«, schreibt Magali Bessone, Philosophin, Kritikerin weißer Privilegien und weißer Ignoranz, sowie Predigerin der »Whiteness Studies«[26]. Die militante »Antirassistin« Rokhaya Diallo bedauert auf Twitter, dass es in Frankreich nur rosa oder weiße Heftpflaster und keine für schwarze Haut gibt. Außerdem hätte es nie Genozide unter Weißen gegeben. »Das rassistische Nazi-Regime« tötete Juden, weil es sie aus der weißen Rasse verbannt hätte und viele unter ihnen zudem schwarz gewesen wären. Frau Diallo scheint die Juden Mittel- und Westeuropas, die Hauptopfer des Reiches, mit den Falaschen Äthiopiens zu verwechseln, die in den 1970er-Jahren aus dem bürgerkriegsgeplagten Land nach Israel flüchteten.

Verbindungen zwischen den Falaschen und dem offiziellen Judentum wurden im frühen 20. Jahrhundert dank des Philanthropen Edmond de Rothschild geknüpft. Diese afrikanischen Juden stoßen in Israel immer noch auf Ablehnung, auch wenn äthiopische Parlamentarier in der Knesset sitzen und die Einwanderungsministerin Pnina Tamano-Shata, die 1984 im Rahmen der Operation Moses Äthiopien verließ, hofft, später Staatspräsidentin zu werden. Es lässt sich also schwierig behaupten, die Verfolgung von Juden durch Nazis hätte etwas mit der Hautfarbe zu tun gehabt (auch wenn die Wehrmacht und die SS besonders grausam gegen die als »negrifiziert« geltenden, senegalesischen Soldaten der französischen Armee vorgingen). Zur Erinnerung: Die Nazis verteidigten nicht die »Weißen«, sondern die Arier, die überlegene Rasse, und betrachteten die Slawen und die Juden als Untermenschen, die es zu vernichten galt. In der Regel führt Hass auf Weiße immer zu Hass auf Juden.

Eine verworrene Geschichte

Diese Art der rückwirkenden Täuschung ist nicht neu, sie fand bereits bei Aimé Césaire eine Anwendung. 1955, als der antikoloniale Kampf in vollem Gange war, schrieb der bedeutende martinikanische Dichter, dass »der sehr vornehme, sehr humanistische, sehr christliche Bourgeois des 20. Jahrhunderts einen unbewussten Hitler in sich trägt, dass Hitler in ihm wohnt, dass Hitler sein Dämon ist. Es ist nicht das Verbrechen selbst, das Verbrechen gegen den Menschen, die Erniedrigung des Menschen an sich, die er Hitler nicht verzeiht, sondern, dass es ein Verbrechen am weißen Mann war, dass es eine Erniedrigung des weißen

Mannes war, dass er auf Europa kolonialistische Praktiken anwandte, die bisher für die Araber, Algerier, die Kulis Indiens und die Neger Afrikas reserviert waren.«[27] Zur Erinnerung: Der erste offizielle Völkermord in der europäischen Geschichte war die Ausrottung der Albigenser (1209–1229), das heißt der Katharer und Waldenser, unter der Führung von Papst Innozenz III. Eingeleitet wurde der von ihm in Béziers, Carcassonne und der Region Languedoc begonnene Kreuzzug mit dem Schlachtruf: »Tötet sie alle, Gott wird die Seinen kennen.« In den mittelalterlichen Kriegen, deren Grausamkeit uns noch heute schaudern lässt, waren Massaker an der Zivilbevölkerung die Regel. Das Kolonialregime wendete nur Methoden der Unterdrückung und der Folter an, die im Mutterland seit längster Zeit geläufig waren[28]. Europa war zunächst sein eigener Henker, bevor es Amerika, Asien und Afrika seinen Gelüsten unterwarf.

Nochmals Aimé Césaire: »Diese Art des Nazismus haben wir geduldet, bevor er uns heimsuchte. Wir haben ihn freigesprochen, wir haben die Augen vor ihm verschlossen, wir haben ihn legitimiert, denn er wurde nur in Bezug auf außereuropäische Völker angewendet. Wir haben ihn kultiviert und wir sind für ihn verantwortlich. Er quillt aus uns hervor, durchdringt uns, trieft aus uns, bevor er sich in die roten Wasser ergießt, in die Risse der westlichen und christlichen Zivilisation.« Nach Nürnberg ist die Versuchung groß, den Nationalsozialismus mit dem Kolonialismus gleichzusetzen: Wenn Hitler sich selbst um mehrere Jahrhunderte vorausging, dann ist das Leid der Kolonisierten genauso groß wie das der Deportierten, und die Wiedergutmachung, vor allem die moralische, muss ebenfalls gleich ausfallen. Doch der Vergleich mit der Shoah ist falsch. Kolonialismus und Sklaverei sind Verbrechen gegen die Menschlichkeit, aber sie sind nicht identisch mit der planmäßigen Ausrottung eines Volks. Die Armenier in der Türkei und die Tutsi in Ruanda dürften das auch so sehen.

Rosa Amelia Plumelle-Uribe, eine in Frankreich lebende kolumbianische Anwältin, prangert die »weiße Raserei« an und nicht etwa die schwarze oder die rote. Der weiße Mann sei genetisch zum Morden bestimmt. Er spalte die Menschheit, um sie besser unterwerfen zu können[29]. Professor Louis Sala-Molins (der eine Zeit lang mit Dieudonné an einem Film über den Code Noir arbeitete, dann aber die Verbindung zu ihm abbrach) spricht im Vorwort dieses Buchs von einem unentschuldbaren Schandfleck. Sala-Molins prangert »die gierige Gefräßigkeit (…) der weiß-amerikanischen Nationen der Christenheit« an. Das weiße Abenteuer ist ihm nichts anderes als »eine ununterbrochene Spirale des Horrors.«[30]

Eine stille Abscheu

In unseren Gesellschaften herrsche ein »atmosphärischer Rassimus« (Rokhaya Diallo), ein »unmerklicher« Rassismus (Pap N'diaye), ein Rassismus, der umso gefährlicher sei, als er sich mit guten Absichten schmücken könne. Und wenn man dem der Muslimbruderschaft nahestehenden Komitee gegen Islamophobie Glauben schenkt, ist Frankreich »ontologisch fremdenfeindlich«, unfähig seine kolonialen Reflexe zu überwinden. Auch die Sprache sei rassistisch, vor allem »die Geschichte der Wörter, die sowohl im Maskulinum als Femininum mit N beginnen.«[31] In Kanada sollen *Blackboards* umbenannt werden[32], und die Qualifikationstests, die Einwanderer und deren Kinder bestehen müssen, um in den öffentlichen Dienst aufgenommen zu werden, wurden 2008 vom CRAN (»Repräsentativer« Rat der Schwarzen Verbände) als diskriminierend bezeichnet, da sie zu viel Allgemeinbildung voraussetzen würden. Sogar die französische Sprache wurde aufgrund ihrer Komplexität in den 1990er-Jahren von manchen als »Beleidigung der Gleichberechtigung« für alle Menschen mit Migrationshintergrund angesehen[33]. Ganz zu schweigen von dem Rassismus, der die Kunst, die Schule, die klassische Musik und selbst die Mathematik[34] dominieren soll – alles Bereiche, die zu weiß sind und nicht mehr zur ethnischen Vielfalt passen[35]. Diese Verleumdung der Sprache, der Kultur und der Kunst im Namen der Rasse ist historisch einzigartig, mit der Ausnahme Deutschlands in den 1930er-Jahren.

In den Vereinigten Staaten, wie demnächst auch in Frankreich, sollte sich jedes Bleichgesicht bereits im Kindergarten zu seinen Privilegien bekennen und sich für diese entschuldigen. Einzig die *Identität der Reue* ist legitim. Die sehr engagierte linke Schauspielerin Rosanna Arquette twitterte im August 2019: »Es tut mir leid, dass ich weiß und privilegiert geboren wurde. Das widert mich an. Ich schäme mich so.« Man wird als »rassifizierte« Person geboren, weil man als Rassist geboren wird; dieser Status ist vererbbar wie ein Königstitel, der von Generation zu Generation weitergegeben wird. Die Ahnenreihe der Ausgestoßenen, der Araber und Schwarzen (aber seltsamerweise nicht der Asiaten), verläuft entlang der Reihen der Verfolger. Die simple Tatsache geboren worden zu sein, das Pathos der leidvollen Herkunft, verschafft uns einen unerschöpflichen Kredit. Jedes weiße Kind, das geboren wird, von Wladiwostok bis Valparaiso, von Trondheim bis zum Ural, ist ein potenzieller Tyrann, selbst wenn es aus einer ärmlichen oder ausgebeuteten Familie stammt. Bereits auf dem Pausenhof sollen sich unsere kleinen Braun- oder Blondschöpfe als Nachkommen von Sklaven, Kolonisierten, Sklavenhändlern und Ausbeutern präsentieren. Man macht sie zu Zeitgenossen früheren Unrechts, von Verbrechen, die vor Jahrhunderten von obskuren Fremden in Nantes, Bordeaux, La Rochelle oder im senegalesischen Saint-Louis begangen wurden, um einem Bürgerkrieg der Erinnerungen den Weg zu bereiten. Jenseits der Überzeugungen, der Hautfarbe oder der Herkunft gibt es keine konkreten Individuen mehr, mit denen wir Beziehungen oder enge Freundschaften eingehen können. Es gibt nur noch abstrakte Bevölkerungsgruppen: die »Weißen«, die »Schwarzen«, die »Araber«. Wir sind keine Individuen, keine Singularitäten mehr – nur noch Exemplare.

Die fundamentalistische Aktivistin Houria Bouteldja gibt folgende Geschichte zum Besten: »Eines Tages ging meine Großmutter, die zu Besuch in Frankreich war, ins Krankenhaus, um ihren Sohn, meinen Vater, zu besuchen. Er teilte sich ein Zimmer mit einem weiteren Herrn, einem Weißen, der vermutlich im Sterben lag. Aus Mitleid beugte sie sich über ihn und küsste ihn, wie eine Mutter ihren Sohn küssen würde.

Später hat sie das bereut. Hatte sie gesündigt, weil sie einen Ungläubigen küsste? Würde Gott sie dafür bestrafen und die Tore des Himmels vor ihr verschließen? War sie zur Verräterin geworden?« Houria Bouteldjas Erzählung setzt mit einem spontanen Impuls ein, auf den sogleich die »Rückkehr zur indigenen Vernunft, zum Widerstand« folgt: »Er ist keiner der Unseren.«[36] Indigene Vernunft als Gegensatz zu weißer Vernunft? Ja, ein Weißer ist kein echter Mensch, sondern eine Unterart, ein »Unterhund«.[37]

Später wollte sie den Neologismus als Replik auf den Begriff »Français de souche«[38] verstanden wissen; das ändert aber nichts daran, dass in ihm die Herabsetzung von Menschen zu minderwertigen Wesen mitschwingt.

Kapitel 11

Wie kommen Weiße zur Welt?

Über Jahrhunderte wurden Weiße an den Rändern Europas auf Sklavenmärkten verkauft, helläugige Gefangene waren äußerst begehrt (das Wort Sklave stammt vom Wort Slawe ab). Sowohl Wikinger aus Nordeuropa als auch nordafrikanische Barbaresken, die der Hohen Pforte gehorchten, erbeuteten auf ihren Expeditionen Tausende von Gefangenen. Die genuesischen Türme Korsikas, die ab dem 16. Jahrhundert gebaut wurden, sollten durch Feuersignale die Bevölkerung vor Freibeutern warnen. In der Vergangenheit kam es immer wieder vor, dass Bewohner der Küstendörfer entführt und als Sklaven nach Tunesien, Ägypten oder in den Nahen Osten verschleppt wurden. Auch in Dublin und Venedig befanden sich wichtige europäische Märkte für den Handel mit Männern, Frauen und Kindern. Tscherkessinnen, Georgierinnen und Kaukasierinnen gehörten wegen ihrer Schönheit bis in die Mitte des 19. Jahrhunderts zu den begehrtesten Frauen[39].

Der Mythos der ästhetischen Perfektion der Griechen kam mit dem Aufkommen der Romantik in die Welt, und es war ein deutscher Gelehrter, Johann Friedrich Blumenbach, der 1825 den Begriff »Kaukasier« prägte, um die aufstrebenden Weißen zu beschreiben. Der Begriff, der es später in den Vereinigten Staaten zu größerer Popularität brachte, schloss zunächst Nordafrikaner und sämtliche orientalischen Bevölkerungsgruppen bis zum Ganges ein – also weit über den Ural hinaus[40]. In Frankreich bezieht sich der Begriff eher auf Menschen aus Südrussland, wie zum Beispiel Tschetschenen und Inguschen. Bis zum Ende des 18. Jahrhunderts wurde schwarze und weiße Sklaverei parallel betrieben, bevor letztere vollständig vom Handel mit Schwarzen verdrängt wurde. Afrika entwickelte sich daraufhin zu einem Schlachtfeld, das ebenso von westlichen und östlichen wie auch von einheimischen Sklavenhändlern heimgesucht wurde. Während Europa sein koloniales Abenteuer begann, machten Historiker und Ärzte sich dran, den wahren Deutschen vom »schmutzigen Weißen« der Peripherie, von Slawen und Latinern, zu trennen. Gestützt auf eine tendenziöse Lektüre des Germanenmythos von Tacitus, wurde die weiße Schönheit zur politischen Kategorie[41]. Gelehrte, Anthropologen und Linguisten wetteiferten miteinander, um einen Idealtypus zu konstruieren: eine arische Rasse frei von jeder Vermischung.

Ein einziger Tropfen reicht

Der Spieleinsatz verlagerte sich von der alten auf die neue Welt. Gustave de Beaumont, ein Freund von Alexis de Tocqueville, brachte die Spannungen um rassische Identität in den Vereinigten Staaten in seinem Roman *Marie oder die Sklaverei in den Vereinigten Staaten* zur Sprache. Die Handlung basiert auf einem damals gebräuchlichen Sprichwort mit finsterer Bedeutung: »Ein Tropfen schwarzen Blutes reicht.« Nach dieser Definition kategorisierten Befürworter der Rassentrennung Menschen als Schwarze[42]. Die Gründerväter definierten den Amerikaner als neuen Menschen, frei von den Vorurteilen des alten Europa. In dieser Vision einer neuen Menschheit hatten die Sklaven der Südstaaten jedoch keinen Platz, weshalb das Wahlrecht im 19. Jahrhundert ausschließlich weißen Männern vorbehalten war.

Wer aber konnte als authentisch weiß gelten? Die angelsächsischen Nachfahren der Mayflower-Pilger oder die Horden verlauster Europäer, die auf Staten Island an Land gingen? Iren, Italiener, Slawen und Juden, die an die Tür des Paradieses klopften, wurden als Untermenschen angesehen, die es fernzuhalten galt. Auf dem Sockel der Freiheitsstatue hingegen befindet sich das berühmte Sonett von Emma Lazarus, das einen anderen amerikanischen Geist artikuliert:

»Gebt mir nur eure Armen, Entwurzelten, voll Sehnsucht, frei zu sein, die Seelen, die eure Ufer flohen. Jener Schwachen will ich mich erbarmen. An dem gold'nen Tor soll mein Licht lohen!«[43]

Zwischen Gedicht und Wirklichkeit klafft seit jeher eine Lücke. Zu sagen, dass die »Massen« nicht wirklich willkommen waren, wäre untertrieben. Die Iren stellte man zum Beispiel auf eine Stufe mit den Schwarzen, ihr katholischer Glaube wurde sogar als erschwerender Umstand angesehen. Thomas Carlyle (1795–1881), dieser vom »neuen Licht aus Deutschland« faszinierte Schriftsteller, verglich sie mit Schimpansen. Auch die Franzosen galten ihm als »ein Volk von Affen«, eine Metapher, die im Pangermanismus und später in der Nazi-Propaganda des Zweiten Weltkriegs erneut auftauchte. Katholiken galten als Abschaum, weshalb es dem Ku-Klux-Klan gelang, Millionen von Amerikanern für den Hass auf das katholische Bekenntnis zu gewinnen. Zahlreiche Pfarrer wurden geteert und gefedert; es kam immer wieder zu Ausschreitungen, die für Iren tödlich endeten.

Unter den Theoretikern der rassischen Überlegenheit der WASPs (weiße angelsächsische Protestanten) herrschte eine »verheerende Teutomanie« (Nell Irvin Painter), die jede Vermischung ablehnte[44]. Man hegte die Hoffnung, dass die Rettung der weißen Rasse aus Nordeuropa kommen würde. An der Spitze der Pyramide der weißen Rassen standen »Nordische«, gefolgt von Menschen aus dem Alpen- und dem Mittelmeerraum, die jedoch wegen ihres Kontaktes zu Arabern und Afrikanern bereits als degeneriert angesehen wurden. Ab 1896 wurde zwischen Migranten aus Nordeuropa, die als zuverlässig und respektvoll, und Migranten aus Süd- und Osteuropa unterschieden, die als kriminell und nichtassimilierbar galten[45]. Der Arier, diese attraktive blonde Bestie, faszinierte lange, bevor Alfred Rosenberg, der Ideologe des Dritten Reiches, seine Theorien formulierte. Gobineau und die Rassentheoretiker, die auf ihn folgten, beschreiben den Arier bereits als den Kelten und Slawen überlegen. Der »Schädelfetischismus«, der sich in Frankreich während der deutschen Besatzung stark verbreitete, stellte den langschädeligen Blonden, Prototyp der Reinheit und Schönheit, dem eher kleinwüchsigeren Kurzköpfigen gegenüber, selbst wenn diese Taxonomie aufgrund der unendlichen Anzahl an Kreuzungen wenig präzise ist. Der Arier, das zeigt sich sowohl in der Literatur des 19. Jahrhunderts als auch bei den heutigen Protagonisten einer weißen Vorherrschaft, ist eine Spezies, die stets im Verschwinden begriffen ist. Man erwähnt ihn nur, um zu sagen, dass er vom Aussterben bedroht ist.

Die Erweiterung des Weißseins auf nordamerikanische Iren erwies sich als schmerzhafter Prozess, der mit der Herabsetzung von Italienern, Slawen und natürlich Juden einherging. In den Filmen Martin Scorseses erkennt man, wie sehr Vorurteile zwischen Nationalitäten und Ethnien verschiedene Strömungen des organisierten Verbrechens geprägt haben. Sein Film *The Irishman* (2019) handelt davon, wie ein irischer Auftragsmörder im italienischen Verbrechermilieu gegen Vorurteile anrennt und Hierarchien durcheinanderbringt. Das organisierte Verbrechen bleibt auch heute – in den Vereinigten Staaten wie auch anderswo – aus Gründen der Sprache und Loyalität mit der Herkunft verbunden (Aschkenasim, Russen, Ukrainer, Chinesen, ganz zu schweigen von den heutigen mexikanischen Kartellen oder den lateinamerikanischen und schwarzen Banden, die sich noch weiter in Familien unterteilen). Die Anwesenheit eines fremdartigen Elements stellt eher eine Ausnahme dar – dies vor dem Hintergrund, dass der Rassismus auch nach dem Bürgerkrieg und der Abschaffung der Sklaverei weiterhin dafür sorgte, dass Afroamerikaner gedemütigt und kleingehalten wurden.

Laut Toni Morrison lautete das erste Wort, das Einwanderer nach ihrer Ankunft in Amerika lernten »O.K.«, das zweite »Nigger«. Kam man aus einem Dorf in den Abruzzen, dem trostlosen schottischen Moor oder einem polnischen Schtetl, dann konnten man sich immer noch damit trösten, dass es noch jemanden gab, der unter einem stand. In Amerika, wo die Zivilgesellschaft dem Staat vorausging (vor allem im Westen), wurde auch das Lynchen erfunden, das Erhängen von Verdächtigen nach kurzem Prozess. Ein Sheriff, der versuchte einen Angeklagten zu schützen, konnte ebenfalls schnell dem mörderischen Willen des Mobs zum Opfer fallen. Russische und ukrainische Bergleute konnten Opfer von Lynchjustiz werden wie Sioux, Chinesen, Juden oder Schwarze – wer auch immer das Pech hatte, vom Mob für schuldig befunden zu werden. Nach dem Vollstrecken der Lynchjustiz versammelte man sich um die zerstückelte oder verbrannte Leiche; nicht selten fanden zu diesem Anlass auch Feierlichkeiten und öffentliche Gelage statt. Laut James Baldwin gab es ein Moment sexueller Erregung[46]. Eine moderne Verkörperung dieses außergerichtlichen Strafens wird von der Figur des »Vigilanten« verkörpert, dem geheimen Vollstrecker der Selbstjustiz, der Verbrecher beseitigt, die der Justiz entkommen konnten (ein Phänomen, das die Filme von Charles Bronson, Clint Eastwood oder die Serie *Dexter* aufgreifen). Juden wurden lange Zeit beschuldigt, sich mit den Schwarzen zu verbünden, um den amerikanischen Traum zu zerstören. Bis in die 1990er-Jahre war ihnen der Zutritt zu einigen Clubs und Räumlichkeiten verboten, die der Elite vorbehalten waren. Der Hass auf die Neuankömmlinge verband rassistische Stigmatisierung mit Klassenhass. Sie waren arm, schmutzig und sprachen eine unverständliche Sprache. Noch Bill Clinton bemerkte, dass seine Vorfahren nur im Laufe der Zeit »weiß« geworden waren[47].

Der als »White Trash« von der weißen Großstadtelite geschmähte unterprivilegierte Weiße ist zum Musterbeispiel einer degenerierten Menschheit geworden. Manche Forscher meinten, den Grund für Armut, Kriminalität und Alkoholismus in genetischen Defekten suchen zu müssen. Die Fortpflanzung degradierter Bevölkerungsgruppen wurde als bedeutende gesellschaftliche Gefahr betrachtet. Noch bis in die 1960er-Jahre wurden Menschen mit leichten Behinderungen oder Geisteskrankheiten zwangssterilisiert. Die Zwischenkriegszeit sah den Siegeszug des Ku-Klux-Klans, der Katholiken, Juden und Farbige (Katholics, Kikes[48] und Kolored) angriff und 1920 rund fünf Millionen Mitglieder zählte. In jener Zeit marschierten Zehntausende seiner Anhänger in weißen Uniformen und den spanischen Karprozessionen entlehnten Kapuzen durch amerikanische Städte (die beiden verfeindeten Seiten des Christentums leihen einander Kostüme). Nicht-Protestanten waren für sie keine echten Amerikaner. Der heutige Klan ist in mehrere rivalisierende Bruderschaften gespalten und sieht sich in Konkurrenz mit anderen Neonazi-Gruppen. Dennoch bleibt die Organisation eine Inspirationsquelle für weiße Rassisten und Apokalyptiker.

Ist die Schönheit noch weiß?

Erst mit dem Zweiten Weltkrieg und den Verbrechen des Dritten Reiches begann der Rassenwahn abzuebben, zumindest derjenige der Protestanten gegenüber anderen »Weißen«. 1945 wurde Bess Myerson – Model, Schauspielerin und Jüdin – zur Miss America gekürt. Während Martin Luther King in den 1960er-Jahren den Kampf für Bürgerrechte vorantrieb, verabschiedeten John Fitzgerald Kennedy und Lyndon Johnson weitreichende Gesetze zur Abschaffung der Segregation. Nur knapp entging Amerika der Einführung eines Apartheid-Regimes. Die Zeit der Vorherrschaft des weißen Menschen schien zu Ende zu gehen, und andere Standards von Schönheit und Eleganz kamen zum Vorschein. Persönlichkeiten wie Barack Obama, Naomi Campbell, Lupita Nyong'o, Jennifer Lopez, Rihanna und Beyoncé (um nur die bekanntesten zu nennen) oder die Darsteller des Superheldenfilms *Black Panther* (2018) verkörpern zeitgemäße Vorstellungen von Schönheit. Eines der großen Probleme der »weißen Demoralisierung« rührt aus der Tatsache, dass die vorherrschende Ästhetik nicht mehr allein die Domäne von Bleichgesichtern ist, sondern vermehrt von Mestizen und »Kanaken«, Schwarzen, Arabern oder Eurasiern. Die neuen Vorbilder sind nicht mehr weiß, sondern »café au lait« oder karamellfarben. In den 1970er-Jahren sang Donnie Hathaway »Young, gifted and black«, um das Selbstwertgefühl der afroamerikanischen Jugend zu stärken, und in den 1980ern galt »black is beautiful«. 1993 präsentierte das *Time-Magazin* das neue Gesicht Amerikas: Eine Frau mit braunem Teint, die in Europa als Süditalienerin oder Andalusierin durchgehen könnte, in Amerika aber die Mischung aller ethnischen Typen des Landes darstellt – eine Art Gesichtsregenbogen. Aus der Diversität entstand ein neues Stereotyp, das die Schönheitsindustrie in großem Maßstab zu reproduzieren versucht: volle Lippen, gebräunter Teint, hohe Wangenknochen – ein statistischer Kompromiss[49].

In Südasien hellt man sich hingegen weiterhin die Haut mit Cremes auf und schützt sich vor Sonneneinstrahlung, wie einst die französischen Aristokraten des Grand Siècle, die sich von Bauern, diesen »wilden, schwarzen, fahlen, von der Sonne verbrannten Tieren« (La Bruyère) unterscheiden wollten. Auch in Teilen Afrikas geht die oftmals gesundheitsschädliche Aufhellung der Haut ungebremst weiter, wie auch die Angewohnheit, die Haare zu glätten und künstlich zu verlängern. Und in Europa wird der Wunsch nach einer ganzjährig wettergegerbt wirkenden und kupferfarbenen Haut häufig mit verschiedenen, durch übermäßige Sonneneinstrahlung verursachten Melanomen quittiert.

Was sich seit rund zwanzig Jahren in den Vereinigten Staaten (Europa und vor allem der romanische Teil des Kontinents sind weniger betroffen) zuträgt, ist eine Verschiebung ästhetischer Normen, eine Entwicklung von weitreichender Bedeutung. Eleganz, Meritokratie, Redekunst und Intelligenz scheinen auf der Seite Obamas heimisch geworden zu sein, während Trump mit seiner geringen Bildung, seiner extravaganten Frisur, seiner Vulgarität und seinem begrenzten Wortschatz die Rache der Gedemütigten verkörpert, der kleinen Weißen, die sich verzweifelt an ihren Lebensstil klammern, an Fettleibigkeit und Alkoholismus, und unter der Opioid-Krise leiden[50]. Ihre Stimme für den republikanischen Kandidaten war die Rache für ihr Elend und ihre Verzweiflung. Diejenigen, die »ans Ende der Warteschlange des amerikanischen Traumes verbannt« (Arlie Russell Hochschild) und von Hillary Clinton verhöhnt wurden (»man kann die Hälfte der Trump-Wähler in das stecken, was ich den Korb der Erbärmlichen nenne«), haben den Mann gewählt, der sie nicht wie historische Verbrecher behandelt. Der afroamerikanische Fernsehjournalist Van Jones sprach von »Whitelash«, einer weißen Gegenwehr.

Kapitel 12

Amerika und Frankreich: Die Rasse und der Staatsbürger

»Schwarz zu sein ist hart. Sie waren noch nie schwarz? Früher, als ich noch arm war, war ich es.«

Larry Holmes, Weltmeister
im Schwergewicht von 1978 bis 1985

1984 traf ich mit ein paar Freunden in Paris den afroamerikanischen Schriftsteller James Baldwin, der 1948 nach Frankreich geflüchtet war (wie bereits 1946 Richard Wright). Von Krankheit gezeichnet, aber immer noch kämpferisch, starb er 1987 in Saint-Paul-de-Vence. Bei einem Drink in Saint-Germain-des-Prés, das noch nicht zum Modeviertel verkommen war, erklärte er uns, wie das Land Voltaires und Victor Hugos ihm das Leben gerettet hatte: Im Gegensatz zu vielen nordafrikanischen Arbeitern, die allzu oft schikaniert wurden, war er kein einziges Mal wegen seiner Hautfarbe oder seiner »sexuellen Orientierung« (er bevorzugte Männer) belästigt worden. Kurioserweise war es das Desinteresse der Franzosen, das ihn gerettet hatte. Die Gleichgültigkeit ihm gegenüber, das unausgesprochene Gesetz Frankreichs, dass jeder nach seiner eigenen Art leben soll, waren ihm zugleich Überraschung und Erleichterung[51]: »Die Franzosen sahen mich nicht. Einige haben sich trotzdem um mich gekümmert, sonst wäre ich vermutlich verhungert. Aber die Franzosen ließen mich in Ruhe. Sie haben mich von den Krücken der Rasse befreit. Es war beängstigend, aber hilfreich.«[52] In einer Kurzgeschichte schrieb er: »Ich konnte die Franzosen nie hassen, weil sie mich nach meiner Art leben ließen. Und ich werde Paris immer lieben. Es ist die Stadt, die mein Leben gerettet hat. Sie hat mein Leben gerettet, indem sie mir die Möglichkeit gab, mich selbst zu finden.«[53] Baldwin berichtete davon, wie amerikanische Truppen deutsche Gefangene besser behandelten als die schwarzen Soldaten der eigenen Armee. Er erinnerte uns auch daran, dass Frankreich 1937 Gaston Monnerville, einen Abgeordneten aus Guyana, zum Unterstaatssekretär der Kolonien ernannte, was Deutschland und Italien erzürnte. Die Nazi-Propaganda lief damals Sturm gegen das »negrifizierte Frankreich«. Und schließlich machte er uns ein Geständnis: Es gäbe in Frankreich schlicht keinen »libidinösen Rassismus«, da hier, anders als in den Vereinigten Staaten, das Begehren die Vorurteile transzendiere.

Eine weitere eingebürgerte Amerikanerin, die Tänzerin, Sängerin und große Widerstandskämpferin Josephine Baker (1906–1975), erklärte am 12. Mai 1957 auf dem Kongress der LICA (später in Licra[54] umbenannt):

»Als ich in Paris ankam, fand ich mich vor Leuten wie Ihnen wieder. Ich war froh, dass ich auf der Straße nach einem Taxi fragen konnte, ohne befürchten zu müssen, dass es mich nicht mitnimmt. Ich war auch froh darüber, dass ich, wenn ich hungrig war, in jedes Restaurant gehen konnte.

Als ich krank war, war ich froh, dass sich ein weißer Arzt und auch eine weiße Krankenschwester nicht davor genierten, mich zu berühren. Sie haben um mein Leben gekämpft, hier, in Frankreich; ich bin Ihnen dankbar. Ihr habt mich gerettet. Ich wusste, dass ich hier gerettet werden würde, dass ich mein Leben einer noblen Sache widmen könnte. Diese Sache ist die Brüderlichkeit unter den Menschen.

Als ich hier ankam, nannte niemand mich »schwarz«. Niemand sagte »Nigger« zu mir, ein Wort, das mich furchtbar verletzte. Und eines Tages, nach und nach, verschwanden all meine Ängste. Ich wurde eine Frau mit Selbstbewusstsein, erzogen von einem Frankreich, dem ich zu Dank verpflichtet bin. Ich kann sagen, man hob mich in den Himmel.«

Die rassistische Sackgasse

In seinem berühmten Buch *Nach der Flut das Feuer* berichtet James Baldwin, wie er in einem hübschen Viertel Chicagos Elijah Muhammad, den Gründer der radikalen Nation of Islam, trifft. Dieser sanftmütige und gutaussehende Mann – Louis Farrakhan, der »schwarze Hitler«, war einer seiner glühenden Anhänger –, war von der dämonischen Natur der Weißen überzeugt. Erst mit dem Verschwinden der Weißen würde die Gefangenschaft der Schwarzen enden, denn »Gott ist schwarz«.[55] Nur weil auch weiterhin verirrte Schwarze in den Vereinigten Staaten leben, hätte Allah dem Land noch nicht das Ende bereitet. Aus diesem Grund befürworte er, wie später auch Malcom X, die physische Trennung der afroamerikanischen Gemeinschaft vom weißen Amerika. Gleich den heutigen »Reparationisten« wie Ta-Nehisi Coates forderte Muhammad die Regierung dazu auf, Schwarze für früher geleistete Sklavenarbeit mit der Übertragung von sechs oder sieben Staaten zu entschädigen. James Baldwin, der mehr als einmal verhaftet und verprügelt wurde, berichtet im gleichen Buch, dass der damalige Führer der amerikanischen Nazi-Partei, George Lincoln Rockwell, der Partei von Malcom X Geld schickte. Über die Notwendigkeit einer Trennung von Weißen und Schwarzen herrschte zwischen beiden Gruppen Einigkeit[56]. (1961 lud Louis Farrakhan den Parteiführer ein, um mit ihm über das Übel des Weltjudentums zu reden.) Ihr gemeinsamer Traum war ein einfarbiges Amerika.

Was Frankreich für amerikanische Schwarze, die der Rassenbesessenheit entkommen möchten, auch heute noch verkörpert, stellen die Vereinigten Staaten wiederum für zahlreich französische Schwarze dar, die sich jenseits des Atlantiks eine Linderung ihres Unbehagens versprechen. In Frankreich diente die Affäre Adama Traoré – ein junger Schwarzer, der 2016 unter ungeklärten Umständen auf einer Polizeistation ums Leben kam[57] – im Mai 2020 nach der Ermordung George Floyds dazu, die Banlieues zu mobilisieren. Zahlreiche Aktivisten würden am liebsten in Frankreich einen ethnischen Kommunitarismus einführen. Wäre das die Lösung? Versuchen wir, der Sache auf den Grund zu gehen. Der Forscher Shelby Steele, der selbst Afroamerikaner ist, spricht davon, dass weiße Schuld nach der Aufhebung der Rassentrennung und der Revolution der Bürgerrechtsbewegung in den 1970er-Jahren zum Tauschmittel zwischen beiden Seiten wurde. Während Martin Luther King noch an die Würde der Nation, ihre moralische Erhöhung appellierte (»die Frucht des zivilen Ungehorsams ist die Schaffung einer brüderlichen Gemeinschaft«[58]), haben sich seine Nachfolger auf lukrative Empörung spezialisiert. Das weiße Gewissen ist zur Währung geworden, auf die schwarze Führer Wetten abschließen: Der kleinste Ausrutscher oder Vorfall ermöglicht die Auffrischung der Schuld.

Laut Shelby Steele macht diese Darstellung keinerlei Sinn, wenn man die heutige Situation mit der Zeit vor der Revolution der Bürgerrechte vergleicht. Als jemand, der im Jugendalter die Segregation, die Trennung von Weißen und Schwarzen in Bussen und öffentlichen Einrichtungen, am eigenen Leib erfuhr, ist er in der Lage, beide historischen Momente miteinander zu vergleichen. Die Weißen, deren Anstrengungen zur Aufarbeitung man kleinredet, müssen auf ewig für diese Schuld einstehen, während die Gegenseite stets in einem Zustand der Schuldunfähigkeit verhaften soll. Von allen großen Anführern war Malcolm X laut Steele der Einzige, der die Emanzipation der Afroamerikaner unabhängig vom Einfluss der Weißen anstrebte: durch Solidarität, Arbeit, Selbsterziehung, Trennung und Opferbereitschaft[59]. Wer immer nur auf die »ursprüngliche Barbarei« der Weißen verweist, händigt diesen den Schlüssel zur Macht aus: Alles hängt von ihnen ab, jetzt und für immer. Die Stärke liegt ganz auf ihrer Seite, die Ohnmacht immer nur auf der Seite ihrer »Opfer«. Auf diese Weise wird die Verherrlichung der weißen Erbsünde zur hinterlistigen Strategie, um Afroamerikaner in einem Zustand der Marginalität zu zementieren. Das moralische Privileg ist ein Fluch.

Shelby Steele, dessen Buch über weiße Schuld 2006 erschien, konnte die weitere Entwicklung nicht voraussehen: anhaltende Lohn- und Vermögensungleichheit, wiederholte Tötungen von Schwarzen, insbesondere durch Polizisten. (In Amerika kamen 2019 rund 1000 Menschen durch die für ihre Brutalität berüchtigte amerikanische Polizei ums Leben. Schwarze machen etwa 13 Prozent der Bevölkerung, aber 23 Prozent der Getöteten aus.) Diese willkürlichen, sich auf makabre Weise wiederholenden Erschießungen erscheinen nicht wie eine Ausnahme, sondern vielmehr wie eine Fortsetzung der Segregation mit anderen Mitteln. Noch deutlicher wird dies im amerikanischen Justiz- und Gefängnissystem sichtbar. Man bestraft Afroamerikaner dafür, gleiche Rechte eingefordert zu haben. Es ist wie mit einem Ohrwurm, der in regelmäßigen Abständen gespielt wird: Ein einziges Vergehen, und sämtliche Geister der Vergangenheit kehren zurück, um die Erfolge eines halben Jahrhunderts zunichte zu machen.

Der ständige Verweis auf die Schuld der Weißen geht laut Shelby Steele mit einer gesteigerten Verletzlichkeit der Afroamerikaner einher. Es sei ein »Kampf zur Aufrechterhaltung der Minderwertigkeit der Schwarzen«, die als ewig geächtet dargestellt würden. Die Probleme, mit denen sie konfrontiert sind – schlechte schulische Leistung, anhaltende Armut, Gewalt[60], Drogen –, würden ausschließlich als Folge rassistischer Ungerechtigkeit und niemals als selbstverschuldet begriffen. Der weiße Liberalismus, der sich pflichtschuldig vor der Vielfalt verbeugt, sei kaum mehr als ein oberflächlich getarntes Alibi. Shelby Steele findet scharfe Worte für diese neue »entkoppelte« weiße Elite, die sich von Rassismus, Sexismus und Militarismus befreit hat und deshalb von der eigenen moralischen Überlegenheit überzeugt ist[61]. Nichts liebt der weiße amerikanische Linke mehr als die Freundschaft eines wütenden Schwarzen, der ihn von jedem Verdacht auf Rassismus freispricht. Das gibt ihm die Möglichkeit, seine Tugendhaftigkeit und seine beeindruckende Großzügigkeit stolz vor sich her zu tragen. Mit seinem Antirassismus verhält es sich wie mit einem Glauben, zu dem man sich permanent bekennen muss, damit bloß kein Verdacht aufkommt, halbherzig zu sein. Das zur Epidemie gewordene Niederknien, dessen Zeugen wir im Frühjahr 2020 wurden, wird so besser verständlich: Der Wunsch, Buße zu leisten, der Gewalt abzuschwören, wird durch eine Geste symbolisiert, die an die Bürgerrechtsbewegung Martin Luther Kings erinnert. Doch nachdem wir sie mit Füßen getreten haben, möchten Afroamerikaner wahrscheinlich nicht wie Götter behandelt werden, sondern wie Mitbürger.

Man sollte sich vor solchen Krönungszeremonien hüten, denn allzu oft folgen auf sie Herabsetzungen: Eine Minderheit wird an die Spitze katapultiert, während andere ganz unten landen. Als Entschuldigung für vergangenes Unrecht beschloss die *New York Times* im Juni 2020, fortan »schwarz« immer groß, »weiß« immer klein zu schreiben – ein platter typographischer Paternalismus, ein Balsam mit rein kosmetischer Wirkung. Die emphatische Selbstherabsetzung der Weißen und die systematische Idealisierung der Schwarzen könnten der Auftakt einer Wendung sein, deren Geheimnis allein die künftigen Geschichtsschreiber kennen. Wir sollten uns vor der bußfertigen List der Vernunft hüten, denn der Grat zwischen Ehrlichkeit und Schauspiel ist schmal. Was den Vereinigten Staaten droht, ist eine Zeit der »Rassenmüdigkeit«[62], in der Schwarze in ethnische Zwangsjacken gesteckt werden, die den Trägern bestimmte Handlungen und Aussagen zuweisen. Identität sollte eine Befreiung sein, sie erweist sich aber als Gefängnis. Von dieser Sackgasse spricht auch der junge afroamerikanische Schriftsteller Thomas Chatterton Williams, der vor dem amerikanischen Pigmentwahn ins Pariser Exil flüchtete.

Amerika steht vermutlich am Beginn einer zweiten Bürgerrechtsbewegung, die die erste ergänzen und zu einer Allianz progressiver Schwarzer und Weißer führen wird. Man sollte Shelby Steeles Überbelegungen noch um Folgendes ergänzen: Das Verschwinden oder die starke Abnahme der weißen Population der Vereinigten Staaten muss den Zustand der Afroamerikaner nicht zwangsläufig verbessern. Es gibt zahlreiche andere Minoritäten (Asiaten, Hispanics, Haitianer oder Afrikaner), die ihnen gegenüber keinerlei moralische Verpflichtung kennen und von denen folglich keine Rücksichtnahme zu erwarten ist (Eric Kaufmann)[63]. Die Abwesenheit von Weißen würde das Leben von Afroamerikanern in einer multirassischen Gesellschaft vermutlich schwieriger machen. Sie würden das Privileg der Verfolgten einbüßen und mit anderen Gruppen in Opferkonkurrenz treten. Zum Beispiel mit Ureinwohnern, die in der Vergangenheit ebenfalls viel erleiden mussten, ohne jemals die gleiche Aufmerksamkeit zu erfahren. Ein bunteres Amerika wird nicht toleranter sein.

Das importierte Unheil

Müssen wir die lange und tragische Geschichte des Zerwürfnisses zwischen Schwarzen und Weißen in den Vereinigten Staaten zur nationalen Angelegenheit machen? Wir haben begonnen, unsere eigene Geschichte durch die Brille des amerikanischen Albtraums zu betrachten, weshalb er sich nach und nach seinen Weg zu uns bahnt. Doch anstatt ihn zu übersetzen und an unsere Verhältnisse anzupassen, begnügen wir uns mit dem Kopieren. Wenn die Urschuld der Vereinigten Staaten Sklaverei und Segregation war, so besteht die zweite in der offiziellen juristischen Apartheid, durch die diese großen Nation dem Rassismus zu entkommen versucht: Nunmehr soll jeder Mensch auf seine Identität, Ethnie, Hautfarbe oder Religion reduziert werden. Ausgehend von den Herkunftsnationalitäten, wird die amerikanische Bevölkerung in 126 ethno-rassische

Gruppen und 63 offizielle »Rassen« kategorisiert. Auf diesem Wege wird das Böse, das man zu bekämpfen vorgibt, perpetuiert. Die Vermischung von Hautfarbe, geographischer Herkunft, Sprachgruppe und Abstammung macht jeden Zensus zur Herausforderung. Jede neue Gruppe, zum Beispiel Araber oder Perser, beansprucht ihre eigene kleine Kategorie, auch wenn die Möglichkeit besteht, »multirassisch« anzukreuzen[64]. Die wissenschaftliche statistische Erfassung der Bürger war lange Zeit ein Mittel, um die amerikanische Nation zu konstruieren und ihre Bevölkerungsgruppen zu hierarchisieren[65].

Auch wenn Frankreich nicht das Niveau der Vereinigten Staaten erreicht, so findet doch auch hier eine Ethnisierung der sozialen Probleme statt. Etwa wenn der Begriff »Arbeiterviertel« nur noch für solche Teile der Banlieues Verwendung findet, die von Kindern und Enkelkindern einstiger Einwanderer bewohnt werden[66]. Dies verrät einen Blick, der von einer sentimentalen Dritte-Welt-Vorstellung geprägt ist. Ein tragisches Missverständnis, das unter anderem die Flucht der Arbeiterklasse zu den Rechtsextremen erklärt – die Vernachlässigung der unterprivilegierten Gruppen, der Bauern, der Angestellten, der proletarisierten Kleinunternehmer und der »armen Weißen aus der Provinz« (Aymeric Patricot)[67], die das Herz der Gelbwestenbewegung bildeten. Diese Entwicklung geht auf einen Vorschlag zurück, den die Terra-Nova-Stiftung 2010 den Sozialisten unterbreitete: Löst euch vom Volk von gestern und sucht die Allianz mit der kosmopolitischen Bourgeoisie der Städte und den Bewohnern der Banlieues. Die Vorherrschaft der Rasse über das Soziale, des Ethnischen über das Politische, der Minorität über die Norm und der Erinnerung über die Geschichte begründete den Zusammenbruch der klassischen Linken und die Renaissance einer

Linksextremen, die sich als Verteidiger ethnischer Loyalitäten neu erfunden hat. Anstatt sich für einen kollektiven Fortschrittskampf zu engagieren und die Gleichheit vor dem Gesetz zu verteidigen, verstricken sich die Sozialdemokraten in einen fragwürdigen Flirt mit den indigenen und dekolonialen Bewegungen – den ideologischen Söldnern eines bestimmten Amerikas.

Die Geschichte beginnt mit jedem von uns

Keine Gruppe und kein Individuum kann dem Prestige widerstehen, sich als Opfer zu bezeichnen, selbst wenn das empfundene Leiden nur darin besteht, geboren worden zu sein – und selbst wenn dadurch dieser Status tatsächlich benachteiligten Menschen vorenthalten wird. Opfersein ist ein Zustand der Transsubstantiation, der einen über die gewöhnliche Menschheit erhebt und unantastbar macht. Viktimisierung bedeutet, dass jeder Mensch das lebendige Gedächtnis der gesamten Menschheit repräsentiert, dass sie bei ihm nicht neu beginnt, sondern vielmehr weitergeführt, verstoffwechselt wird. Jeder Weiße repräsentiert alle Weißen der letzten Jahrhunderte, jeder Schwarze trägt die gesamte Geschichte Afrikas und des Sklavenhandels in seinen Zellen. Wir schultern die Last der Toten und haben keine Möglichkeit, ihnen Erleichterung zu verschaffen; dabei vergessen wir aber, dass die Geschichte mit jedem von uns von Neuem beginnt. Die große Herausforderung demokratischer Gesellschaften besteht darin, die Menschheit vom Schicksal zu befreien. Die Schuld endet bei dem, der sie begangen hat und färbt nicht wie ein Gift auf die Nachkommen ab.

Präsident Obama hat sich immer wieder gegen ein vereinfachendes Schwarz-Weiß-Denken ausgesprochen. In einer Rede vor der Democratic National Convention im Jahr 2004 sprach er davon, dass »es kein schwarzes Amerika und kein weißes Amerika und kein Latino-Amerika oder ein asiatisches Amerika« gibt, sondern »nur die Vereinigten Staaten von Amerika.« Sich selbst beschrieb er als »Kind eines schwarzen Mannes und einer weißen Frau, geboren im rassischen Schmelztiegel Hawaii, mit einer halbindonesischen Schwester, die aber auch für mexikanisch oder puertoricanisch gehalten wurde, einem Schwager und einer Nichte chinesischer Abstammung, Eltern, die wie Margaret Thatcher aussehen und Verwandten, die als Bernie Mac durchgehen könnten. Die Familienversammlungen zu Weihnachten glichen einer UN-Vollversammlung. Es war ausgeschlossen, sich nur einer bestimmten Rasse zugehörig zu fühlen oder den Selbstwert einer Stammesmitgliedschaft zu beziehen.«[68] In den Worten Martin Luther Kings: »Wir sollten nicht nach der Farbe unserer Haut beurteilt werden, sondern nach der Güte unseres Charakters.«

Der »Stolz« auf die weiße oder schwarze Hautfarbe (oder darauf trans oder schwul zu sein) wirkt wie ein seltsamer Lapsus – als würde man das Gegenteil des Beabsichtigten ausdrücken und eigentlich sagen, dass man sich dafür schämt so zu sein. Mann, Frau, schwarz, arabisch, jüdisch – was wir von Geburt an sind, müssen wir weder verbergen noch feiern. Es zählt nur, wie wir mit unserer Herkunft umgehen und was wir aus ihr machen. Die Art und Weise, wie wir unser Schicksal unabhängig gestalten, kann uns mit echtem Stolz erfüllen.

Barack Obama ist kein »Nachfahre von Sklaven« und hat sich nie das Narrativ der Afroamerikaner zu eigen gemacht. Er hat es vorgezogen, sein eigenes zu schreiben.

Die Stimmen der schwarzen Community gewann er für sich, indem er geduldig die Codes der schwarzen Ethnie lernte. Er war keinem »weißen Terror« (Richard Wright)[69] ausgesetzt; seine Identität war kein Erbe, sondern frei gewählt. Dass ihm dies auch heute noch zur Last gelegt wird, bezeugt die panische Angst Amerikas vor ethnischen Unsicherheiten.

Für die Republikaner ist er ein falscher Amerikaner, ein heimlicher Muslim, für die Linke ist er ein Betrüger. Der Anwalt Ralph Nader warf ihm vor, »ein Onkel Tom im Dienst der Wall Street« zu sein, und der Polemiker und Professor Cornel West nannte ihn »einen weißen Mann mit schwarzer Haut«. Diese Phrasen sind würdelos, aber sie verraten viel über die amerikanische Mentalität.

Gibt es eine weiße oder schwarze Brüderlichkeit?

Im Vorwort des an Nuancen reichen Buchs *Zwischen der Welt und mir* des nordamerikanischen Schriftstellers Ta-Nehisi Coates weist der franko-kongolesische Romanautor Alain Mabanckou darauf hin, dass die beiden zwar eine ähnliche Hautfarbe haben, voneinander aber durch die Geschichte getrennt sind[70]. Während Ta-Nehisi Coates in Form eines Briefes an seinen Sohn ein talentiertes und wütendes Pamphlet gegen das weiße Amerika, »diese Vereinigung zur Wahrung der exklusiven Herrschaft und Kontrolle über unsere Körper« abliefert, stellt Alain Mabanckou behutsam die Idee eines schwarzen Volkes in Frage. »Der amerikanische Schwarze hat eine Vorstellung von Afrika, die auf einem Mythos beruht. Der Afrikaner hat ebenfalls eine bestimmte Vorstellung von Afrika und fordert das Monopol auf die Quelle.« Mehr noch, Mabanckou lehnt jede Idee von »Brüderlichkeit« ab: »In den Vereinigten Staaten habe ich immer das Gefühl, dass ich niemals ganz Teil der Gemeinschaft sein werde. Man nennt mich ›Bruder‹, um mir mitzuteilen, dass es Dinge gibt, die ich niemals verstehen werde (…) es könnte sein, dass sich einige meiner Vorfahrten während der schmerzhaften Zeit mit den Weißen verschworen haben. Ich werde geliebt und bewundert als der Bruder der ›Wurzeln‹, aber man sieht in mir auch einen Grund für die Probleme der Gemeinschaft.«[71] Als ehemalige amerikanische Sklaven 1821 begannen, nach Afrika zurückzukehren und 1847 in Liberia die erste unabhängige Republik des Kontinents gründeten, verhielten sie sich den Einheimischen gegenüber wie Aristokraten, voller Verachtung und ohne Rücksicht.

Welch eine tragische Ironie, dass die neuen »Settlers« (Siedler) sich gegen die »Natives« (Eingeborenen) erhoben, um diese als Zwangsarbeiter auszubeuten. Der grausame Bürgerkrieg der späten 1970er-Jahre ist auch als Echo dieser Spannungen zu begreifen. Bekanntlich werden Afroamerikaner in Afrika als »Weiße« gesehen, weil sie reich und arrogant sind[72]. Und für uns Franzosen sind Afroamerikaner zuerst Bürger Amerikas, mit allen dazugehörenden kulturellen, sprachlichen und wirtschaftlichen Vorteilen.

Europa hat vor langem aufgehört, einfarbig zu sein – der Westen aufgrund der Kolonialisierung, der Osten aufgrund der Massenmigration der letzten Jahre. Unsere Nationen setzen sich nunmehr aus einer Vielzahl von Farben zusammen, und es wäre absurd, diese Realität zu leugnen. Kein Bürger möchte auf seine Hautfarbe oder seinen Phänotyp, auf sein Geschlecht oder sein Alter reduziert werden. Ein solcher Blick auf den Menschen rührt eher aus der Praxis der Polizei, der Medizin oder der Statistik. Bei diesen Eigenschaften handelt es sich um bloße Zufälle der Geburt. Als vielfältige Personen sind wir unter anderem weiß, schwarz oder braun – aber wir sind stets auch mehr als das. Mabanckou hat es sehr gut ausgedrückt: Es gibt keine »schwarze« Gemeinschaft in Frankreich, weil die von den Antillen, dem Senegal, dem Kongo, von schwarzen Eltern oder der Subsahara stammenden Individuen keine gemeinsame Geschichte teilen. Sie sprechen unterschiedliche Sprachen, und sie können nicht einmal ohne weiteres das »unselige Opfermonopol für sich beanspruchen«[73], da einige ihrer Vorfahren selbst Sklavenhändler waren. Hautfarbe war noch nie eine Grundlage von Solidarität.

Das heutige Amerika erlebt eine doppelte Tragödie. Seit seinen Anfängen rühmt sich das Land dafür, den »Selfmademan« erfunden zu haben: die Möglichkeit einer Neuerfindung fern des europäischen Elends, das die Menschen in ihr Schicksal einsperrt. Heute muss es jedoch die Last der Geschichte wiederentdecken: Der Einzelne ist erneut an seine Biologie gekettet. Wer sich nicht zu seiner Farbe bekennt, dem droht Ausschluss. Welche Ironie, dass die Nation, die so stolz auf ihre Blindheit gegenüber der Herkunft, den Glaubensrichtungen, dem abgetragenen Gewand der Hautfarbe war, nun deren Renaissance erleben muss. In ihrem Kampf gegen den »strukturellen und systemischen Rassismus« haben die Vereinigten Staaten den »strukturellen und systemischen Antirassismus« erfunden, polare Gegensätze, die in ihrem Resultat identisch sind. Als zum Beispiel im Sommer 2020 Demonstranten unter dem Label Black Lives Matter eine weiße Frau zum Verlassen eines »schwarzen Viertels« aufforderten, gehorchten sie der Logik der Segregation vollkommen: jedem sein eigenes Viertel.

Es wird viel Fingerspitzengefühl erfordern, die Bande zwischen den Gruppen neu zu knüpfen, die Wunden zu heilen und zu Barack Obamas rassischem Liberalismus, zu einem zentralen Kompromiss, zurückzufinden. »Wir haben unterschiedliche Geschichten, aber wir teilen die gleichen Hoffnungen.«

Die große Arbeit, die seit der Segregation geleistet wurde, muss neu gedacht und fortgeführt werden. Die gesamte Zukunft der Vereinigten Staaten könnte vom Gegensatz zwischen Martin Luther King und Malcolm X, dem Versöhner und dem Spalter, abhängen. Wahrscheinlich wird man einen schlechten Kompromiss wählen. *Trennung unwahrscheinlich, Zusammenleben spannungsgeladen.* Die Konflikte zwischen der weißen Mehrheit, die sich im demografischen Niedergang befindet, und den anderen Gruppen, die darum bemüht sind, ihre jeweiligen Territorien zu verteidigen und ihre Vormachtstellung zu sichern. Der kleinste Vorfall kann zu einem Aufstand oder sogar zu einem Bürgerkrieg ausarten.

Die angeborene Kultur der Gewalt und die Proliferation von 300 Millionen Schusswaffen tragen nicht zur Entspannung bei. Ein seltsames Schicksal für dieses großartige Land: Auf die Ausrottung der Indianer gegründet, ist es vier Jahrhunderte später selbst zu einer Nation verfeindeter Stämme geworden.

Fügen wir zum Schluss noch folgendes hinzu: Allen Amerikanern, Künstlern, Schriftstellern, Regisseuren, Schauspielern, Musikern, Weißen, Schwarzen, Asiaten, Latinos, die die gefängnisartige Stimmung ihres Landes nicht mehr ertragen und sich nach der Luft der Freiheit sehnen, sei verkündet, dass Frankreich bereit ist, sie aufzunehmen, so wie es nach dem Zweiten Weltkrieg Hunderte von Intellektuellen, Jazzmusikern und Romanciers aufnahm, die vor der Rassentrennung flohen[74]. Kommt und findet Asyl in der Nation der Lebenskunst und Toleranz. Wir erwarten euch. »In einem Pariser Häuserblock steckt mehr Freiheit als in den gesamten Vereinigten Staaten« (Richard Wright).

Kapitel 13

Wenn es ihn nicht gäbe, müsste man ihn erfinden

»Bis heute gab es keine Kraft, die zerstörerischer war als der weiße Mann.« *Françoise Vergès*[75]

Es gibt mehrere Arten von Antirassismus, von denen bloß eine das Spiegelbild des Rassismus ist. Es ist besorgniserregend zu sehen, wie die jüngeren Generationen im Glauben, für eine bessere Welt zu kämpfen, diesem Irrsinn enthusiastisch folgen. Traditionellerweise behauptete die Linke, das Individuum aus seiner Herkunftsgemeinschaft befreien zu wollen, während die Rechte es eben dort festhielt – eine Haltung, die ihren klassischen Ausdruck in der berühmten Formulierung Joseph de Maistres fand: »Ich habe in meinem Leben Franzosen, Italiener, Russen gesehen; ich weiß sogar von Montesquieu, dass man Perser sein kann, aber was den Menschen an sich betrifft, so bekunde ich, ihm in meinem Leben noch nie begegnet zu sein. Sollte er existieren, so tut er dies ohne mein Wissen.«[76]

Diese wichtige Unterscheidung ist dabei, sich aufzulösen: In ihrer Mehrheit verteidigt die Linke mit Zähnen und Klauen identitätsbasierte Zuschreibungen, die sie einst ablehnte, und überlässt die Fackel der Freiheit und der Laizität der Rechten, wodurch diese Begriffe in Misskredit gelangen. Welch tragisches Verwirrspiel: Die Geschichte der Progressiven der letzten dreißig Jahre ist die Geschichte ihres Versagens. Der Rassenkampf hat den Klassenkampf verdrängt, genau wie es Raymond Aron bereits in den 1960er-Jahren prophezeite.

Der weiße Teufel

Wie kann man ungestraft Rassist sein? Man sucht sich einfach ein Feindbild, das von allen geteilt wird. Auf diese Art kann man vollkommen gelassen den »Weißen« hassen. Weil er nicht nur die Ursache unseres persönlichen Unglücks ist, sondern auch hinter der globalen Ungleichheit und dem Klimawandel steckt, sollten wir uns nicht scheuen, ihn um jeden Preis zu erniedrigen[77]. Die politische Korrektheit zwingt einen zum genauen Abwägen der Worte, weshalb es guttut, sich manchmal von ihren Zwängen zu befreien. Der offene Hass auf das Bleichgesicht in seiner männlichen und weiblichen Form ermöglicht es, bestehende Spannungen zu lösen. Genau hierin besteht der Nutzen des »weißen Teufels« (Malcom X):

> »Wenn ich sage, dass der weiße Mann ein Teufel ist, spreche ich mit der Autorität der Geschichte (...). Die Geschichte der Menschheit zeigt, dass der weiße Mann als Volk nie Gutes getan hat (...) er hat unsere Väter und Mütter ihrer Kultur der Seiden und des Satins beraubt und sie im Bauch eines Schiffes in dieses Land gebracht (...). Seit unserer Ankunft hält er uns in Ketten. Die Zeit dieses blauäugigen Teufels wird bald abgelaufen sein.«[78]

Leonard Jeffries, Afrozentrist und (bis 1993) Professor an der City University in New York, äußerte sich ebenfalls in diesem Sinne: Schwarze seien Sonnenmenschen, auf die sämtliche Erfindungen zurückgingen. Die »Völker des Eises«, dämonische Nachfahren der Europäer, hätten ihnen jedoch sämtliche Schätze geraubt (Jeffries' Weltanschauung enthält auch eine kräftige Dosis Antisemitismus, was ihn später seinen Lehrauftrag kostete). Für ihn ist der Grund für die moralische und intellektuelle Überlegenheit der Schwarzen gegenüber den Hellhäutigen das Farbpigment Melanin[79]. Dieser Stoff soll Schwarze sogar in den Stand setzen, mit »den Schwingungen des Universums in Dialog zu treten und ultraviolette Sonnenstrahlen zu beeinflussen.«[80] Dass es den weißen Mann gibt, ist ein echter Glücksfall. Es verhält sich mit ihm wie mit Baudelaires Satan: Wenn es ihn nicht gäbe, müsste man ihn erfinden. Stünde es fest, dass sein Verschwinden zum Wohl des Planeten wäre, gäbe es nicht wenige Freiwillige, die auf jede weitere Fortpflanzung verzichten würden – was von manchen Ökologisten ja bereits empfohlen wird. Aber wäre das wirklich zum Nutzen der Menschheit? Wahrscheinlich nicht. Die »Weißen« können sich nicht selbst physisch auslöschen, denn das antirassistische Gebäude ist auf sie angewiesen. Sie müssen gehegt werden, damit sie auch weiterhin ihrem Zweck dienen können.

In der Herabwürdigung liegt ein gewisser Snobismus. Wenn Delphine Ernotte, Geschäftsführerin von France Télévision, 2015 erklärt, »keine weißen Männer über 50« mehr im Fernsehen sehen zu wollen, oder der multinationale Konzern L'Oréal die Worte »weiß«, »aufhellend« oder »klar« von seinen Produkten entfernt, obwohl er dadurch zahlreiche Kunden verlieren könnte, dann unterwerfen sich beide dem Zeitgeist, der doppelten demokratischen Krankheit: Mimikry und Konformismus. In ihrem Versuch, den aktuellen Entwicklungen hinterherzurennen, konkurrieren die Medien untereinander. Aus ihrer Sicht ist »alles, was wirklich ist, auch vernünftig« und verdient, beweihräuchert zu werden, selbst wenn die »Wirklichkeit« sechs Monate später einer anderen weichen muss. Sie folgen einander, kreuzen sich, dicht an dicht, wie ein Fischschwarm. Mode und Zeitgeist diktieren Handlungen. Doch das *Whitebashing* wird nicht ohne konkrete Folgen bleiben. Wenn eine ethnische oder kulturelle Gruppe zur allgemeinen Anprangerung freigegeben wird, wird ihre Misshandlung nicht ausbleiben. Das lehrt uns die Geschichte.

»Antirassistische« Gewaltakte

Drei Beispiele: Die Presse berichtete ausführlich über die Ereignisse, die sich an der Evergreen University im Bundesstaat Washington abspielten. 2017 wurde dort ein neues, mit weitreichenden Befugnissen ausgestattetes Ethikkomitee gegründet, das die Herstellung von Rassen- und Geschlechtergleichheit zum Ziel hatte. Das Komitee veröffentlichte eine antirassistische Charta, die ganz den Grundsätzen der »Intersektionalität« verpflichtet war. Wer sich nicht zu ihr bekannte, dem drohten offizielle Disziplinarmaßnahmen. Bret Weinstein, ein an der Universität angestellter Dozent, protestierte gegen eine Direktive, die weiße Schüler und Lehrer aufforderte, einmal im Monat für einen Tag dem Campus fernzubleiben. Weinstein benannte dieses Vorhaben als Diskriminierung aufgrund der Hautfarbe. Beschimpfungen und Bedrohungen ließen nicht lange auf sich warten. Weiße Professoren wurden zur

Teilnahme an einem öffentlichen Studententribunal gezwungen, wo sie über ihre Privilegien und sexuelle Orientierung Rechenschaft ablegen mussten. Dabei war ihnen nur dann gestattet zu reden, wenn Studenten ihnen das Wort erteilten. Die hochbezahlte Soziologin Robin DiAngelo[81], die es mit ihrem Antirassismus zur Millionärin gebracht hat, wurde eingeladen, um toxisches Weißsein zu kritisieren. Sie bezeichnete den Rassismus der Weißen als systematisch und verglich ihn mit einem unsichtbaren, tödlichen Gas. Einzig und allein Weiße seien »rund um die Uhr«, vom Moment ihrer Geburt bis zu ihrem Tod rassistisch. Wer hierfür Beweise fordere, stelle nur seinen tiefen Rassismus unter Beweis. Der Campus verwandelte sich in einen Volksgerichtshof im Namen von Inklusion und Gleichheit. Die Angestellten der Universität wurden in einem Raum eingesperrt, wo sie von Aktivisten verhöhnt und beschimpft wurden. Die Leitung unterstützte die Geschehnisse stillschweigend, die übrigen Studenten sahen sich den Einschüchterungen von Rädelsführern ausgesetzt und zogen es vor, zu schweigen. Nachdem man ihn erfolgreich am Unterrichten gehindert hatte, wurde Bret Weinstein entlassen[82]. Die Universität musste ihm später eine Entschädigung von 500.000 Dollar zahlen[83]. Obwohl es sich hier noch um einen Einzelfall handelt, ist die Evergreen-Affäre symptomatisch für eine extremistische Entwicklung, die die amerikanische Verfassung mit Füßen tritt.

Zweites Beispiel: Gangs, deren Mitglieder zumeist pakistanischer Herkunft waren, vergewaltigten und misshandelten zwischen 1997 und 2012 in den Städten Telford und Rotherham fast 1000 Kinder. Viele von ihnen wurden zuvor unter Drogen gesetzt. Die Mehrheit der Opfer waren weiße Mädchen sowie ein paar Teenager aus der asiatischen Gemeinschaft. Eines der größten jemals in Großbritannien aufgedeckten Netzwerke von Pädophilen konnte jahrelang gedeihen, weil Sozialdienste und Polizei es vorzogen, untätig zu bleiben. In ihrer Verteidigung machten die Behörden später Angst vor Rassismusvorwürfen geltend. Ein ganzes Jahrzehnt verstreicht, bevor eine Kommission zur Aufarbeitung der Geschehnisse ins Leben gerufen wurde. Davor wurden zwei der Kinder und eine Mutter ermordet aufgefunden. Weil sie die Ursprünge der Gewalt benannte, wurde eine Ermittlerin dazu genötigt, Diversity-Seminare zu besuchen. Joanna Williams, eine Journalistin des Spiked!-Magazins, zeigte sich überrascht über das Schweigen von #MeToo. Sie führte das geringe öffentliche Interesse auf die soziale Herkunft der involvierten Personen zurück: Die Mädchen stammten nicht aus der Ober-, sondern aus der Arbeiterschicht, und auch die Männer hatten nicht das gewünschte Profil. Weiße, einflussreiche Männer hätte man augenblicklich an den Pranger gestellt. Man verglich den Skandal von Telford auch mit den Ereignissen von Köln. Die damalige Innenministerin Theresa May beklagte, dass »institutionalisierte politische Korrektheit und die Angst, als rassistisch abgestempelt zu werden, dazu beigetragen haben, diese Verbrechen jahrelang zu vertuschen«.

Manche sagen, dass diese Geschehnisse eine Kleinigkeit sind, ein Fall ausgleichender Gerechtigkeit für Gruppen, die viel durchgemacht haben. Aber geht es in der Geschichte um Rache oder um Versöhnung? Wenn sich der neue Antirassismus zu einem Geschäft der Hetze und des autorisierten Pogroms entwickelt, dann deshalb, weil er seine Waffen beim Rassismus von gestern findet. Er verhält sich ihm gegenüber symmetrisch. Er ist die Weiterführung des Rassismus mit anderen Mitteln.

Drittes Beispiel: Wie lässt sich die Forderung nach »Nichtmischung« (Frauen sollen nicht mit Männern, Schwarze nicht mit Weißen, Homosexuelle nicht mit Heteros verkehren) verstehen, die seit Kurzem in Frankreich zu vernehmen ist, wenn nicht als spiegelverkehrte Kopie rechtsextremer Vorstellungen? Da der »Weiße« als von Natur aus dominant angesehen wird, muss er so weit wie möglich aus radikalen Zusammenkünften verbannt werden. Im Jahr 2017 organisierte die Lehrergewerkschaft Sud Éducation 93 explizit »rassisch ungemischte« Veranstaltungen, was den Bildungsminister Jean-Michel Blanquer zu wütenden Erwiderungen verleitete. Diese Form der Segregation wird im Namen des antikolonialen und antiimperialistischen Kampfs eingefordert[84]. In einem verblüffenden Akt von Mimikry wird die Rhetorik einer Rassentrennung, die Weiße über Schwarze stellte, einfach ins Gegenteil gewendet: Die »Bleichgesichter« werden diskriminiert, damit die anderen Hautfarben umso mehr für ihre Tugenden gefeiert werden können. Nelson Mandela und Martin Luther King, die sich stets für ein gütiges Zusammenleben einsetzten, dürften sich in ihren Gräbern umdrehen. Diese hysterische Debatte, die einen epidemischen Charakter angenommen hat, sorgt nur dafür, dass die alten Trennungen der Zeit der Sklaverei fortgeführt werden. Eine linke Apartheid bleibt eine Apartheid. Wer heute als mittelalter Schauspieler versucht, in Hollywood Karriere zu machen, wird es sehr schwer haben, denn die Industrie bevorzugt nicht-weiße Männer, Frauen und LGBT – im Namen eines historischen Ausgleichs[85]. Wer protestiert, wird sofort als Rassist denunziert und auf dem Müllhaufen der Geschichte entsorgt.

Sowohl der klassische Rassismus als auch der antirassistische Rassismus der Gegenwart erklärten die Biologie zum Schicksal. Jeder Mensch bleibt Gefangener seiner Hautfarbe, seiner Herkunftskultur und seines Glaubens. Selbst der ehemalige Fußballweltmeister Lilian Thuram, der im September 2019 in Cagliari (Italien) protestierte, als Zuschauer den belgischen Stürmer Romelu Luka (Spieler von Inter Mailand und Torschützenkönig) mit Affenlauten beleidigten, fühlte sich genötigt zu erklären, dass es »Rassismus innerhalb der weißen Kultur gibt. Es ist wichtig, den Mut zu haben, das Überlegenheitsgefühl der Weißen gegenüber anderen anzusprechen.«[86] Ist es wirklich mutig, die Fehler zu begehen, die man anderen zum Vorwurf macht? Gehört etwa Mut dazu, andere über ihre Hautfarbe zu definieren? Der Wettkampf der Extremisten der Hautfarbe droht zur Regel zu werden. Sieht man denn nicht, wie die Politikwissenschaftlerin Françoise Vergès der amerikanischen Ikone des Kampfes gegen Segregation Rosa Parks vorwirft, vom System »weißgewaschen« worden zu sein und sich von der eigenen militanten Gemeinschaft distanziert zu haben? Wer nie das geringste politische Risiko eingegangen ist, macht sich lächerlich, wenn er historischen Persönlichkeiten Lektionen erteilt. Radikaler als ich? Ausgeschlossen!

Ein Übel abzulehnen bedeutet nicht, immun gegen es zu sein.

Kapitel 14

Die warme Tradition eines alten Hasses

»*Espèce de juif, mes excuses*[87] ist im Arabischen nicht antisemitisch und gehört zur Alltagssprache. Es ist eine Beleidigung, die zur alltäglichen Sprache wurde.« *Nacira Guénif*, einheimische Soziologin, die der Muslimbruderschaft nahesteht[88]

Rassismus ist ein universelles Phänomen, vor dem kein Erdteil, kein Volk gefeit ist. Wir können dieses Wort daher nur im Plural deklinieren. Rassismus kann religiös, doktrinär, biologisch sein und sogar die Form des Antirassismus annehmen. Es trifft zu, dass Europa und die Vereinigten Staaten den allen Gesellschaften innewohnenden Vorurteilen eine »wissenschaftliche« Begründung verliehen haben. Dies ermöglichte unter anderem die kolonialen Eroberungen, den Sklavenhandel und die Verwaltung gefährlicher Klassen (Proletarier, Bettler, Gesindel). Die Herabwürdigung anderer Völker wurde zu einer politischen Theorie, zur Legitimierung der Expansion und Ausbeutung. Mit Gobineau, Vacher de Lapouge, Chamberlain und schließlich Alfred Rosenberg, dem Theoretiker des Dritten Reiches, rationalisierte Europa den Ethnozentrismus für unmoralische Zwecke. »Vor dem achtzehnten Jahrhundert hatten wir einen Rassismus, der in der Sprache des Mythos formuliert war; seit dem achtzehnten Jahrhundert haben wir einen Rassismus, der vorgibt, die Sprache der Wissenschaft zu sprechen.«[89] (Christian Delacampagne). Mag Europa das Böse theoretisch begründet haben, so hat es doch auch immer nach Heilmitteln und Gegengiften für diese Ideologie gesucht. Nach der Katastrophe des Zweiten Weltkriegs haben sich unsere Gesellschaften sämtlicher juristischer, politischer und philosophischer Mittel bedient, um den Rassismus zu bekämpfen und zu kriminalisieren – mit gemischtem Erfolg.

Falsche Weiße

Ist es nicht tragisch, die Blut-und-Boden-Ideologie, Grundlage der nationalsozialistischen Doktrin, bei Menschen wiederzufinden, die annehmen gegen solches Gift immun zu sein? Kein Hass ist größer als derjenige, der zu uns in der Sprache der Liebe spricht. Der Rassismus ist am perversesten, wenn er im Gewand seines Gegenteils auftritt. Im Jahr 2016 ging das linke amerikanische Magazin *The Atlantic* ernsthaft der Frage nach, ob Juden nicht weiß seien[90]. Diese Frage ist alles andere als harmlos. Sollten sie es sein, müsste man ihre gesamte Geschichte neu bewerten. Sie hätten sich dann nämlich falsch eingeordnet und würden Privilegien genießen, die ihnen nicht zustehen. In der extremen Rechten werden Juden als unreine Weiße angesehen, die danach trachten, Amerika zu korrumpieren und zu verderben. In der Linken gelten sie als Hochstapler, die ein Monopol des Leids beanspruchen und dadurch das der »People of Color« auslöschen. Mit zunehmender Integration steigen sie in die Kategorie der »Kaukasier« auf, mit der ein höherer Status verbunden ist. Die *Atlantic*-Journalistin Emma Green kommt in ihrer umfangreichen Untersuchung zu dem Ergebnis, dass es sich um eine komplizierte Frage handelt. Nur ein Land, das vollkommen von Rassen besessen ist, kann solch absurde Fragen stellen.

In den USA ist »weiß keine Hautfarbe, sondern eine Kategorie, die Macht bedeutet«, sagt man. Tatsächlich aber hat der gesellschaftliche Erfolg der Juden sie verletzlicher gemacht und die Aversion gegen sie verstärkt. Ihr neu erworbenes Weißsein ist nur ein weiterer Grund, sie zu hassen. Ihr Weißsein ist nicht gesichert. Für die extreme Rechte sind sie nicht blass genug, für die Minderheiten und Linken sind sie es zu sehr. Sie tun nur so, als wären sie Teil der weißen Mehrheit oder aber solidarisch mit ihren schwarzen Brüdern. Dabei simulieren sie und stehen immer auf der anderen Seite. Sie sind Usurpatoren.

Zionismus gleich Nazismus

Eine Geschichte in zwei Takten. Mit dem heiligen Ernst der Ideologen berichtet Professor Enzo Traverso vom Kampf gegen Rassismus und Kolonialismus, den amerikanische Juden und Schwarze einst Seite an Seite fochten. Diese Solidarität sei zerbrochen. Im Jahr 1948 überschritten die Juden die »Farblinie« und wurden reich und »weiß«, das heißt Unterdrücker[91]. Ihr gesellschaftlicher Erfolg bedeutete den Aufstieg zur überlegenen (weißen) Rasse, durch die Gründung des Staates Israels zogen sie sich jedoch die europäischen Krankheiten Kolonialismus und Nationalismus zu. Mit dem Verlassen des Ghettos hatten sie aufgehört, das »negative Anderssein« zu verkörpern, das sie besonders machte. »Der innere Outsider hat aufgehört jüdisch zu sein. Heute ist er Araber und Schwarzer, der ehemalige Kolonisierte, der im Großraum Frankreich lebt und französischer Staatsbürger geworden ist.«

Bekanntlich rief der Schriftsteller Frantz Fanon gern die Worte seines Philosophielehrers in Erinnerung: »Wenn ihr hört, dass schlecht über Juden gesprochen wird, dann spitzt die Ohren, denn man spricht von euch.« Der Antisemit sei zwangsläufig auch ein Antischwarzer, was beide verband, sei die gleiche Abscheu. Der Zustrom von Negerblut, so hatte es bereits Hitler gesagt, ist das Ergebnis eines jüdischen Komplotts[92]. In den Vereinigten Staaten teilten Schwarze und Juden lange Zeit eine Solidarität der Ausgestoßenen. Sie waren beide unerwünscht, verbannt aus dem öffentlichen, den WASPs vorbehaltenen Raum. Diese schöne Verbindung ist zerbrochen, sowohl hier als auch jenseits des Atlantiks. Der Jude ist nicht mehr der »Bruder im Unglück«, wie Frantz Fanon ihn nannte, sondern jemand, der unsere Tragödie überschatte und uns daran hindere, solidarisch zu sein.

In Amerika sind Reibungen, um nicht zu sagen Konfrontationen, zwischen Juden und Schwarzen keine Seltenheit. Der spektakulärste Vorfall ereignete sich 1991 im Stadtteil Crown Heights in Brooklyn, als der Unfalltod eines schwarzen Kindes zu antisemitischen Ausschreitungen und schließlich mehrtägigen Pogromen führten. Rufe wie »Tod den Juden« oder »Hitler hat die Sache nicht zu Ende gebracht« waren zu hören, und ein jüdischer Student wurde getötet.

Am 10. Dezember 2009 ermordeten zwei Mitglieder der Bewegung der Schwarzen Hebräischen Israeliten (die Organisation distanzierte sich später von ihnen) vier Menschen in einem koscheren Lebensmittelladen in Jersey City. Auch Teile der Black-Lives-Matter-Bewegung tendieren zum Linksradikalismus und zum Judenhass im

Namen des propalästinensischen Kampfs[93]. Der anglo-nigerianische Schrifsteller Ralph Leonard hat es sehr gut beschrieben: Der schwarze und weiße Antisemitismus sind von gleicher Natur. Ein abgedroschener Ohrwurm, der fortlebt, weil beide Seiten ihn pfeifen[94].

In einem Artikel für die *New York Times* lobte Alice Walker – Bestsellerautorin von *Die Farbe Lila*, propalästinensische Aktivistin, BDS-Anhängerin – David Icke, einen britischen Verschwörungstheoretiker, der das Coronavirus eine »Schöpfung der jüdischen Bankendynastie Rothschild« nannte. »Endlich können wir das Ausmaß dessen erkennen, was im Verborgenen liegt«[95], schrieb Walker in dem Artikel. Ein Abgeordneter der britischen Labour-Partei behauptete, dass die Polizisten, die für den Tod George Floyds verantwortlich waren, in Israel ausgebildet wurden[96]. Die Nachricht, dass Zionisten Floyd umgebracht hätten, wurde gleich von Mediapart aufgenommen und online verbreitet.

Am 28. Mai 2006 marschierten 40 Aktivisten der Tribu Ka[97], einer Bewegung schwarzer Rassisten, durch das jüdische Viertel der Rue des Rosiers in Paris und riefen antisemitische Parolen. Die Bewegung wurde aufgelöst, gründete sich unter anderem Namen erneut und wurde wieder aufgelöst. Ihr Anführer Kémi Séba erhielt eine einjährige Bewährungsstrafe und lebt heute als Flüchtling in Benin, wo er wüste Drohungen gegen die »Freimaurer-Republik« ausstößt. Die Tribu Ka scheint heute als Ligue de la défense noire weiterzumachen, einer Kleinstgruppe von Provokateuren, die die »Exkommunikation« Sibeth Ndiayes (bis Juli 2020 Sprecherin der Macron-Regierung) aus der afrikanischen Gemeinschaft fordert. 2019 demonstrierten ihre Anhänger gegen die Tutanchamun-Ausstellung in Paris. Den Organisatoren warfen sie vor, den

Pharao bewusst weiß gefärbt zu haben, dabei bestreiten selbst Ägypter, dass er schwarz war.

Shoahs à gogo

Je mehr die Juden an ihr vergangenes Unglück erinnern, desto mehr werden sie gehasst, weil ihr Leid das Leid anderer Gemeinschaften in den Schatten stelle. Für Houria Bouteldja ist die Shoah nicht einmal Detail, »nicht einmal im Rückspiegel zu sehen«. »Die Shoah? Das koloniale Subjekt hat Dutzende davon erlitten. Genozide? À gogo.«[98] Aus der Shoah wurde kein Antidot gegen den Antisemitismus, sie hat ihn vielmehr neu entfacht. Heute beneidet man die Juden für ihre Tragödie. Die Shoah als weitere Verzierung auf ihrem Wappen, die Tracht des Deportierten als Prachtkleid. Wie der israelische Psychologe Zvi Rex in einer berühmten, später von Adorno aufgegriffenen Bemerkung feststellte: Die Welt wird den Juden Auschwitz niemals verzeihen. Wie lässt sich eine Verbindung herstellen zwischen dem Überlebenden des Nazi-Systems von gestern und dem heutigen, Palästinenser unterdrückenden Siedler in Israel? Der 2020 verstorbene chilenische Autor Luis Sepúlveda beschrieb eine Kontinuität, die keinen Zweifel zulässt:

»Heute wie gestern hassen wir die Nazis für das, was sie den Juden, den Zigeunern, den Homosexuellen, ihren Gegnern angetan haben. Heute wie morgen wird man Juden für die Behandlung der Palästinenser durch Sharon und seine Kriegerkaste hassen. In Auschwitz und Mauthausen, in Sabra, Chatila und Gaza reichen sich Zionismus und Nazismus die Hände.«[99]

»Es geht immer nur um sie«, hört man von allen Seiten.

Die Juden würden den anderen immer den Teppich unter den Füßen wegziehen und an allen Fronten gewinnen. Sie sind die »Lieblinge der Republik«, sagt Houria Bouteldja, die eine hervorragenden Kommissarin für jüdische Angelegenheiten abgegeben hätte (es ist noch nicht zu spät). Innerhalb von fünfzig Jahren hätten Juden sich »von Parias zu Dhimmis der Republik, Senegalschützen in den Diensten des westlichen Imperialismus«[100] gewandelt. Sie täten deshalb gut daran, sich von Israel zu lösen. Einst der Sündenbock des Westens, ist der Jude nun in seiner zionistischen Erscheinung der Inbegriff des Kolonialismus. Er ist die Potenzierung, die Quintessenz des Weißen, weshalb in Frankreich Rassismus und Antisemitismus – längste Zeit miteinander verbunden – zunehmend getrennte Wege gehen. Die identitäre Obsession hat die großen universellen Themen von früher verdrängt[101].

Üblicherweise wird zwischen einem Rassismus der Überlegenheit und einem der Unterlegenheit unterschieden. Ersterer hat seinen Grund in der Verachtung, letzterer im Neid. Cioran, der sich auskannte, bezeichnete den Antisemitismus als das größte Lob, das man den Juden machen kann. Wie Vladimir Jankélévitch in Anlehnung an Léon Poliakov angemerkt hat, richtet sich der Judenhass nicht gegen den ganz Anderen, sondern vielmehr gegen die »minimale Andersheit«, das fast Gleichartige – gegen den, der uns ähnelt, aber dennoch nicht mit uns identisch ist, auch wenn er uns nah ist. Man schreibt ihm eine als Schwäche bemäntelte Allmacht zu. Er erträgt die Verfolgungen, um weiter herrschen zu können, seine vermeintliche Zerbrechlichkeit kann seinen Willen zur Macht nur schlecht verbergen. Wie die Nazi-Propaganda es ausdrückte, ist der Jude sowohl der Bolschewik, der den Kapitalismus zerstören will, als auch der Finanzier, der ihn fördert. Um die Menschheit zu täuschen, tritt er als ein doppeltes Wesen in Erscheinung, dessen Gesichter einander scheinbar feindlich gesinnt sind.

Die Umwertung der Werte

Die Moderne, das ist auch die Umwertung aller Werte. In seinen Verlautbarungen ist der zeitgenössische Faschismus allzu oft antifaschistisch. Die nationalistische Milošević-Regierung und ihre bosnisch-serbischen Verbündeten Ratko Mladić und Radovan Karadžić begingen ihre verbrecherischen und völkermörderischen Taten bekanntlich im Namen des Kampfes gegen ein imaginiertes Viertes Reich[102]. Die braune Pest verkleidet sich als Feind der braunen Pest. Sie umfasst bereits ihre eigene Kritik, was sie unwiderlegbar macht (siehe in Frankreich die Neo-Mussolini-Milizen des Schwarzen Blocks und die braunroten Antifas). Laut Pierre-André Taguieff wurde der offizielle Antirassismus im Jahr 2000 auf der Durban-Konferenz[103] zum Transmissionsriemen eines neuen Antisemitismus. Da er sich hinter dem Schild der Tugend versteckt, ist er unangreifbar. Die Judenfeindlichkeit von gestern wird als ihr scheinbares Gegenteil neubegründet. In den Worten Vladimir Jankélévitchs: Das Recht, guten Gewissens Juden hassen zu dürfen, ist ein Geschenk des Himmels. Im Namen des Kampfes gegen Israel ist der Antizionismus die oberste Pflicht eines jeden Antirassisten. Ein neuer Mitspieler hat die Arena der politischen Auseinandersetzungen betreten: der »antifaschistische Antisemit«, der in Sarre-Union jüdische Gräber schändet, um die »Nazis zu bekämpfen … bis zum letzten Juden.«[104] Das Oxymoron ist wirklich zu gut. Man befördert die Ideologie des

Nationalsozialismus, indem man sich einer Anti-Nazi-Rhetorik bedient. Wer diese Verschiebung ignoriert, kann die heutigen Bewegungen nicht begreifen. Schon Marx beschreibt Ideologie als »verkehrte Welt«, die er vom Kopf auf die Beine stellen wolle. Und heute wird einem wärmstens ans Herz gelegt, antisemitisch zu sein, um den Nationalsozialismus zur Strecke zu bringen. Es ist erschreckend, dass eine Generation, die den Zweiten Weltkrieg nicht bewusst erlebt hat, sich als Résistance inszeniert, dabei aber in ihren Taten den Henkern gleicht.

Ein Teil der Jugend Frankreichs geht aus politischen Gründen auf die Straße und demonstriert ganz zu Recht gegen Polizeigewalt und Rassismus. Man muss sie auch an die jüngsten antisemitischen Verbrechen erinnern, die die rezente Geschichte des Landes geprägt haben. Seit 2006 wurden zwölf französische Juden von Islamisten ermordet, weil sie Juden waren – von Ilan Halimi bis Mireille Knoll. Seit 2010 haben rund 60.000 Juden ihren Wohnort gewechselt, weil ein Leben in einem Viertel mit moslemischer Mehrheit schlicht nicht mehr möglich war. Premierminister Édouard Philippe nannte das Phänomen in der Zeitschrift *L'Express* eine innere Aljia, ein inneres Exil[105]. Die Stadt Malmö in Südschweden, die eine große arabische und eine kleine jüdische Minderheit hat, könnte bald judenfrei sein. Antisemitische Übergriffe finden so häufig statt, dass die Sicherheit der verbliebenen Juden nicht mehr gewährleistet werden kann. In dem Moment, in dem Juden im Casting des perfekten Opfers als Störer wahrgenommen werden, beginnt es problematisch zu werden – wird der Spaziergang mit Kippa zur Gefahr. Wer es dennoch wagt, riskiert Beschimpfungen und muss um sein Leben fürchten. Bereits im Obin-Bericht von 2004 kann man nachlesen, dass viele jüdische Kinder keine öffentlichen Schulen mehr besuchen können und dass zahlreiche Einrichtungen nicht mehr über die Shoah aufklären[106].

Für eine gütliche Einigung

Vier Jahrzehnte lang haben Europa und Frankreich moralische und rechtliche Schranken errichtet, um die Rückkehr der »bête immonde«[107] (Bertolt Brecht) zu verhindern. Gleichzeitig praktizierten jedoch Organisationen wie die britische Labour-Partei oder die Bewegung La France insoumise einen unausgesprochenen Antisemitismus im Namen einer Klientel. Für dieses Verhalten gibt es einen simplen mathematischen Grund: Sowohl in Großbritannien als auch in Frankreich ist die jüdische Stimme (290.000 bzw. 500.000) im Vergleich zur muslimischen (3.140.000 in Großbritannien, fünf bis sieben Millionen in Frankreich) nicht zahlreich genug. Der Politikwissenschaftler Pascal Boniface machte die sozialistische Partei Frankreichs bereits im frühen zwanzigsten Jahrhundert auf diese Tatsache aufmerksam, weshalb man auch heute vom »Boniface-Theorem« spricht. Gezwungen zwischen zwei Minderheiten zu wählen, ziehen es viele Intellektuelle und Politiker – die oftmals auch Anhänger der palästinensischen Sache sind – im Namen eines strikten Antirassismus vor, Juden zugunsten der Muslime im Stich zu lassen. Zudem gelten Juden als zu Unrecht privilegiert, Muslime hingegen als zu Unrecht benachteiligt (Man denkt hier vor allem an Menschen aus Mali, dem Maghreb oder den Komoren. In Großbritannien sind Moslems, die zumeist aus Indien, Pakistan oder Bangladesch stammen, hingegen eher bessergestellt.)

Die Gewalttaten gegen französische Juden, die Morde

und Einschüchterungen erklärt man mit der Not der jungen Leute in den Vorstädten oder dem Konflikt im Nahen Osten. In sämtlichen Städten der Alten Welt müssen sich Bürgermeister und Gouverneure schon allein aus wahltaktischen Gründen zwischen starken muslimischen Gemeinden und einer jüdischen Minderheit entscheiden. Man kann sich leicht vorstellen, welche Gruppe sie im Stich lassen werden, um Stimmen zu gewinnen.

War es nicht der Führer von La France Insoumise, Jean-Luc Mélenchon, der die französisch-jüdische Lobby, genauer gesagt den Crif (Repräsentativer Rat der jüdischen Institutionen) ohne jeden Anlass beschuldigte, die Wahlniederlage von Jeremy Corbyn im Herbst 2019 verursacht zu haben? Hat nicht derselbe Jean-Luc Mélenchon, der sich nur Laizist nennt, wenn es um das Christentum geht, im November desselben Jahres Seite an Seite mit radikalen Organisationen gegen »Islamophobie« demonstriert? Opportunismus verpflichtet.

Eine seltsame Spirale: Was der Antirassismus einst denunzierte, hat er sich nun zu Eigen gemacht. Die Verachtung einer bestimmten Gruppe eint die Gemeinschaft stärker als fade Appelle an den »Zusammenhalt«. Bereits 1930 warnte Freud in seinem Essay *Das Unbehagen in der Kultur*: »Es ist immer möglich, eine größere Menge von Menschen in Liebe aneinander zu binden, wenn nur andere für die Äußerung der Aggression übrigbleiben.«[108] Die Juden stellen in dieser Hinsicht das perfekte Totem dar. Aufgrund ihrer Zerstreuung sind sie uns gleichzeitig nah und fern, ähnlich und dennoch verschieden. Sie erfreuen sich des Privilegs der Anteriorität und der Kraft der Tradition und sind auch als Zielscheibe privilegiert. Wenn die bekannten nicht materiellen Sündenböcke – Kapitalismus, Liberalismus, Geld – ausgereizt sind, bleiben immer noch die Juden übrig, um Wut und Frustration der verfeindeten linksextremen und rechtsextremen Brüder auf sich zu ziehen. Der anti-weiße Rassismus richtet sich nicht allein gegen Juden, aber sie stellen ein wichtiges Element dar. Obwohl es nur etwa 14 Millionen Juden auf diesem Planeten gibt, stellt ihre Resilienz, ihre Weigerung zu verschwinden, nur einen weiteren Grund für Feindschaft. Der Antisemitismus ist eine jahrhundertealte Leidenschaft, die alle fünfzig Jahre durch seine Widerlegung genährt wird. Die Shoah hat die Glut des Hasses nur noch geschürt.

Kritik an Juden / Israelis ist mindestens genauso verpönt wie an Farbigen!

Kapitalismus-Kritik wird mit Antisemitismus-Beschuldigung mundtot gemacht!

Kapitel 15

Aufklärung oder Romantik?

»Das weiße Frankreich existiert nicht mehr und wer das neue Frankreich nicht mag, soll es verlassen.«[109]

Rokhaya Diallo

Seit seinen Anfängen befindet sich der Antirassismus in einem explosiven Widerspruch: Gezwungen, die Universalität des Menschen zu verkünden, muss er ihn auch noch in seinen Partikularitäten verteidigen. Er zieht einen inkarnierten Universalismus einem ätherischen Universalismus vor. »Die Menschheit ist eine Einheit, aber sie spricht eine Vielzahl von Sprachen«, sagte Raymond Aron einmal. »Wer einen der beiden Aspekte vergisst, fällt zurück in die Barbarei.« Hier wird der Gegensatz zwischen Aufklärung und Romantik greifbar: Während erstere an den Menschen an sich (frei von geographischer oder kultureller Kontingenz) appelliert, sucht letztere den Menschen aus Fleisch und Blut, der fest mit Heimat, Nation und Idiom verbunden ist – bis hin zu den ursprünglichen Völkern. Die Menschheit ist eine einzige Familie, die den doppelten Alptraum von Uniformität und Balkanisierung meiden muss.

Ethnischer oder sektiererischer Antirassismus neigt dazu, die kleinen Unterschiede zu preisen, die eine Gruppe von anderen isoliert. In diesem Licht betrachtet, kann man den Streit um kulturelle Aneignung begreifen, als Widerstand gegen den Versuch der Weißen, »untergeordneten Gruppen« ihre einzigartigen Merkmale zu rauben. Aus diesem Grund wird Weißen davon abgeraten, Burritos zu verkaufen. 2017 erhielt ein »weißes« amerikanisches Ehepaar, das mexikanisches Essen aus einem Food Truck verkaufte, Morddrohungen und musste den Betrieb einstellen[110]. Sollten Franzosen den amerikanischen Verbrauchern verbieten, Pommes (french fries auf Englisch), Baguettes oder Croissants zu essen? Wenn ein weißer Mann Dreadlocks trägt, die der jamaikanischen Kultur gehören sollen, dann praktiziert er »Frisur-Aneignung«. Ein Schriftsteller hat ebenso das Recht, sich farbige Charaktere auszudenken[111], wie Elvis, Lieder von Schwarzen zu singen[112]. Der Maler Hervé Di Rosa, der 1991 den Auftrag erhielt, an den Wänden des Palais Bourbon historisch bedeutende Ereignisse der Nationalversammlung zu illustrieren, darunter die Abschaffung der Sklaverei im Jahr 1794, wurde von der Akademikerin Mame-Fatou Niang des Rassismus bezichtigt. Seine weiblichen Figuren hätten große rote Lippen, die »sowohl der Banania-Werbung als auch *Tim und Struppi im Kongo*« entlehnt seien. Alle Figuren von Hervé Di Rosas Figuren haben überzeichnete Gesichtsausdrücke und dicke Lippen, das ist eben der Comic-Stil, dem er folgt. Aber sein Verbrechen bestand auch nicht in einer bestimmten Ästhetik, sondern darin, dass es Weißen verboten ist, schwarze Männer und Frauen darzustellen. Ein schneller Blick in Richtung zeitgenössische afrikanische

Malerei würde zeigen, dass einheimische Künstler, etwa die Poto-Poto-Schule in Kongo-Kinshasa oder JP Mika, nicht viel anders vorgehen.

Einem »Dominanten« ist es ebenfalls nicht erlaubt, Yoga zu machen (diese gymnastische Übung kolonisierter Gesellschaften), einen Behinderten zu spielen, wenn man gesund ist, Gospellieder zu singen, wenn man nicht schwarz ist[113]. All diese Fälle stellen Diebstähle von Besitztümern ehemals beherrschter oder kolonisierter Menschen dar. Es ist verboten, sich in andere hineinzuversetzen, denn jede Kultur ist eine Insel, und sich auf ihr niederzulassen bedeutet, ihre Bewohner zu enteignen. Der kanadische Premierminister Justin Trudeau musste sich dafür entschuldigen, dass er 2001 auf einer Studentenparty als Aladin verkleidet und mit *Black Face* erschien. Er wiederholte den Fehler 2018 während einer Reise nach Delhi erneut, als er sich als indischer Zauberer und gläubiger Sikh verkleidete. Justin Trudeau ist der Fregoli Kanadas[114]. Amerikanische Halloween-Feierlichkeiten sind zu echten Herausforderungen geworden – so groß ist die Angst mittlerweile geworden, diesen oder jenen Vertreter einer »verletzten Minderheit« durch die falsche Kostümwahl zu verletzen.

Als die Regisseurin Kathryn Bigelow 2017 einen Film über die Rassenunruhen von 1967 in Detroit drehte, wurde sie sofort dafür angegriffen, als weiße Frau die Geschichte von Afroamerikanern erzählen zu wollen. In Québec musste der Regisseur Robert Lepage 2019 sein Theaterstück *Kanata* (»das Dorf« in der Huron-Sprache) über die Geschichte der ersten Bewohner Kanadas absagen, weil keine Aborigines in der Aufführung mitspielten. Das Stück konnte später von Ariane Mnouchkine im französischen Théatre du Soleil aufgeführt werden, da ihre Truppe aus Indern, Afghanen und Südamerikanern bestand. Aber was haben Inder, Afghanen und Südamerikaner mit den Indianern Kanadas zu schaffen? Hätten nicht ausschließlich Mitglieder der First Nation das Recht über die First Nation zu sprechen? Schwarze sollen Schwarze spielen, Inder ausschließlich Inder und der Weiße darf nichts weiteres als Buße tun. 2019 trug sich in den Vereinigten Staaten ein weiterer lustiger Fall dieser Art zu. Elizabeth Warren, Kandidatin der Demokraten bei den Präsidentschaftswahlen, hatte versucht, mittels eines DNA-Tests eine indianische Herkunft zu beweisen. Mitglieder der Cherokee lehnten ihre Behauptung jedoch ab, und Donald Trump nannte sie fortan nur noch »Pocahontas«. In Kanada forderte die queere Regisseurin Yolanda Bonnell (die sowohl einen südasiatischen wie einen Ojibwe-Hintergrund[115] hat) weiße Kritiker dazu auf, nicht über ihr Stück zu schreiben[116]. Nur »schwarzen Indigenen und People of Color« käme das Recht zu, über die Aufführung zu berichten. Weiße dürften zwar teilnehmen (»es ist wichtig, dass Zeugen anwesend sind, um die anhaltenden Auswirkungen des Kolonialismus zu verstehen«), aber sie müssten über das Gesehene schweigen. Hier erreicht die Absurdität ihren Höhenpunkt: Der Narzissmus der Minoritäten ahmt in seinem Größenwahn die Sitten des Ancien Régime nach. Diese Mikro-Ereignisse sind, das hat Mathieu Bock-Côté sehr gut beschrieben, keine Anekdoten, sondern politische Veranstaltungen, die die systematische Plünderung beherrschter Völker durch die Kultur des Westens symbolisieren sollen.

Diese Abschottung ist das Symbol einer echten metaphysischen Armut. Als die amerikanische Soziologin Alice Goffman eine Untersuchung über die polizeiliche Diskriminierung und »rechtliche Prekarisierung«[117] schwarzer Jugendlicher in amerikanischen Ghettos veröffentlichte, wurde sie zum Gegenstand einer Polemik: Mit welchem Recht dürfe eine Weiße über schwarzes Unglück berichten? Obwohl eine Gegenuntersuchung ein paar offensichtliche Fehler nachweisen konnte, wurde eine überarbeitete Fassung zu einem späteren Zeitpunkt neuveröffentlicht. Selbst die *New York Times*, der intellektuelle Vatikan der Linken, gewährte dem Buch die Imprimatur. Im Nachwort schreibt der Soziologe und Princeton-Professor Didier Fassin, dem man kaum Gefälligkeit zum Vorwurf machen kann, dass »die Existenz von Vorurteilen radikaler afroamerikanischer Intellektueller gegenüber weißen Forschern, die über schwarze Themen publizieren, offensichtlich ist. Dies ist das Erbe einer lang anhaltenden rassischen Dominanz, zu der auch die Wissenschaft beigetragen hat.« All das trifft zu, aber aus welchem Grund sollte sich jemand für die Notlage der afroamerikanischen Gemeinschaft interessieren, wenn diese nur am Selbstgespräch interessiert ist? Diese Art von identitärem Separatismus erschwert jede Möglichkeit von Anerkennung.

Man postuliert eine exklusive Affinität zwischen einer bestimmten Gruppe und kulturellen Manifestationen (Thomas Pavel[118]), die ihr Unglück offenbaren. Was vermag eine Verbindung zwischen der Kultur der Mexikaner, Indianer, Thailänder, Dogon oder Massai herzustellen, wenn nicht der in seiner finsteren Ecke kauernde Weiße? Wir haben es hier mit einer negativen Korrelation zu tun. Die persönliche Identität als Reflexion kollektiver Identität wird daher als »heiligster Schatz«[119] empfunden. Man hängt an seinen Wurzeln wie die Auster am Felsen. Im Namen einer Kritik des abstrakten Universalismus der Aufklärung sperren die Differenzialisten jeden Menschen in seinen Gemeinschaftskerker und stellen den Ausbruch unter Strafe. »Ich« zu sagen, hieße immer »wir« zu sagen – eher die Zugehörigkeit zu einer Gruppe zu bestätigen, als etwas Neues zu verkünden. Das Feiern der Wurzeln, einst eine exklusiv rechte Angelegenheit, wird heute von den Linken betrieben: Man ist zur Ekstase von seiner Einzigartigkeit berauscht. Die schwarze Kultur, aus der unter anderem Blues, Soul, Jazz und Hip-Hop hervorgehen, die bedeutende Malerei und Literatur produziert hat, gehört zu den Schätzen der gesamten Menschheit.

Linken ist es hingegen daran gelegen, sie zu einem exklusiven Besitz zu machen und jede Nachahmung unter Strafe zu stellen. Würde man heute Jessye Norman, die eine Samstagnachmittags-Radioübertragung von Donizettis Lucia di Lammermoor als Offenbarung erfuhr, oder Barbara Hendricks, die von einem Musikliebhaber entdeckt wurde, als sie in einer armen Südstaatenkirche Gospels sang, den Vorwurf des Kulturverrats machen? Und wie würde es Aretha Franklin heute ergehen, wenn sie Akzente und Rhythmen des Negro Spirituals in Schuberts Ave Maria einfließen ließe, um bewegende Polyphonien zu kreieren? Mit großem Bedauern sprach Nina Simone davon, dass ihre Hautfarbe einer Karriere als klassische Pianistin im Weg stand. Es ist wirklich schade, dass man dazu genötigt ist in Erinnerung zu rufen, dass die Kühnheit der Musik, der Malerei, der Literatur und des Essens im Ausleihen, im Zitieren und im Zusammenspiel der Einflüsse liegt. Kunst kennt weder Mauern noch Grenzen – spricht Angélique Kidjo, die Sängerin aus Benin, nicht in dem Zusammenhang von kultureller Expansion statt Appropriation? Was wäre die bedeutende afroamerikanische Schriftstellerin Toni Morrison ohne William Faulkner und Virginia Woolf?

Authentizität heißt die neue Losung: die Überschneidung des individuellen Mikrokosmos mit dem Makrokosmos der Gemeinschaft. Man sollte nicht vergessen, dass das griechische Wort *authentos* auch eine aggressive Bedeutung hat. Es bezeichnete zunächst den Urheber eines Mordes und später denjenigen, der im Besitz vollkommener Macht war[120]. Man stellt seine Einzigartigkeit heraus, indem man andere dazu zwingt, sie anzuerkennen und zu respektieren. Mark Lilla bemerkte 2016 nach der Wahlniederlage von Hillary Clinton, dass das Sprechen »als Frau, als Schwuler, als Hispano« jede Entwicklung gemeinsamer Standpunkte behindert[121]. Für Lilla bestand die Ursache für die Niederlage in der demokratischen Hinwendung zum kommunitaristischen Klientelismus. Er appellierte an die Partei, wieder zur Politik Roosevelts zurückzukehren und sich für das Wohl der gesamten Bevölkerung einzusetzen[122]. Für das entgegengesetzte Modell steht zum Beispiel die Politikwissenschaftlerin Iris Young (1949–2006), die so weit ging, für jede Minderheit eine eigene Staatsbürgerschaft mit unterschiedlichen Rechten sowie Zivil- und Strafrechtsordnungen zu fordern. Die Folge hiervon wäre der vollständige Zusammenbruch der nationalen Gemeinschaft und die Herstellung eines Systems nach Art der südafrikanischen Apartheid. Mensch sein bedeutet sowohl verbunden wie entwurzelt zu sein. Damit aus der Bindung keine Fessel wird, muss die Entwurzelung, die Trennung vom Ort der Herkunft gestattet sein.

Brücken oder Mauern

Diese Forderung nach einer Einheit mit sich selbst stellt eine Rückkehr zu den regressivsten Theorien der Gemeinschaft dar. Das Ziel der Identitätspolitik liegt in der ausweglosen Verschmelzung eines jeden mit seiner Herkunft und mit seiner Ethnie. Von daher ist es verständlich, dass ein bestimmter Antirassismus ständig zwischen zwei Forderungen oszilliert: Entweder plädiert er für die allgemeine Vermischung, die Salatschüssel (*salad bowl*) anstelle des Schmelztiegels (*melting pot*), oder aber für die Abschottung – Kommunion oder Trennung. Die Mauern, die die Menschen voneinander trennen, sind zugleich unüberwindbar und durchlässig wie feine Membranen: ein Schwanken zwischen Entdifferenzierung und ethnischem Patriotismus.

Die Werbekampagnen von Benetton verkörperten in den 1990ern den ersten Ansatz: eine allmähliche Verschmelzung aller Völker der Erde – weiß, schwarz, asiatisch, männlich, weiblich, alt und jung – zu einem einzigen Menschen, immer gleich und immer anders, ohne Alter und Farbe. Die Menschheit als einzelnes und identisches Gesicht, das – wie in einem schwindelerregenden Kaleidoskop – in ständig neue Formen geboren wird. Für mich hingegen ist die Differenz, die der andere darstellt, eine Barriere, deren Überwindung mir nicht einmal in den Sinn kommen darf. So nähert man sich einer Philosophie der Segregation an, die Mitglieder ein und derselben Gesellschaft in fremde Kategorien teilt. Einer der Vorzüge von Gemeinschaften und Religionen besteht darin, dass sie den Einzelnen von komplizierten persönlichen Entscheidungen entlasten und ihm den zu beschreitenden Weg nennen. Es braucht nur die Befolgung des Dogmas oder der Tradition. Die glückliche Hochzeit mit sich selbst, das ist es was Ethnizität verspricht: Umarme deine Wurzeln und kultiviere sie voller Leidenschaft.

Es ist schwieriger die Rassebarrieren zu überwinden als solche des Geschlechts. Männer können zu Frauen werden und umgekehrt; auch Zweigeschlechtlichkeit ist heutzutage akzeptiert – das Ablegen einer Rasse zu Gunsten einer anderen bleibt jedoch weiterhin schwierig. Wie Eric Kaufmann und Laurent Dubreuil festgestellt haben, rangiert die Hautfarbe in der Hierarchie der Minoritäten über der sexuellen Orientierung[123]. Rasse ist nicht verhandelbar und stellt eine absolute Grenze dar, die auch derjenige nicht überschreiten darf, der über einen progressiven Passierschein verfügt. Bestenfalls würde man einen solchen Versuch als Ausweichmanöver, im schlimmsten Falle als demütigende Travestie begreifen. Als die Feministin Rebecca Tuvel sich dafür einsetzte, Konzepte des Transgenderismus[124] auf die Rasse zu übertragen, stieß sie augenblicklich auf heftigen Widerstand: Sollte dieser Partikularismus von manchen erworben werden können, wäre er für andere verloren. Eine einfache Verkleidung, ein wenig kosmetische Veränderungen würden ihn zu einer weiteren Option unter vielen reduzieren. Die Hautfarbe wäre dann bloß noch eine von vielen Möglichkeiten und würde aufhören, vergangenes schwarzes (oder indisches, oder indigenes) Leid zu verkörpern. (Gleichzeitig zieht man es vor, über schwarze Frauen, die sich die Haare glätten oder ihre Haut aufhellen lassen, zu schweigen.)

Ein ähnliches Missgeschick geschah auch Rachel Dolezal, einer Aktivistin und Leiterin einer Ortsgruppe des National Association for the Advancement of Colored People (NAACP) in Spokane, Washington. Dolezal, die mit einem schwarzen Mann verheiratet ist, mit dem sie auch gemeinsame Kinder hat, gab sich jahrelang als Afroamerikanerin aus[125]. Bereits als Kind weißer Eltern in Montana hatte sie den Wunsch schwarz zu sein, weshalb sie sich auch manchmal die Haut mit braunen Buntstiften färbte. Darin bestand ihr Verbrechen. Nach der Aufdeckung ihrer Lüge musste sie ihre Universität verlassen, wurde niedergebrüllt und zurück in ihr Weißsein verbannt.

Die Tatsache, dass sie sich so lange als Afroamerikanerin ausgeben konnte, wurde als Skandal wahrgenommen, denn die Fluidität ist nicht grenzenlos. Es ist verboten sich als Schwarze zu inszenieren, denn Natur und Biologie haben nicht all ihre Rechte verloren. Wehe den Betrügern! Falls eine weiße Frau tatsächlich schwarz werden kann, wäre die berühmte Farblinie ebenso obsolet wie die mit ihr verbundenen Privilegien. Was die Menschen verrückt macht, ist das Phantom der Auflösung.

Der Mischlingsbeweis

Sollten die Weißen tatsächlich einmal verschwinden, was mancher sich zu wünschen scheint, würden sie durch ein ganzes polychromes Spektrum an Hautfarbentönen (Milchschokolade, Café-au-lait...) ersetzt werden. Die Vorstellung, dass die ethnische Vermischung der Segregation entgehen wird, weil dann jeder den anderen in sich trägt, ist naiv. Das Misstrauen der Fanatiker des Klassifizierens gegenüber Mulatten oder Mischlingen reicht aus, um die Illusion eines glücklichen Zusammenlebens zu beseitigen. Das Verbrechen des Mestizen liegt in der Schwierigkeit, ihn in der Skala einzuordnen.

»Ich bin in Frankreich geboren und finde es schwierig, mich als schwarze oder weiße Person zu identifizieren. Ich bin manchmal schwarz, manchmal weiß, die meiste Zeit ein bisschen von beidem. Oder vielmehr sind es andere, die mich, ohne nachzudenken oder wegen eins Missverständnisses, weiß oder schwarz machen.«[126]

Der große ivorische Schriftsteller Ahmadou Kourouma formulierte es drastischer, indem er einen Bezug zur früheren Kolonisation herstellt:

»... wenn du einen Mulatten triffst, stehst du vor einem Menschen, der darüber unglücklich ist kein Weißer zu sein, aber glücklich kein Schwarzer zu sein. Das Leben ist immer schmerzhaft für Menschen, die diejenigen lieben, die sie ausschließen, und diejenigen verachten, die sie annehmen.«[127]

In den letzten Jahrhunderten schufen die spanischen und portugiesischen Herrscher in Lateinamerika auf Grundlage von Hautfarben eine wahnsinnige soziale Stratifikation: Nachkommen europäischer Männer und indigener Frauen nannte man Mestizen, Kinder von Schwarzen und Spanierinnen hießen Mulattos, und Zambos hatten schwarze und indigene Vorfahren. In Französisch-Westindien galten noch weitere Kombinationen: Quarteron, Quinteron, Octavon – endlose Abstufungen[128]. In den 1990er-Jahren äußerte die peruanische maoistische Guerillagruppe Leuchtender Pfad, man solle sämtliche Mestizen als Verräter an der Kultur der Indianer physisch vernichten. »Mischlinge«, Eurasier, Afroasiaten – all diese Hybriden mit heller Haut und lockigen Haaren – werden oftmals von beiden Gruppen, aus denen sie stammen, abgelehnt. Sie sind zugleich drinnen und draußen, unklassifizierbar. Diese Chamäleons, Stoff fantasievoller Romanfiguren (man denke etwa an V.S. Naipaul oder Hanif Kureishi), sind hin- und hergerissen zwischen zwei Kulturen, zwei Kontinenten, die Flüche ihrer Herkunft in sich tragend. *Inky* (schwarz wie Tinte) nannte man indische Schüler in den britischen Colleges zu Zeiten des Raj. Doch waren die Anglo-Inder selbst nur eine »Kaste von Halbweißen, die den Engländern als Vorarbeiter dienten.«[129] Indern galten sie als Verräter und Engländern als »Bastarde« unbekannter Abstammung: Produkte einer »vulgären Ausschweifung gewöhnlicher britischer Soldaten«, die wohl nur eine »weitere Handvoll Dunkelhäutiger« hervorbringen würden.

Sollte die Ablehnung von »Weißen« in Europa weiter voranschreiten, könnte sie auch Mischlinge betreffen, deren Haut entweder als zu hell oder nicht hell genug angesehen wird[130]. Das nordamerikanische Sprichwort, wonach »ein Tropfen schwarzen Blutes genügt, um den schönsten Teint zu verderben«, könnte eine seltsame Renaissance erleben. Ein Tropfen weißen Blutes würde bereits ausreichen, um der Herrschergruppe zugeschlagen zu werden. Diese Vorstellung ist natürlich widersinnig, denn sie setzt perfekt voneinander abgrenzbare Identitäten voraus, die durch Vermischung verändert würden. Das ändert jedoch wenig daran, dass eine ethnische und identitäre Reinheit im Namen des Antirassismus eine ziemlich verstörende Entwicklung darstellt.

So wurde bei einer Kundgebung »gegen Rassismus« und zur Unterstützung von Adama Traoré am 2. Juni 2020 in Paris ein schwarzer Polizist als »Kollaborateur« beschimpft. »Schämst du dich nicht auf ihrer Seite zu stehen?«, riefen Teilnehmer ihm zu. (Gemeinsam mit Kollegen, die ähnliches erlebten, hat er in der Zwischenzeit Anzeige erstattet.) Das ist in der Tat der posthume Sieg des Dritten Reichs: Wer hätte sich vorstellen können, dass fünfundsiebzig Jahre nach dem Tod Adolf Hitlers auf »antirassistischen« Demonstrationen der Ruf »Rassenverräter« zu hören sein würde? Manche Beamte müssen sich auch als »Dienst-Araber« oder »Lakaien-Neger« beschimpfen lassen.

Die gleichen Personen, die vorgeben sich für Vielfalt einzusetzen, möchten der französischen Polizei verbieten Schwarze, Araber und Asiaten einzustellen! Melanin gegen Hellhäutigkeit: Die Eidbrüchigen, die Verräter kategorisiert man als Weiße, als Bounty-Riegel, Cappuccinos, Onkel Toms – außen schwarz, innen weiß. Nannte nicht auch Malcom X Martin Luther King einen »Hausnigger«, einen Handlanger der Herrscher?[131] Man möchte unbedingt bestehende Konflikte rassifizieren. In den islamischen Gemeinschaften maghrebinischer Herkunft stigmatisiert man diejenigen, die dem Islam abschwören, auch als »Kollaborateure«, die sich an die »Kuffar«, die Ungläubigen, verkauft haben. Wenn ein Schwarzer anders denkt als seine »Brüder« gilt er als »Toubab«[132], dann ist er zwangsläufig ein Verräter seiner Sache. Man sieht in ihm einen »Verräter an der ethnischen Gemeinschaft«, deren Aufgabe in der Verteidigung kommunitaristischer Interessen besteht[133].

Es ist bekannt, dass vor allem auf den Antillen Mischlinge auch als Doppelagenten angesehen werden, in denen Herr und Sklave eine Koexistenz eingegangen sind. Was häufig noch dazu kommt, ist ein Ressentiment gegenüber Afrikanern, die man verdächtigt ihre Vorfahren an europäische oder arabische Sklavenhändler verkauft zu haben. Fabrice Olivet spricht diese Zerrissenheit zwischen zwei Zugehörigkeiten in aller Klarheit aus: »Genetisch befinde ich mich gleichzeitig im Lager der Opfer und der Verfolger.« Und die Entwicklung des Komikers Dieudonné zum Antisemiten wird als Symptom einer unsicheren und deshalb übertriebenen afrikanischen Identität gesehen. Auch in den Vereinigten Staaten sind die Fallstricke der Klassifikation bekannt: So wurden 1880 bei einer Volkszählung einmal mehrere Mitglieder einer Familie als Mulatten, 1900 als Schwarze, 1910 wieder als Mulatten und 1920 als Weiße eingestuft. Sollten die »Weißen« tatsächlich eines Tages verschwinden, ausgetauscht durch vielfältige Formen von Mischlingen, dann werden letztere sich vermutlich in der prekären Position der Weißen wiederfinden. Worin bestünde der Unterschied zur Hysterie der Rasse des vorigen Jahrhunderts?

Ist die Epidermis politisch?

Schwul oder schwarz zu sein ist zu einer politischen Identität geworden, der es um jeden Preis treu zu bleiben gilt. Afroamerikaner, die mit der »weißen Macht« sympathisieren, verlieren zentrale Eigenschaften ihrer Identität. Wurde Kanye West, Sänger und Ehemann von Kim Kardashian, nicht symbolisch aus der schwarzen Community verbannt, weil er Donald Trump unterstützte? Der Schriftsteller Ta-Nehisi Coates bemerkte darauf hin, Kanye West sei kein »Freidenker«, sondern ein Verfechter der »weißen Freiheit.«[134] Peter Thiel, homosexuell und Paypal-Gründer, wurde aus den gleichen Gründen aus der »schwulen Kirche« (Douglas Murray)[135] vertrieben. Joe Biden erklärte in einem Radio-Interview am 22. Mai 2020 sogar, dass ein schwarzer Trump-Wähler kein echter Schwarzer sei. Später distanzierte er sich von dieser Aussage. Die Beseitigung des alten, aus Islam und Christentum stammenden Vorurteils, dass die schwarze Hautfarbe auf »Hams Fluch«[136] zurückzuführen sei, ist die eine Sache. Etwas ganz anders hingegen ist die Verherrlichung von Afrozentrismus und Négritude und der Versuch, diese als radikal verschiedene Denkweisen auszugeben. Man verbindet das genetische Erbe eines Individuums mit bestimmten moralischen und intellektuellen Qualitäten, verteilt Attribute der Minderwertigkeit und der Überlegenheit wie zu Kolonialzeiten[137]. Gibt es eine spezifisch schwarze oder eine spezifisch weiße Vernunft, so wie es einmal eine proletarische Wissenschaft und eine bürgerliche Wissenschaft gab? Biologie soll das Wesen der Menschen bestimmen wie zur Zeit des »wissenschaftlichen Rassismus« des 19. Jahrhunderts.

Der Eifer, mit dem manche »progressiven« Strömungen die sogenannten »Weißen« mit Füßen treten, während sie gleichzeitig erklären, dass es keine Diskriminierung gegen sie gibt, ist erstaunlich. Wer von anti-weißem Rassismus spricht, bekommt sofort den Vorwurf zu hören, die Sprache des Rassemblement National zu sprechen, denn die Opfer des Rassismus können unmöglich selbst Rassisten sein. Vorurteile gegenüber der Mehrheit sind ihnen fremd[138]. Das Gegenteil ist der Fall: In Frankreich nehmen Rassismus und Xenophobie zwischen Gruppen und Communities – Roma, Maghrebinern, Afrikanern, Tschetschenen, Vietnamesen, Chinesen[139], Juden oder »Galliern« – exponentiell zu.

Alles wird heutzutage durch die Linse von Körper, Blut und Differenz betrachtet. Ganz zu schweigen von der in den Vorstädten grassierenden Homo- und Transphobie. Fanatiker der Rassen gleichen in ihrer Kompromisslosigkeit und ihrer Proliferation den Fanatikern Gottes. Antirassismus ist ein Bumerang, der voller Wucht diejenigen trifft, die sich als seine Verfechter ausgeben. Sie erteilen anderen Lektionen, dabei hätten sie selbst eine nötig. Die Obsession des Stammbaums und alte Unterscheidungen aus der Zeit der Sklaverei erleben eine Wiedergeburt. Anstatt die Wunden heilen zu lassen, reißt man sie wieder auf. Die Vorstellung einer Menschheit als Einheit der vielen ist am Ende. Es triumphiert die Arena, das Gehege als Ansammlung verfeindeter Arten.

Es bleibt abzuwarten, wie sich die »Stigmatisierung« der weißen Frau und des weißen Mannes entwickeln wird. Eine Prognose von 2018 geht davon aus, dass die Anzahl an »Kaukasiern« in den Vereinigten Staaten des Jahres 2050 nur noch rund 45 % betragen wird. Die Behörden gehen jedoch von dem rassistischen Vorurteil aus, dass Kinder nur dann als »weiß« gelten, wenn beide Elternteile es ebenfalls sind. Dabei gibt es viele Kinder aus Partnerschaften zwischen Weißen und Asiaten oder Hispanics, die sich selbst als Weiße bezeichnen. Wird der Weiße Asiaten und Hispanics durch zunehmende interethnische Ehen absorbieren und sie auf diese Art »weißfärben«? Anders ausgedrückt: Erleben wir eher ein Wachstum der Gruppe der Weißen als ihr Verschwinden?[140] Dies würde bedeuten, dass die Kultur Amerikas trotz des Wachstums der Bevölkerung aus Lateinamerika, die in wirtschaftlichen Fragen links, kulturell jedoch eher rechts eingestellt ist, weiterhin weiß bleiben wird? Entgegen den Vorhersagen der Rassisten könnte es sein, dass die »Kaukasier« die führende ethnische Gruppe innerhalb einer allgemeinen Kreolisierung bleiben werden. Obwohl Weiße zahlenmäßig abnehmen, werden sie auf absehbare Zeit eine gewisse wirtschaftliche Dominanz bewahren[141], auch wenn Asiaten ihnen dicht auf den Fersen sind und sie sogar überholen könnten. Allein schon aufgrund ihrer historischen DNA werden die Vereinigten Staaten auch weiterhin unter dem Fluch des Rassismus leiden: die Segregation umstürzen, um sie anschließend besser aufrichten zu können – sich damit begnügen eine Minderheit an die Spitze zu befördern, um eine andere herabzustufen, und immer so weiter. Wie viel anspruchsvoller erscheint da das französische Modell von Laizismus und universeller Staatsbürgerschaft, auch wenn manche kolonisierten Geister danach streben, eine »rassische und sexuelle Demokratie« (Éric Fassin) zu installieren[142].

Ein Nebeneinander leidender Menschen, die ständig ihr Unglück vortragen und ihre Klagen der Öffentlichkeit mitteilen, ist kaum ausreichend, um eine Nation zu bilden. Dafür braucht es eine gemeinsame Sprache, einen kollektiven Geist, eine geteilte Geschichte und eine Erinnerung, die den Weg in die Zukunft weist. Mehr denn je wird deutlich, dass die herausragende Bedeutung des Gesellschaftsvertrags in seiner Indifferenz gegenüber Identität und Religion besteht. Der größte Triumph über die Unterdrücker und Vernichter von gestern besteht im Zusammenleben von Bevölkerungsgruppen, die einst als verfeindet angesehen wurden. Menschen, die früher beherrscht wurden, sind in den Rang von Gleichen aufgestiegen. Millionen von Menschen unterschiedlichster Herkunft müssen lernen Seite an Seite zu leben, auch wenn ihre Vorfahren, aus heute obskur anmutenden Gründen, sich gegenseitig umbrachten. Entweder sie bewahren die Erinnerung an die Gewalt, kultivieren das Ressentiment, oder aber sie entscheiden sich für das Gegenteil und errichten ein Gemeinwesen. Mit einem Wort: Wer Schwarze, Araber, Inder, Asiaten, Homosexuelle, freie Frauen, Säkulare und Atheisten nicht mag, wer der Vielfalt der Physiognomien, der Pluralität der Lebensformen und der religiösen Toleranz feindlich gegenübersteht, sollte nicht in den Metropolen des Westens leben. Er ist im falschen Jahrhundert, um ein berühmtes Zitat Trotzkis aufzugreifen. Und wer den Anblick von »Kreidegesichtern«, von »Weißhäuten« nicht erträgt, ihre Versklavung und Erniedrigung wünscht, sie als Untermenschen behandeln möchte, der irrt ebenfalls und sollte entweder sein Denken ändern oder aber Orte aufsuchen, die seiner gnädiger sind. Wenn keine Katastrophe eintritt, wird Europa auch weiterhin mehrheitlich hellhäutig bleiben. Ein aufgeklärter Antirassismus sollte die Weisheit des Zusammenlebens bedeuten, wenn Menschen aller Kulturen sich einen gemeinsamen Raum teilen. Was er ebenfalls beinhalten sollte, ist die Fähigkeit zwischen Vorurteilen, Unwissen und gefährlicher Bösartigkeit zu unterscheiden. Am besten wäre es, wenn Hautfarbe und Ethnie gleichgültig wären, wenn Individuen auf vorgefertigte Kategorien verzichten würden und nur noch Begabung, Vorname und besondere Leistungen zählen würden. Davon sind wir leider weit entfernt. »Black lives matter«, sagen Afroamerikaner. »Jedes Leben zählt« sollten die Franzosen antworten. Lasst uns die Menschheit nicht spalten.

Damit Menschen nicht in Versuchung geraten, sich wegen ein paar Prozenten an Blut gegenseitig umzubringen, müssen sie gemeinsame Ziele finden. Die Welt braucht das Desinteresse an der Hautfarbe als ethnischen Horizont[143], wohl wissend, dass sie immer wieder auf Vorurteile und Abneigung stoßen wird. Wir müssen an der Erweiterung der menschlichen Familie arbeiten und nicht auf ewig vergangene Unglücke wiederkäuen. Durch Sophistereien eine neue verfluchte Rasse und eine neue heilige Ethnie zu schaffen, hieße, alte Hierarchien erneut aufzurichten. Die braune Bestie würde den Platz der weißen Bestie einnehmen – aber wäre das ein Fortschritt?

Dritter Teil

Dem alten Europa die Augen schließen?

»Die Welt hat sich verändert. Das Frankreich von Chlodio, Jeanne d'Arc, Philippe Pétain und Charles de Gaulle existiert nicht mehr! Heute gehört Frankreich der Liga zur schwarzafrikanischen Verteidigung.«

Liga zur schwarzafrikanischen Verteidigung, 2020[1]

»Ich ziehe Ihre Verurteilungen Ihren Beileidsbekundungen vor.« *Golda Meir*, 1969

Kapitel 16

Die Angst vor dem Anderen?

Im Jahr 2011 sorgte der französische Film »Ziemlich beste Freunde« mit Omar Sy und François Cluzet in den Hauptrollen für Furore. Der Film erzählt die Geschichte des wohlhabenden Querschnittsgelähmten Philippe und seines neuen Assistenten Driss, eines aus dem Senegal stammenden Banlieue-Bewohners, der wegen eines Juwelenraubs im Gefängnis saß. Zwischen diesen beiden aus vollkommen gegensätzlichen Welten stammenden Männern entwickelt sich eine rührende Freundschaft. Man kann den Film als Loblied auf Toleranz und Humor gegen Vorurteile[2] deuten, aber ebenso als Metapher für den Niedergang des alten, kranken Europäers, der dank eines dynamischen Afrikaners die Freuden von Paragliding, Autofahren und Cannabis kennenlernt, also eine Regeneration erfährt (Jean-François Braunstein)[3].

Eine untergehende Zivilisation begibt sich in die Hände einer aufsteigenden Kultur. Schon im letzten Jahrhundert sagte der Demograph Alfred Sauvy das allmähliche Verschwinden der Alten Welt voraus und stellte sich vor, wie junge Menschen aus anderen Ländern kommen, um den alten, seligen und sterilen Europäern die Augen zu schließen, ihnen gleichsam die letzte Ölung zu verabreichen. Der weiße Mann hat Buße getan, nun muss er die Möglichkeit seiner eigenen Auslöschung in Betracht ziehen. Es ist Zeit für ihn Abschied zu nehmen und die Bühne der Geschichte zu verlassen.

Alle Schranken aufheben?

Aus allen Medien ertönt eine kleine Melodie, fast schon ein Ohrwurm: Der Weiße kann den Anderen nicht verstehen, er ist eine »uneinnehmbare Festung«[4]. Aber kann denn der »Andere« den Weißen verstehen? Und können Andere sich untereinander verstehen? Der Afrikaner den amerikanischen Indianer etwa, oder Inder Völker aus Papua-Neuguinea, Chinesen Bewohner ozeanischer Inseln etc.? Besteht Europa nicht aus Völkern, die so verschieden sind, dass sie nicht einmal einander vertraut sind? Was kann exotischer für uns sein als Island, die Sámi Nordschwedens, die Völker Sibiriens oder die mitteleuropäischen Roma? Besteht denn keine Kluft zwischen Finnen und Sarden? Im Namen des großartigen Ideals der Alterität fordern zahlreiche Intellektuelle eine Steigerung der Migration. Dem Maoisten Alain Badiou zufolge sollte diese uns »wenigstens erlauben, uns selbst fremd zu werden, uns aus uns selbst herauszuschleudern, so weit, dass wir nicht länger Gefangene dieser langen, sich ihrem Ende nähernden, westlichen und weißen Geschichte sind[5]«. Der Philosoph Achille Mbembe besteht auf einen »Imperativ der Entgrenzung«. Jeder Afrikaner, der im Besitz eines Passes ist, solle das Recht haben sich frei in Europa bewegen zu dürfen. Die Karten sollen neu gemischt werden, denn die Alte Welt vergreist und muss sich den jüngeren und zahlreicheren Bevölkerungen Afrikas öffnen. Ein böser Geist würde anmerken, dass dies auch einen empfindlichen Braindrain bedeuten würde, der zunächst den afrikanischen Nationen schadet. Das Schicksal jeder Migration besteht auch darin, den Metropolen der Heimat zu nutzen und eines Tages, ausgerüstet mit neuen Erfahrungen und neuem Wissen, in das ursprüngliche Land zurückzukehren. Es bleibt ein kollektives Abenteuer. Forderte die frühere Staatssekretärin Rama Yade in einem Artikel vom April 2020 afrikanische Staaten nicht dazu auf, bei ihnen gestrandete Migranten wieder aufzunehmen?[6]

Was Achille Mbembe außerdem kritisiert, ist der »Einsatz kolonialer Technologien zur Steuerung von Migrationsbewegungen im elektronischen Zeitalter, mit der damit einhergehenden permanenten Gewalt«. Hieraus leitet er eine gewagte Parallele zwischen den Grenzkontrollen der Gegenwart und dem Imperialismus des 19. Jahrhunderts ab: »Die europäische Politik der Einwanderungsbekämpfung errichtet ein neues globales Regime der Segregation. In vielerlei Hinsicht ist sie das Äquivalent zur ›Rassenpolitik‹ von gestern. Ihr Hauptziel ist Afrika.«

Es gibt jedoch einen Unterschied zwischen der Besetzung fremder Länder und der Kontrolle von Einreisenden an der Landesgrenze. Im ersten Fall wird der Zugang zum nationalen Territorium verweigert, im zweiten wird ein fremdes Territorium erobert und kontrolliert. Man kann durchaus beides kritisieren, solange man die Unterschiede benennt. Erstaunlich ist jedoch, dass der Philosoph über die katastrophale Politik vieler afrikanischer Regierungen schweigt und kein Wort über Diktatur, Korruption, wiederholte Putsche, die Überschuldungskrise südlich der Sahara[7] und die Realität des radikalen Islam, der die ganze Subsahara verwüstet, verliert. Um zwei Beispiele aus dem Jahr 2020 zu nennen: Nach einem Quasi-Bürgerkrieg und Angriffen aus mehreren Richtungen zerbrachen die beiden von Bürokratie, Inkompetenz und Jihad zerfressenen Staaten Mali und Burkina Faso – all das soll einzig und allein Europas Schuld sein[8].

Niemand scheint sich darüber zu wundern, dass »die Migranten« (ein wirklich dehnbarer Neologismus) sich ausgerechnet für Westeuropa entscheiden und nicht etwa für den Maghreb, den Maschrek, die Golfstaaten oder die riesigen, menschenleeren Gebiete Russlands. Das dürfte daran liegen, dass sie wissen, dass Europa sowohl ein Raum des Rechts als auch einer des schlechten Gewissens ist. Wer die Ufer des Kontinents erreicht, möglichst unter den Augen der Medien, kann daraufsetzen, empfangen, zumindest jedoch angehört zu werden. Papst Franziskus wies den Weg, als er am 8. Juli 2013 die Insel Lampedusa besuchte und die »Globalisierung der Gleichgültigkeit« anprangerte. Für den Pontifex besteht die einzig mögliche Politik in der bedingungslosen Gastfreundschaft (Dezember 2017). »Den anderen willkommen heißen, bedeutet Gott selbst willkommen zu heißen.« Franziskus, der sich für die Öffnung humanitärer Korridore einsetzt, fordert selbstverständlich auch die »Familienzusammenführung unter Einbeziehung von Großeltern, Geschwistern und Enkeln, unabhängig von wirtschaftlichen Erwägungen«, denn die Integrität der Familie muss als besonders privilegiert betrachtet werden. (Später schwächte er die Forderung leicht ab.) Dass das Oberhaupt der Kirche in jedem Flüchtling eine Inkarnation Christus sieht, ist kaum überraschend, schließlich soll auch Jesus laut Apostelgeschichte gesagt haben: »Ich stehe vor der Tür und klopfe an.« Der Papst hat sich also zu den Prinzipien der Evangelien bekannt, auch wenn es scheint, als hätte er sich später um die geistige Verfassung der Aufnahmeländer gesorgt. Wenn Gewissen und Wirklichkeit miteinander in Widerspruch geraten, soll einzig der politisch ausgehandelte Kompromiss entscheidend sein. Der Papst hat reine Hände, weil er nichts in der Hand hat. Die Alternative besteht nicht zwischen Gut und Böse, sondern zwischen unterschiedlichen Graden der Unvollkommenheit. Wir haben nur die Wahl zwischen mehreren unpassenden Antworten, von denen wir uns für die am wenigsten schlechte entscheiden müssen.

Angewandte Gastfreundschaft darf nicht auf Kosten der Souveränität gehen und eine völlige Opferbereitschaft einfordern. Die Angst, nicht vor dem Fremden, sondern vor dem Fremdsein im eigenen Land, die Angst vor kultureller Unsicherheit (Laurent Bouvet) ist mehr als ein »reaktionäres« Phantasma. Wir haben deutlich gesehen, dass die englischen Brexit-Befürworter bereit waren ihren wirtschaftlichen Wohlstand zu opfern, um die Einwanderung (die zu einem guten Teil aus Osteuropa kam) zu beenden. Dabei ging es ihnen nicht darum, die Migrationsströme vollkommen abzuschneiden, sondern sie zu steuern, die Kontrolle über ihre Gesellschaften zurückzugewinnen. Wie soll der ohnehin schon überforderte Sozialstaat auch Renten, Gesundheitsversorgung und Krankenversicherung garantieren, wenn er übermäßig durch Neuankömmlinge belastet wird? Migranten leisten natürlich auch Beiträge zur Finanzierung des Rentensystems; diese stehen jedoch in keinem Verhältnis zu den Kosten, die ihre überdurchschnittlich großen Familien in den Bereichen Schule, Ausbildung oder Pflege verursachen[9].

In anderen Zeiten hätte man diese Forderungen nach uneingeschränkter Aufnahme von Fremden als Invasion, gar als Kolonialismus bezeichnet. Schluss mit diesen unschönen Worten! Von nun an soll nur noch von Liebe, Verständnis und strahlender Offenheit die Rede sein. Heute sind es Länder wie Griechenland, die von den edlen Seelen als schändlich bezeichnet werden, weil sie sich weigern, die Tausenden, von Präsident Erdoğan zum Sturm auf die Grenze ermunterten Migranten aufzunehmen. Die Demütigung und Beschimpfung Europas ist die bevorzugte Strategie dieses neo-osmanischen Despoten, um von seiner desaströsen Syrienpolitik abzulenken und einen neuen religiösen Krieg zwischen Islam und Christentum zu entfachen[10].

Idealerweise soll gleich jeder Flüchtling, der aus einem Kriegsgebiet kommt, willkommen geheißen, ernährt, untergebracht, mit einem Arbeitsplatz versorgt werden und sogar einen privilegierten Zugang zur Staatsbürgerschaft erhalten. Das hieße, sowohl die Ängste der Bevölkerung vor einem solchen Zustrom von Fremden zu ignorieren als auch die Vermehrung der ohnehin schon weit verbreiteten Arbeitslosigkeit in Kauf zu nehmen sowie eine einfache Gesetzmäßigkeit zu missachten: Es gibt die Pflicht Menschen zu helfen, wenn ihre Zahl nur in den Tausenden liegt. Wenn es aber um Zehn- oder Hunderttausende, gar Millionen Hilfsbedürftiger geht, verschieben sich die Prioritäten. Wo Zahlen triumphieren, kapituliert die Moral[11]. Es liegt an Politikern, das Wünschenswerte vom Verabscheuungswürdigen zu scheiden.

Kann nur ein Fremder uns noch retten?

Wer ist dieser Andere, zu dessen Aufnahme wir verpflichtet sind? Ist er ein Fremder, der mir nahesteht, oder aber ein in singulärer Pracht erstrahlender Retter? Es gibt viele Anwälte, die in seinem Namen sprechen. Sie klingen etwa wie Professor Didier Fassin: »Die Geschichte wird Frankreich für seinen Umgang mit Migranten richten.«[12] Der

Afrikanist Jean-François Bayart nennt die Auslagerung der Migrationsfrage an Libyer und Türken einen »niederträchtigen Zustand«. »Wir zwingen unsere afrikanischen Verbündeten dazu, uns die schmutzige Arbeit der Abschiebungen abzunehmen. (…) Die Republik, ihre Verwaltung und ihre politische Klasse verliert darüber ihre Ehre und ihre Seele.«[13]

Noch seltsamer ist, dass der am 11. Februar 2013 zugunsten der »Integrationspolitik und einer inklusiven Gesellschaft« formulierte Bericht des Staatsrats an Premierminister Jean-Marc Ayrault mit folgendem Zitat von Novalis beginnt: »Vor allen anderen der herrliche Fremde mit seinen tiefgründigen Augen, seinem leichten Gang, seinen halbgeschlossenen, vom Gesang schwingenden Lippen.« Eine Passage, die sich wie ein einzigartiger Lobgesang auf eine imaginäre Figur liest, die von jenseits der Meere zu uns kommt.

Jeder, der diesem herrlichen Fremden die Liebe verweigert, gehört bestraft. Aus eben diesem Grund verklagten die beiden auf »Menschenrechte« spezialisierten Anwälte Omar Shatz und Juan Branco im Juli 2019 die Europäische Union vor dem Internationalen Strafgerichtshof. Die Migrationspolitik sei ein »Verbrechen gegen die Menschheit«, das darauf abzielt »den Strom von Migranten um jeden Preis einzudämmen, auch wenn dies bedeutet, dass Tausende von Zivilpersonen, die aus Kriegsgebieten flüchten, dabei umkommen« (3. Juni 2019). Der Literaturnobelpreisträger J. M. G. Le Clézio sprach anlässlich der Forderung des französischen Präsidenten, »Wirtschaftsmigranten und Flüchtlinge getrennt zu behandeln«[14], von einer »unerträglichen Verweigerung der Menschlichkeit«.

Wenn man bedenkt, dass ein erheblicher Teil der Asylbewerber aus Georgien und Albanien kommt, klingt diese

Differenzierung jedoch alles andere als abwegig[15]. Wenn das Asylrecht tatsächlich eine Pflicht ist, so sollten Wirtschaftsmigranten nur gemäß den Bedürfnissen der Aufnahmeländer aufgenommen werden. »Jeder Mensch, der wegen seines Eintretens für die Freiheit verfolgt wird, hat das Recht auf Asyl auf dem Gebiet der Republik.«[16]

Auch Patrick Boucheron, Professor für mittelalterliche Geschichte am Collège de France, geht mit der Regierung ins Gericht. Die gleichzeitige Weigerung, den Leidenden zu helfen, und das staatliche Vorgehen gegen NGOs und Seenotretter hätten zur bislang größten Entfremdung von den Idealen der Menschenrechte geführt. Einwanderung macht uns stark, sagt er[17]. Ganz so, als ob wir ohne Fremde ganz auf uns allein gestellt, in Armut und Mangel leben würden. Ohne diese anderen wären wir nichts als lächerliche kleine Weiße, die sich an ihren alten Glauben, ihre veralteten Bräuche klammern.

Vergessen wir nicht, dass Europa seit 2015 730.000 Menschenleben gerettet hat. Viele übergehen das lieber und ziehen es (nicht zu Unrecht) vor, darauf hinzuweisen, dass im gleichen Zeitraum Tausende im Mittelmeer ertrunken sind[18]. Unsere Großzügigkeit wendet sich gegen uns. Unser Engagement in der Migrationsfrage hat dazu geführt, dass wir jetzt für jeden Ertrunkenen verantwortlich gemacht werden. In einer kuriosen Wendung werden nun diejenigen, die retten und Menschen aus dem Wasser herausfischen, beschuldigt ihre Verfolger zu sein. Es stimmt, dass es die Küsten Europas sind, an denen Dissidenten und Verfolgte Zuflucht suchen. Aus diesem Grund ist es leicht, die Skrupel des Kontinents gegen ihn selbst zu richten, ihn in Bedrängnis zu bringen. Der tugendhafte Mensch ist in seine eigene Falle getappt: Er hat Interesse mit Pflicht verwechselt.

Was genau ist das, ein Migrant? Er ist der zeitgenössische Märtyrer, der den Platz des Proletariers und des Guerillakämpfers eingenommen hat. Er ist gleichzeitig der Verdammte dieser Erde und der Fremde, der unsere Regeneration bedeutet. Alles muss vor ihm haltmachen. Jedes Nachdenken und Zögern sind verboten, so sehr zwingt sein Zustand zur Wohltätigkeit. Der Vatikan hat ihm auf seinem Territorium ein Denkmal gesetzt[19]. »Ich war ein Fremder und ihr habt mir Obdach gegeben«, steht in den Evangelien (Matthäus 25, 35).

Die Selbstherabsetzung des Europäers geht Hand in Hand mit der Idealisierung eines Fremden, dem sämtliche Tugenden eigen sind. Ohne ihn würden wir in einem Altersheim vor uns hinvegetieren. Es ist der Verfolgte, der Erlöser, der »Engel«, der uns aus der egoistischen Bequemlichkeit herausreißt. Unsere alleinige Pflicht besteht darin, ihm ein guter Gastgeber zu sein und – in den Worten der Zeitschrift *Esprit* – »den Mut zur Gastfreundschaft (zu) haben«[20].

Der Philosoph Étienne Balibar fordert die Einführung eines Gastfreundschaftsrechts, das die Staaten dazu verpflichtet im Interesse der Migranten zu handeln. Abschiebungen müssten ebenso verboten werden wie das Einsperren in Flüchtlingslager. Die Zerschlagung von Schleusernetzwerken möchte der Philosoph unterbinden, da dies das Leben des »mobilen Teils der Menschheit«[21] gefährden könnte.

Die Schmuggler müssen also gerettet werden! Die Avantgarde der französischen Philosophie auf der Seite der Menschenhändler.

Die großen Nationen Europas sollten keine andere Berufung haben, als Aufnahmezentren, Vorhallen zu sein. Nicht umsonst zeigen unsere 10-, 20- oder 50-Euro-Geldscheine menschenleere Bögen, Brücke und Plätze, die nur darauf warten mit neuen Bürgern aus der ganzen Welt bevölkert zu werden. Der Kollapsologe Yves Cochet, der sich die Pferdekutsche zurückwünscht (er möchte Autofabriken durch Gestüte ersetzen), schrieb im Januar 2019 in der Tageszeitung *Ouest France*: »Eine Begrenzung der Geburten würde es uns ermöglichen, Migranten, die an unsere Tore klopfen, besser aufzunehmen.« Was er der westlichen Welt also wünscht, ist ein langsamer Suizid. Paul Yonnet hat es bereits im Jahr 2006 richtig erkannt: Man sieht in der Immigration den Vektor einer Erneuerung Frankreichs, das bei seiner eigenen Transformation mitwirken muss[22].

Die Migrationsbewegung ist unumkehrbar, niemand kann sie stoppen. Umsiedlungen liegen in der menschlichen DNA. So steht es im Abkommen von Marrakesch, dem globalen Pakt für sichere Migration, der am 10. Dezember 2018 von 160 Ländern unterzeichnet wurde. In dem Dokument wird Migration als »unvermeidliches und nützliches Phänomen« beschrieben. Obwohl das Abkommen als »juristisch nicht bindende Kooperation« den Charakter eines »Soft Law« hat, fordert es dennoch das »Organisieren des Austauschs der Arbeiter« und einen »Stopp von staatlichen Subventionen für Medien, die systematisch Intoleranz, Rassismus und andere Formen der Diskriminierung fördern, unter der Wahrung der Pressefreiheit«.

Das ist eine seltsame und sehr Orwell'sche Formulierung, die jede Kritik an der Migrationspolitik mit Fremdenfeindlichkeit oder Rassismus gleichzusetzen scheint. Wer wird darüber befinden, ob ein Text anstößig oder tolerierbar ist? Man fordert Verbote im Namen der Freiheit, Zensur durch das Streichen von Subventionen. Ein anderer UN-Text, der im März 2000 veröffentlicht wurde, fordert »Austauschmigration« als Strategie gegen den Rückgang und die Überalterung von Bevölkerungen. Keine Mauer und keine Grenze werden diesem unbändigen Strom widerstehen, erklärt man uns. Der Demograf François Héran beklagt in einem Artikel, der sich wie eine Art Eloge auf das Vagabundieren liest, dass die »Ideologie des Lockdowns« während der Covid-Epidemie »Migranten« davon abhält, nach Frankreich zu gelangen: »Der Trend zur Überwindung von Grenzen ist weder eine Mode noch eine Anomalie. Er ist eine Flutwelle.«[23] Mauern seien von Natur aus schlecht, weil sie Menschen daran hindern, den anderen zu sehen. In den Worten der Politikwissenschaftlerin Alexandra Novosselof: »Keine Mauer wird die Migration nach Europa aufhalten.«[24] Staaten, die Mauern errichten, um sich zu schützen, werden die eigentlich Eingesperrten sein, mehr noch als diejenigen, die man versucht, draußen zu halten. Die eigentliche Mauer befindet sich schließlich, so diese Forscherin, in unseren Köpfen.

Wir sind alle Migranten, ob uns das gefällt oder nicht. Der Historiker Gérard Noiriel sprach deshalb anlässlich eines Vortrages am 15. Oktober 2019 an der Universität von Fontenaysous-Bois auch von »unseren Vorfahren, den Migranten«. Wir befinden uns hier in einem *Extremismus der Alterität*. Die Migrationsfrage ist durch eine doppelte Herausforderung gekennzeichnet: Was auf dem Spiel steht ist unsere Ehre und der Andere, der Empfänger der Rettung. Theologisch gesehen steht der ganz Andere immer für den Namen Gottes, das absolut Transzendente, insbesondere im Werk des Calvinisten Karl Barth. Emmanuel Levinas und Jacques Derrida machten sich diesen Gedanken zu eigen: »Da alles andere uns verloren hat, kann nur ein wirklich anderes Anderes uns noch retten« (Phillippe Chevalier)[25].

Der altruistische Fatalismus

Seltsamerweise geht das sentimentale Christentum in Europa – anders als in den Vereinigten Staaten – mit einem Verlust von Glauben einher. Je mehr die Frömmigkeit abnimmt, desto stärker praktizieren wir mit der Inbrunst des Abtrünnigen eine Nächstenliebe, die so leidenschaftlich wie leichtsinnig ist. Wir leisten ein Bekenntnis zum Guten. Mit Chesterton gesprochen: »Die moderne Welt ist voll von christlichen Ideen, die irre geworden sind.« Seit 2013 befinden wir uns im heiligen Reich des Migranten, dieser neuen Christusfigur. Man könnte diese bizarre Mischung aus Passivität und Mitleid auch »fatalistischer Altruismus« nennen. Da es uns unmöglich ist, den Strom der Migranten aufzuhalten, sollten wir sie eben enthusiastisch mit offenen Armen empfangen. Der Andere ist kein anderes Ich, vielmehr strahlt er in seiner Armut eine ferne und unveränderliche Herrlichkeit aus. Was man bei ihm preist, ist das Negative von uns selbst, die Kehrseite unserer Mühen. Er ist unser Offenbarer. Wir müssen ihn als Teil unserer selbst begreifen, als jemanden, der uns bewohnt und vervollkommnet – sei er nun Afghane, Kurde oder Äthiopier. Er ist der exemplarische Gegenwert der Welt, die wir verkörpern. Was könnte diese Vision besser illustrieren als der Anblick junger Afrikaner, die einen spanischen Strand stürmen, vorbei an entsetzt blickenden Urlaubern? Hier die gesättigte Unmenschlichkeit, dort die Vitalität des Unterdrückten. Der neue edle Wilde terrorisiert uns, um uns aus dem Schlaf zu reißen.

Müssen wir in unserer Heimat zu Fremden werden, damit wir den Fremden aufnehmen können? Ja, findet die Romanautorin Marie Darrieusseq: »Wir brauchen eine Weltbürgerschaft, planetarische Ausweise. (…) Die Menschen aus dem unbewohnbaren Teil der Erde werden sich so automatisch in Bewegung setzen wie die Gezeiten. Damit keine globale Katastrophe entstehen kann, müssen wir diese Bewegung fördern. Die einzige echte Bedrohung liegt in der Angst, sich aufzulösen, verschluckt zu werden, dass das Weiße im Schwarzen aufgelöst wird. (…) Die vom System deklassierten kleinen Weißen Europas haben Angst, längst schwarz zu sein.« Ganz zu Unrecht, denn »der Mensch der Zukunft wird dunkelbeige sein und braune Haare haben. Frankreich und die Welt wird sich vermischen.«[26]

Schon Houari Boumédiène, Präsident Algeriens von 1965 bis 1978, hat es vorhergesagt: »Eines Tages werden Millionen von Menschen die armen Teile der Welt verlassen, um auf der Suche nach dem eigenen Überleben in die relativ zugänglichen Räume der nördlichen Hemisphäre vorzustoßen.«[27] Dieser Gegner Frankreichs war sogar dazu bereit, europäische Länder zu besetzen. Jenseits dieser doppelten Prophezeiung sollen wir uns also Folgendes merken: Es gibt kein bei dir mehr, dein Zuhause ist mein Zuhause; das neue planetarische Individuum hat kein festes Territorium mehr. Unsere Gesellschaften müssen neu aufgebaut werden, wie Lego-Baukästen oder wie ein Kaleidoskop, dessen Farben sich ohne Unterlass neu mischen. Die Hegemonie des alten weißen, europäischen Manns muss dem Reichtum der Vielfalt Platz machen. Die

Identität von Minderheiten, von Migranten, ist immer positiv, die der alten Nationen immer regressiv. Das Recht, nach Belieben zu migrieren, sich überall niederzulassen, das von vielen einflussreichen Forschern wie Catherine Withol de Wenden[28] verteidigt wird, ist in Wirklichkeit eine Rehabilitierung des Kolonialismus gegenüber den ehemaligen Kolonialnationen, eine legitime Rache.

Doch diese großzügige Vision der Neubesiedlung der Alten Welt durch die Kinder fremder Kontinente ist nicht immer überzeugend. Das Beispiel der schwedischen Stadt Malmö, die von zahlreichen Nationalitäten bevölkert ist und sich am Rande des Bürgerkriegs befindet, wirkt sogar eher abstoßend. »Ist es vernünftig anzunehmen, dass skandinavische Buchhalter und paschtunische Krieger, britische Arbeiter und somalische Pastoren in der Lage sind, gemeinsam eine Gesellschaft zu bilden, in Harmonie zu leben und die Vermischung ihrer Kinder zu fördern? Ich behaupte nein, aber die herrschenden Dogmen flüstern uns wie Souffleure im Theater zu, dass die Antwort nur ja lauten darf« (Pierre Brochand)[29]. Eine Gesellschaft kann multiethnisch sein, wie es in Frankreich der Fall ist. Sie sollte aber nicht multikulturell sein, also keine Traditionen aufnehmen, die mit dem Credo der Republik unvereinbar sind. In Frankreich sind alle Glaubensrichtungen miteinander kompatibel, aber sie sind einem einzigen Gesetz untergeordnet, das über ihnen steht: Das ist die Grundlage des Laizismus. Keine Ausnahmen, keine Sonderrechte im Namen von Herkunft, Sitten oder Religion. In Frankreich untersteht Gott, wie jede andere Person auch, dem Zivilrecht. Wir werden niemals angelsächsisch sein!

Kapitel 17

Wohltätigkeit oder Erschöpfung?

»Jedes Mal, wenn einer von uns entscheidet, der großen Masse, die sich bereits auf diesem verwüsteten Planeten angesammelt hat, keinen weiteren ›von uns‹ hinzuzufügen, durchdringt ein neuer Strahl der Hoffnung die Finsternis. Sobald alle Menschen entschieden haben, ihre Fortpflanzung einzustellen, wird die Biosphäre der Erde zu ihrer früheren Pracht zurückkehren.«

Bewegung für die freiwillige Auslöschung der Menschheit[30]

Es ist kein Wunder, dass die Menschen nicht mit Enthusiasmus auf das Märchen der sich auflehnenden »widerspenstigen Gallier«, wie es Macron ausdrückte, reagieren. Man vergisst, dass es das Angebot ist, das die Nachfrage bestimmt – dass die Durchlässigkeit unserer Grenzen, die Schleusernetzwerke und Rettungskräfte, die als Dienstleister auftreten und per Satellitentelefon eine »Über-Migration« (Stephen Smith) herbeiführen, ebenso die Migration befeuern wie Armut und Krieg. Zwischen 400.000 und 540.000 Menschen aus nicht-europäischen Ländern strömen jedes Jahr nach Frankreich[31]. Sollte es uns nicht gelingen den Ankömmlingen menschenwürdige Lebensbedingungen und eine erfolgreiche Integration in die französische Gesellschaft zu ermöglichen, sind diese Zahlen alles andere als unbedeutend. Es ist sicherlich wichtig, die Körper zu retten. Gleichzeitig müssen wir die Migrationswilligen von ihrem Exodus abbringen, damit sie in ihren Heimatländern bleiben. Es gibt einen deutlichen Unterschied zwischen der Rettung von Schiffsbrüchigen in unseren Hoheitsgewässern und der Beseitigung der »Geopolitik der Grenzen« (Michel Foucher).

Grenzen neu denken

Grenzen sind nicht nur willkürliche Markierungen zwischen zwei Territorien, sondern auch blutende Wunden, Spuren vergangener Kämpfe. Das Unglück Europas rührt nicht aus einem Übermaß, sondern einem Mangel an Grenzen. Das trifft vor allem auf die Mitte und den Osten des Kontinents zu, Regionen, die abwechselnd deutsch, polnisch, russisch, ukrainisch, österreichisch-ungarisch oder osmanisch waren, aus denen Bevölkerungsteile vertrieben wurden, deren Verwaltungen sich änderten und die immer wieder den Namen wechselten.

Die kleinen Staaten vor der Gier der Großen zu schützen, die Wahrung ihrer Umrisse zu sichern, war die Gründungsgeste des modernen Europas. Aber das italienische Lampedusa, das griechische Lesbos, Ceuta und Melilla in Spanien erinnern uns daran, dass Europa nicht die Welt, nicht einmal eine zweite UNO ist. Nur widerwillig öffnet es denjenigen, die bei uns anklopfen, seine Tore. Es ist wahr, dass Europa seine Grenzen immer als beweglich betrachtet hat. Die Auflösung der Nationalgefühle in Europa wurde nicht durch föderale oder supranationale Bindungen kompensiert. Die Souveränität der Staaten wurde eingeschränkt, ohne sie auf eine höhere Ebene zu übertragen.

Und diese Ebene wird es vermutlich niemals geben. In der Mitte und im Osten des Kontinents leisten die Länder, die seit dem Mauerfall zurück in den europäischen Schoß und zu einem neuen Nationalgefühl gefunden haben, Widerstand gegen die Anordnungen aus Brüssel, Grenzen unterschiedslos zu öffnen. Vormals von der Sowjetunion unterdrückt und kolonisiert, geht es ihnen heute darum, wieder zu ihren Sprachen und Traditionen zu finden und sich nicht den Drohungen einer neuen Macht – und sei sie noch so großherzig – zu unterwerfen. Die Länder der Visegrad-Gruppe – Polen, Tschechien, Ungarn und die Slowakei – wollen sich nicht von Brüssel vorschreiben lassen, wen sie aufnehmen, sondern eigenständig über Arbeitsmigration (die meisten kommen aus der Ukraine oder anderen Nachbarländern) entscheiden. (Dabei haben sie durchaus Mühe, den demographischen Niedergang aufzuhalten, und verlieren ihre fähigen Bürger an andere Länder. Was auch immer sie verkünden, sie sind ein Teil des Suizids der Alten Welt.) Wir haben das Gefühl der nationalen Beengung durch die Angst vor Offenheit ersetzt, die Klaustrophobie durch Agoraphobie. Die Union ist nicht imstande, ihre Bürger zu schützen, denn sie ist ein bloßer Wirtschaftsraum, der nach allen Seiten offen ist. Sollte der Brexit Erfolge zeitigen, könnte sich die Zahl der Ausstiegskandidaten vervielfachen – nicht zuletzt wegen der enormen Durchlässigkeit der Grenzen.

Ängstlich und bulimisch droht die Alte Welt an Fettleibigkeit zu sterben, ein Ektoplasma, das mit zunehmender Unhaltbarkeit wächst und endlos über die Integration neuer Mitglieder verhandelt (schon heute ist die Rede davon, Albanien und Mazedonien aufzunehmen, während das alte Haus überall Risse bekommt). Europa vermischt politische Ohnmacht mit der infantilen Hoffnung, Millionen zusätzlicher Menschen aus Afrika, Asien und dem Nahen Osten aufnehmen zu können. Die Grenze ist nichts Archaisches, das es zu beseitigen gilt, sie ist die Bedingung für eine demokratische Praxis. Die Grenze schafft eine dauerhafte Bindung zwischen den Menschen, denen sie Obdach gibt, und verleiht ihnen das Gefühl einer geteilten Geschichte, einer gemeinsamen Welt. So wie sie abgrenzt, so führt sie auch zusammen – sie bleibt offen für das, was sie ausschließt. Sie ist die Brücke, die verbindet, und die Tür, die trennt. Sich der Außenwelt zu öffnen, setzt voraus, dass man beheimatet ist. Und es ist gut, dass die Nationen so unterschiedlich sind. Europa muss den Mut aufbringen zu sagen, dass es voll ist. Es muss dem Schwindel der Unbegrenztheit entsagen, vor allem aber eine klare Aufnahmepolitik entwickeln. Das Festlegen einer Grenze ist kein Akt der Feindseligkeit, sondern der Wunsch nach guter Nachbarschaft.

Hier wie überall gilt es, ein Gleichgewicht zwischen Mauern und Durchgängen zu finden, eine Durchlässigkeit zu finden, die den Austausch ermöglicht, ohne in die doppelte Sackgasse von totaler Offenheit und Schließung zu geraten. (Im Sommer 2020 schien die EU-Kommission nach einem realistischen »Migrationspakt« zu suchen, der »weder falsche Hoffnungen« noch »Sehnsüchte« auslösen würde.) Grenzen sollten eher eine Schleuse als eine Mauer sein. Die flammenden Reden von Künstlern, Unterhaltungs- oder Sportstars, die dazu aufrufen, alles Elend der Welt aufzunehmen (unter der Bedingung, nicht selbst ihre Häuser teilen zu müssen), sind bestenfalls lächerlich, schlimmstenfalls obszön. Franzosen nehmen sich als großzügig wahr, praktizieren aber keine grenzenlose Solidarität. Darin unterscheiden sie sich nicht von anderen Völkern. Vergessen wir nicht, dass die Pflicht zur Hilfeleistung auch mit dem Gebot der Integration einhergeht. Bleibt uns denn nur noch die Wahl zwischen unverantwortlicher Nächstenliebe und unmenschlicher Verantwortung?

Hier werden drei Dinge durcheinandergebracht: legale Einwanderung, die in Frankreich nach gesetzlich festgelegten Regeln erfolgt, die Tragödie der Menschen in Seenot, die gerettet werden müssen, und die Haltung gegenüber den sich wiederholenden Migrationswellen. Es reicht nicht aus, das Mantra zu aufzusagen, dass »Migration eine Chance und eine Gelegenheit für alle ist« (Cécile Duflot)[32]. Großzügigkeit, die in einer Krisensituation unerlässlich ist, kann keine europäische Außenpolitik ersetzen[33]. Eines Tages wird man sich der Frage der Familienzusammenführung und des Rechts auf Land (das auf der Insel Mayotte bereits stark begrenzt ist) ohne Tabus stellen müssen. In den 1990er-Jahren gewährte der US-Kongress fünf pazifischen Territorien (Samoa, Marshallinseln, Palau, Mikronesien, Marianen) das Recht, ihre Einwanderung zu kontrollieren, um ihre ethnische Mehrheit zu erhalten[34]. Warum sollte das nicht auch für europäische Länder möglich sein?

Das Anschwellen des Herzens

Was könnte bewundernswerter sein als Angela Merkels Aufnahme von fast einer Million syrischer Bürgerkriegsflüchtlinge ab dem Herbst 2015? Diese Tochter eines Pastors hat auf spektakuläre Weise, das Land aus dem Nazi-Schatten herausgeführt. Die Kanzlerin konnte sich einmal mehr als unangefochtene Schutzherrin der Alten Welt präsentieren. Nach der Katastrophe des Zweiten Weltkrieges wurde die Bundesrepublik zum Vorbild für die ganze Welt. Deutschland praktizierte die Gastfreundschaft in einem Land so wie die Sowjetunion unter Stalin den »Sozialismus in einem Land«. Deutschland, das auch zuvor bereits die herausragende Macht Europas war, blieb auch in Sachen Strenge und Mitgefühl der Taktgeber. Die Kanzlerin, die noch im Juli den Griechen unbarmherzig mit dem Rausschmiss aus der Eurozone drohte, zeigte sich kurz darauf lächelnd im Kreis von Syrern, eine Härte und Barmherzigkeit an den Tag legend, die imperiale Züge trug. Aber die Barmherzigkeit steckte voller Gefahren. Fünf Jahre später trauen sich deutsche Juden kaum noch mit der Kippa in die Öffentlichkeit, so groß ist die Gefahr, von Flüchtlingen, die im Assad-Regime mit antisemitischer Propaganda groß geworden sind, angegriffen zu werden. Die extreme Rechte sitzt wieder im Parlament, und terroristische Neonazis träumen davon, so viele Juden, Araber oder Türken wie möglich zu ermorden. Man schätzt, dass es in Deutschland 24.000 dieser bewaffneten Rassisten gibt – so viele wie potenzielle Jihadisten in Frankreich.

Die medial-humanitäre Doxa kennt nur die Gesten der Rettung, den bewegenden Moment, in dem notleidende Menschen aufgenommen werden. Einen solchen Moment gab es etwa im Sommer 2019, als der Papst den Schauspieler Richard Gere unterstützte, der an Bord des Schiffes Open Arms Salvini zur Aufnahme von 121 Migranten drängte. In der Herzensgüte besteht das bevorzugte Engagement des Showbusiness, solange Kameras dabei sind. Was aus den Schiffbrüchigen danach wird, findet weniger Beachtung – ob sie nun von Banden zusammengeschlagen, von Mietwucherern ausgebeutet, von skrupellosen Bossen zu Hungerlöhnen beschäftigt oder unter unwürdigen Bedingungen in behelfsmäßige Lager gesteckt werden, wie im griechischen Lesbos, in Calais oder Grande-Synthe in Nordfrankreich. Humanität droht in Gleichgültigkeit umzuschlagen, wenn wir uns nicht um das weitere Schicksal der Überlebenden kümmern.

Verwechseln wir nicht die Gebote der Wohltätigkeit mit der Existenzmüdigkeit, die sich ebenfalls einen lyrischen Anstrich gibt[35]. 1714 erschien die berühmte Bienenfabel des Engländers Mandeville. Diese Bibel des wirtschaftlichen Liberalismus, die später von Hegel als »List der Vernunft« theoretisiert wurde, beschreibt, wie der reine Egoismus der Individuen ganz ohne Absicht das kollektive Glück zur Folge hat: Private Laster tragen in ihrer Summe zum Gemeinwohl bei. Umgekehrt, wenn Menschen sich dazu entschließen, ausschließlich nach den Prinzipien des Guten zu handeln, riskieren sie dann nicht, das Gegenteil hervorzubringen? Wenn sich die Geschichte unter der Leitung egoistischer Menschen zum Besten hin entwickelt, bedeutet das, dass altruistische Menschen das Schlechteste befördern? Sind die Exzesse des Populismus also eine Reaktion auf einen Dogmatismus des Guten, der Teile der öffentlichen Meinung in die Arme von Demagogen treibt?[36] Die Menschen beschleicht ein Gefühl der Angst, dass man sie enteignen könnte. Wir werden aufgefordert, Entwicklungen zu begrüßen, die sich unserer Kontrolle entziehen. Daher die Faszination für Despoten wie Erdoğan, Xi Jinping oder Putin, die noch das Privileg der effizienten Herrschaft genießen. Sie sprechen nicht nur, sie handeln auch. Bei uns herrscht Zaudern, leeres Gerede. Amerika mag an seinen Lastern zugrunde gehen, Europa wird an seinen Tugenden sterben.

In Frankreich empört sich der Verteidiger der Menschenrechte Jacques Toubon über den Wunsch der Regierung, »die Migrationsströme zu kontrollieren«. Ihm zufolge wäre es besser, »Migrationsrouten zu organisieren«[37] – dabei gibt es doch längst legale. Man fühlt sich an das berühmte Sprichwort von Epiktet erinnert: »Verlange nicht, dass alles, was geschieht, so geschieht, wie du es willst, sondern wünsche dir, dass alles so geschieht, wie es geschieht, und du wirst glücklich sein.« Im Fremden feiern wir nicht unsere zukünftige Versöhnung, sondern unsere Auslöschung. Uns droht ein allseitiger Verlust: Die Angst vor einer afrikanischen oder asiatischen Überflutung hält an, aber die Flüchtlinge, die sich bereits unter uns befinden, werden unwürdig behandelt, vor allem in Paris. Ein parlamentarischer Bericht aus dem Jahr 2019 warnt: Im Départment Seine-Saint-Denis ist die Situation außer Kontrolle geraten, und Porte de la Colline ist ein Ort des Verbrechens und der Verzweiflung. Der so oft von der Polizei geräumte wie erneut besetzte »Crack-Hügel« in der Nähe der Station Porte de la Chapelle wird von jedem Menschen mit Gewissen nur noch als Bedrohung wahrgenommen. Nach jedem Polizeieinsatz setzen sich die wilden Lager erneut in Bewegung, ziehen durchs Land. Sie werden niemals verschwinden.

Als Präsident Macron im September 2019 ankündigte, sich des Problems der Migration tabulos annehmen zu wollen, schlugen die Tempelwächter sogleich Alarm und forderten die Regierung dazu auf, dem Gebot der Gastfreundschaft zu folgen und noch mehr Migranten aufzunehmen. Es ist ausgeschlossen, diesem Schicksal zu entkommen[38]. Der Historiker François Dosse, der Macron mit dem Philosophen Paul Ricoeur bekannt gemacht hat, unterstellte dem Präsidenten einen »Rechtsdrall« und warf ihm vor, »den Zerfall der gefährdeten Bevölkerungen voranzutreiben«[39] und die Ethik des gemeinsamen Lehrers zu verraten. Ein vollkommenes Missverständnis: Ein politisches Problem wird mit einer moralischen Anklage beantwortet. Die Menschlichkeit fordert selbstverständlich, dass wir Ertrinkenden zu Hilfe kommen. Die Verantwortung jedoch verlangt, dass wir auch die Folgen der Masseneinwanderung bedenken. Belehrung ersetzt Reflexion, und jeder, der widerspricht, wird ins Lager der extremen Rechten verbannt. Bereits das Ansprechen eines »Einwanderungsproblems« (ebenso wie des Problems mit dem Islam) gilt der moralischen Linken als Verbrechen wider den Geist. Die Gewissenhaften halten sich die Nase zu, während ihr Schweigen sie zu Verbündeten der Rechten macht. Jede Seite beansprucht ein Monopol auf die Debatte.

Kapitel 18

Tabus der Sklaverei

Wie kommt es, dass allein die Nationen, die die Sklaverei zuerst abgeschafft haben (nachdem sie reichlich von ihr profitiert haben), beschuldigt und zur Zahlung von Reparationen aufgefordert werden? Das Verbrechen des Menschenhandels wird nur demjenigen zur Last gelegt, der es bereut und als barbarischen Akt begreift. Warum wird ausschließlich der Westen beschuldigt, während die östliche und afrikanische Welt von jeglichem Vorwurf entlastet wird? Das liegt daran, dass der Westen nicht nur wohlhabend, sondern auch empfänglich für moralische Argumente ist. (Die amerikanischen Quäker setzten sich bereits 1688 für den Abolitionismus ein und organisierten klandestine Netzwerke, Underground Railroad genannt, dank derer Sklaven in den Norden und nach Kanada flüchten konnten.) Im Namen dieser Argumente und nach zahllosen Aufständen[40] kam die westliche Welt dazu, Menschenhandel und Sklaverei abzuschaffen, zuerst 1761 in Portugal, dann 1782 in Dänemark, das mit Norwegen assoziiert war, und schließlich 1807 in England und 1833 im gesamten britischen Imperium. In Frankreich wurde 1794 eine erste Abolition beschlossen, die jedoch nach dem Sieg über Toussaint Louverture in Santo Domingo auf Befehl Napoleons wieder rückgängig gemacht wurde. Der Sklavenhandel wurde erst 1815 und die Sklaverei 1848 auf Betreiben von Victor Schoelcher abgeschafft. *Europa hat nicht die Sklaverei, sondern den Abolitionismus erfunden.* Europa allein, lange vor den Vereinigten Staaten, Afrika und dem Rest der Welt.

Lebende Werkzeuge

Was die Abolitionisten empörte, war die Reduzierung bestimmter Gruppen von Männern und Frauen auf den Stand »lebender Werkzeuge«, die von ihrem Herrn gefoltert, gebrandmarkt oder sexuell missbraucht werden konnten (Aristoteles)[41]. Montesquieu spottete schon 1748 in seiner Schrift *Der Geist der Gesetze* über die materiellen und ideologischen Rechtfertigungen der Sklavenhändler. Unter dem Einfluss der Aufklärung machte sich zuerst in Europa, dann in den Vereinigten Staaten und schließlich in den Ländern des Maghreb eine Abscheu gegenüber der Versklavung menschlicher Wesen breit[42]. Der erste arabisch-muslimische Staat, der die Sklaverei abschaffte, war Tunesien im Jahr 1846, doch das Gesetz wurde erst unter dem französischen Protektorat 1881 umgesetzt. Das Osmanische Reich folgte im späten neunzehnten Jahrhundert und der letzte Sklavenmarkt Marokkos wurde 1920 geschlossen (die Sklaverei wurde zwei Jahre später gesetzlich abgeschafft). Menschenhandel wurde erst 1962 im Jemen und in Saudi-Arabien für illegal erklärt, 1980 in Mauretanien, 1992 in Pakistan und 1999 in Niger (das 2003 als erstes westafrikanisches Land ein eigenständiges Gesetz erließ). Mehr oder weniger offene Formen der Leibeigenschaft treten Berichten zufolge weiterhin im Sudan, in Mauretanien, im Tschad und am Persischen Golf auf. Menschenhandel, Zwangsarbeit, die Unterwerfung von

Frauen und Kindern, auch in Form von Prostitution, betreffen nach Angaben des Vereins Walk Free etwa 45 Millionen Menschen – vor allem in Pakistan, Indien, Afrika und China.

Darauf hinzuweisen, dass es drei verschiedene Systeme des Sklavenhandels gab – das östliche, das im 6. Jahrhundert begann (nach Schätzungen 17 Millionen Sklaven), das afrikanische System, das Inlandgebrauch und Exportnetze verband (14 Millionen), und das atlantische, das in kurzer Zeit rund elf Millionen verschiffte –, gilt auch heute noch als Tabubruch. 2005 wurde der Historiker des Sklavenhandels Olivier Pétré-Grenouillau zum Objekt einer Verleumdungskampagne durch eine Gruppe von Aktivisten aus Westindien, Guyana und Réunion, die von Christiane Tabuira und von Gilbert Collard vor Gericht vertreten wurden. Der Grund für die wütenden Anschuldigungen: Der Autor hätte sich von seinem angeborenen Rassismus dazu verleiten lassen, den genozidalen Charakter des Sklavenhandels zu negieren. Tatsächlich hatte er bemerkt, dass man »seine Ware« nicht vernichtet, dass das Motiv des Sklavenhandels im Profit besteht, während Völkermorde die Vernichtung einer verhassten Gruppe zum Ziel haben.

Erst das 2008 erschienene schockierende Buch des französisch-senegalesischen Historikers Tidiane N'Diaye *Der verschleierte Völkermord* konnte einen allmählichen Sinneswandel bewirken. Auf den ersten Blick scheint N'Diaye die These von Pétré-Grenouilleau zu widerlegen, tatsächlich bestätigt er sie aber. Sein Text beeindruckt in mehrerlei Hinsicht: durch die Bereitstellung neuer Informationen, einer Verschiebung der Perspektive und der Aufstellung einer neuen Hierarchie der Schuld. Die Veröffentlichung dieser Studie hätte ein Erdbeben auslösen müssen, ganz besonders im Maghreb und im Nahen Osten.

Obwohl das Buch häufig rezensiert wurde, blieb ihm die nötige Aufmerksamkeit verwehrt. Meines Wissens war einzig der kürzlich verstorbene Malek Chebel, der große Anthropologe der islamischen Zivilisation, bereit das Tabu durch die Veröffentlichung seines monumentalen *Esclavage en terre d'Islam* (2010) zu brechen. Nicht mit frontaler Polemik begegnete man dem Afrikaner und Moslem Tidiane N'Diayes, sondern mit einer subtileren Strategie der Zensur durch Verschweigen.

Die These, die er verteidigt, ist schlicht: Wenn der transatlantische Sklavenhandel, der vier Jahrhunderte dauerte, zu Recht als Verbrechen gegen die Menschlichkeit qualifiziert wird, muss der zwischen dem siebten und zwanzigsten Jahrhundert andauernde arabisch-moslemische Handel mit Schwarzafrikanern als Massenvernichtung angesehen werden. In ihm wurden rund 17 Millionen Menschen ermordet oder kastriert. Während 70 Millionen Nachkommen von Afrikanern in Amerika leben, von den Vereinigten Staaten über Brasilien bis in die Karibik, hat es nur eine Minderheit von Schwarzen geschafft, in islamischen Ländern zu überleben. Der arabische Sklavenhandel in Afrika wurde durch einen plötzlichen Mangel an Beute aus Mittel- und Osteuropa ausgelöst. Dieses »kaukasische Defizit« machte es nötig, dass die Eroberer ihre Aufmerksamkeit auf Afrika richteten. Bereits im Jahr 652 nötigten der Emir und General Abdallah Ben Said die Nubier und Sudanesen zu einem Abkommen, das sie zur Lieferung von Hunderten von Sklaven verpflichtete. »Die Araber hatten damit einen Weg der Erniedrigung, des Blutvergießens und des Todes eingeschlagen, den sie erst im 20. Jahrhundert wieder verlassen sollten – lange nach den Bewohnern des Westens.«[43]

Grundlage dieses Handels war eine doppelte rassistische und theologische Täuschung. Der Islam teilt die Menschen bekanntlich in Gläubige und Ungläubige ein und verbietet die Versklavung von Anhängern des Korans. Diese egalitäre Botschaft des Propheten sagte vielen afrikanischen Völkern zu, weshalb sie häufig den Glauben annahmen. Um dennoch deren Versklavung zu ermöglichen, erklärten arabische Menschenhändler die Bekehrung für nicht ausreichend: Der Schwarze darf gekauft oder verkauft werden, weil er einem minderwertigen Teil der Menschheit angehört. Selbst der große Historiker Ibn Khaldun (1332 in Tunis geboren, 1406 in Kairo gestorben) war der Ansicht, dass es südlich des Nils eine »Negerrasse (...) gibt, die näher am tierischen Stand ist«, deren Männer »eher wilden Tieren als vernünftigen Wesen ähneln (...) Manchmal verschlingen sie sich gegenseitig; sie verdienen es nicht, zu den Menschen gezählt zu werden«. Ab dem 7. Jahrhundert wurde das arabische Wort *Abid* (Sklave) zu einem Synonym für schwarz: *Zandsch*[44]. Lange vor den großen europäischen Rassetheoretikern rechtfertigte die arabisch-muslimische Welt die Rassentrennung von Afrikanern, in Missachtung der Lehren Mohammeds. Es kam zum Beispiel vor, dass schwarze Pilger, die nach Mekka reisten, von reichen saudischen Kaufleuten entführt und auf den Märkten verkauft wurden. Der Koran, nicht anders als die Bibel in der christlichen Welt, diente dem Guten wie dem Schlechten. Ganze Reiche wurden von islamischen Eroberern vernichtet, zu Staub zermahlen. Ghana zum Beispiel fiel den marokkanischen und andalusischen Almoraviden zum Opfer. Bei der Jagd auf junge und kräftige Beute wurden Dörfer belagert, Brände gelegt, damit sich niemand in der Savanne verstecken konnte, Alte und Kranke wurden an Ort und Stelle massakriert. Die Plünderer, die oft von europäischen Abenteurern unterstützt wurden, organisierten auch Expeditionen ins Herz des Kontinents, um sich mit Frischfleisch zu versorgen. Der Jagd auf Menschen ging oftmals ein Abkommen mit den lokalen Machthabern voraus. Der Jihad war nur ein Vorwand, um sich zu bereichern und Hundertausende von Männern für das müßige Leben der Herren arbeiten zu lassen – ganz nach dem Sprichwort: »Dem Sklave genügt der Genuss seines Herren.«

Der östliche Sklavenhandel verlief über zwei Routen. Die erste war die der Karawanen, die von Oase zu Oase zogen und Tausende von angeketteten Gefangenen mitschleppten. Massenhaft starben die Entführten an Hunger, Durst und Erschöpfung auf mit Skeletten übersäten Wegen. Am Ziel angekommen, wurden die Überlebenden ausgestellt, geschätzt und verkauft. Im neunzehnten Jahrhundert war die Stadt Khartum das größte Sklavenlager in der Region[45]. Die andere Route verlief über den Nil und das Rote Meer. Eine besondere Rolle kam hier der Insel Sansibar zu, die sich im Besitz des Sultanats von Oman befand. Mit Hilfe indischer Bankiers, lokaler Monarchen und dank des stillen Einverständnisses der Briten konnte der Sultan ganz Ostafrika kolonisieren. Die senegalesische Insel Gorée erfuhr zwar mehr mediale Öffentlichkeit, das eigentliche Zentrum des Sklavenhandels war jedoch Sansibar. Der »Neger« wurde im Zolltarif wie eine gewöhnliche Ware registriert. Händler brachten die Gefangenen nach Persien, Indien und bis nach China. Der Handel war von zahlreichen Aufständen begleitet, von denen der berühmteste zwischen 869 und 883 in Zanji im heutigen Irak stattfand. Vierzehn Jahre hielt die Rebellion der Sklaven gegen die Truppen der Abbasiden stand, bevor sie endgültig zerschlagen werden konnte.

Da der Islam die Praxis des Kastrierens verbietet, wurde sie von koptischen Mönchen in Ägypten und Äthiopien durchgeführt. Sie führten die Operation an Jungen im Alter von acht bis zwölf Jahren unter entsetzlich schmutzigen Bedingungen durch. Nahezu 80 Prozent der Behandelten starben an den Folgen der Operation. Die Fantasie vom übermächtigen Schwarzen, der die Damen der Harems zu entehren droht, führte zur massenhaften Produktion von Eunuchen, den sogenannten »Wächtern der weiblichen Tugend«. Was die Frauen betrifft, so waren sie sowohl wegen ihrer Schönheit als auch wegen ihrer vermeintlichen Sinnlichkeit als Konkubinen begehrt. Gingen aus diesen Zwangsverbindungen Kinder hervor, so wurden diese entweder nach der Geburt getötet oder ebenfalls kastriert, was die geringe Anzahl an Nachkommen erklärt[46]. »Es ist die Kastration von Millionen unglücklicher Menschen, die den Sklavenhandel zu einem echten Genozid macht. Das vollkommene Verschwinden der Schwarzen in der arabisch-islamischen Welt, nachdem man sie ausgebeutet und benutzt hatte, war Teil des Vorhabens.« Tidiane N'Diaye bezeichnet den arabischen Sklavenhandel als den schlimmsten: »Obwohl es keine Abstufungen des Schreckens oder ein Monopol der Grausamkeit gibt, kann man mit Sicherheit sagen, dass der Sklavenhandel und die kriegerischen Expeditionen, die von arabischen Muslimen angeführt wurden, für Schwarzafrika und über die Jahrhunderte hinweg viel verheerender waren als der transatlantische Sklavenhandel.« Eine drastische Äußerung mit weitreichenden Folgen für die Forschung. Die Arbeit von N'Diaye verdient es, breit diskutiert zu werden. In seinem Buch über den Kolonialismus schrieb Marc Ferro bereits

1992: »Die Hand zittert, sobald es darum geht, die von den Arabern begangenen Verbrechen heraufzubeschwören, während die Aufzählung der von den Europäern begangenen Verbrechen ganze Seiten füllt.« Es geht nicht darum, den Westen von seinen Verbrechen freizusprechen, sondern darum, die Bürde gerechter zu verteilen...

Das Schweigen der Eliten

Die Studie von N'Diaye endet mit der Frage, warum die Eliten, vor allem in Afrika, angesichts des afrikanischen Sklavenhandels schweigen. Einen Grund sieht er in der afrikanischen Solidarität gegenüber dem weißen Kolonialismus und einen zweiten in einer Art Stockholm-Syndrom, bei dem die Nachkommen der Opfer sich mit den Nachkommen der Henker gemeinsam gegen den Westen verbünden. Wollte die ehemalige Justizministerin Christiane Taubira nicht eben das zum Ausdruck bringen, als sie sagte: »Wir dürfen nicht zu viel über den arabisch-muslimischen Sklavenhandel reden, damit die jungen Araber nicht die ganze Last der Untaten ihrer Vorfahren schultern müssen«? (*L'Express*, 4. Mai 2006) N'Diaye zufolge versuchen zu viele afrikanische und afroamerikanische Forscher diese furchtbaren Ereignisse zu verdrängen, um nicht den Verlust ihrer Vorurteile und Bequemlichkeiten zu riskieren. Die Durban-Konferenz im Jahr 2000 hätte eine Gelegenheit für Araber und Schwarze sein können, sich zu verständigen und Rechnungen zu begleichen. Aber es sollte nicht sein. In einer vielsagenden Verdrängung begnügte man sich damit, »das zionistische Gebilde« anzuklagen und Juden für alles Unglück der Welt verantwortlich zu machen. Es ist bekannt, dass auf den Antillen die verletzliche Erinnerung an die Sklaverei immer wieder in den Antisemitismus führt, dabei war es den Juden, diesem Volk von Aussätzigen, kraft des Code noir[47] nicht gestattet, mit Sklaven zu handeln.

Tidiane N'Diayes These widerspricht der klassischen Vorstellung eines allein vom europäischen Imperialismus ausgeschlachteten Afrikas. Für den Historiker begann das Unglück des Kontinents im siebten Jahrhundert, als arabische Eroberer auftauchten und mit einheimischen Vertrauenspersonen Allianzen schmiedeten[48]. Die Europäer konnten später von diesem ersten Aderlass profitieren, um die Ausbeutung auszuweiten und zu vertiefen. Man kann sagen, dass Europa sich seiner dunklen Seite gestellt hat. Wir erwarten von der arabisch-islamischen Welt, dass auch sie ihre dunkle Geschichte nicht länger verdrängt, ihre Rolle bei der afrikanischen »Jagd auf Ebenholz« aufarbeitet und ein Mea Culpa leistet. Es war an der Zeit, einen Tag des Gedenkens an die Sklaverei (die eher Sklavereien genannt werden sollte, denn der Singular erscheint einschränkend) einzuführen, da sie die gesamte Menschheit befleckte[49]. Aber dieser Tag muss auch ein Tag der Freude sein, denn er erinnert daran, dass die Menschheit als Kollektiv eine der schlimmsten Sünden überwinden konnte. Es ist wichtig, die Umstände und Folgen dieses »infamen Handels« zu unterrichten, damit das Phänomen in seiner gesamten Komplexität begriffen werden kann. Was tun eigentlich unsere fleißigen Demonstranten in Amerika und Europa gegen die moderne Sklaverei? Wo waren sie, als Tausende von Frauen und Kindern, Christen, Jeziden, Schiiten, von den Jihadisten des Islamischen Staats in häusliche und sexuelle Knechtschaft gezwungen wurden? Haben sie vor Wut aufgeschrien, als CNN am 15. November 2017 Bilder der Sklavenmärkte in den Vororten von Tripolis ausstrahlte? Sie blieben still. Alle Verantwortlichen dieses Verbrechens – von Benin bis Amerika, von Aquitanien bis zum Nahen Osten, von Oman bis China – sollten vorgeladen werden, damit die Schandtat in all ihren Verästelungen und ihrer Komplexität verhandelt werden kann. Wie kann man es nicht als Skandal empfinden, dass in Martinique Statuen von Victor Schoelcher, dem bedeutenden Abolitionisten, im Mai 2020 von Aktivisten gestürzt wurden. Dass Schoelcher »weiß« war, reichte den Demonstranten als Vorwand aus. Wie konnte auch jemand, der so aussah, kein Rassist oder Sklavenhalter sein? Die neue Gefahr, die sich abzeichnet, ist die Ethnisierung des Gedächtnisses[50]. »Die Abschaffung der Sklaverei und aller mit ihr verbundenen Handlungen aus dem Jahr 1848 ist weder schwarz noch weiß. Sie ist universell, ihre Farbe ist die Freiheit, und sie gehört allen mit gleichen Rechten ausgestatteten französischen Staatsbürgern.« (Mario Stasi)

Schließlich sollten wir noch Folgendes in Erinnerung rufen: Die Sklaverei wurde in Europa zweimal erneut eingeführt, 1917 nach der Revolution der Bolschewisten und 1933 nach der Machtübernahme der Nationalsozialisten. Die Erfindung des Gulag 1918, die Deportation von Millionen von »Konterrevolutionären« und Kulaken in das menschenleere Sibirien einerseits und die deutschen Konzentrationslager, Arbeits- und Vernichtungslager, stellten einen doppelten »weißen« Sklavenhandel dar, der in weniger als siebzig Jahren Dutzende Millionen Menschen durch Erschöpfung, Folter und Liquidierung vernichtete.

Kapitel 19

Mit einfachen Ideen ins komplizierte Europa

> »Ich scheiße auf eure Notre-Dame von Paris, denn mir ist die Geschichte Frankreichs egal. (...) Die Menschen heulen wegen ein paar Brocken Holz, wallah, ihr liebt die französische Identität, während wir uns einen Dreck um sie scheren. Das ist der Wahn der kleinen Weißen.«
>
> Hafsa Askar, Mitglied der Nationalen Studentenvereinigung UNEF, am 15. April 2019 auf Twitter

Es gibt einen bekannten Ausspruch von Karl Marx über den Staatsstreich von Louis-Napoleon Bonaparte: »Hegel bemerkt irgendwo, daß alle großen weltgeschichtlichen Thatsachen und Personen sich so zu sagen zweimal ereignen. Er hat vergessen hinzuzufügen: das eine Mal als große Tragödie, das andre Mal als lumpige Farce.«[51] Und weiter: »Die Tradition aller toten Geschlechter lastet wie ein Alp auf dem Gehirne der Lebenden.« Woher rührt das Gefühl, dass manche Generationen wie Parodien erscheinen, die auf ungelenke Art wiederkäuen, was ihre talentierteren Vorgänger aussprachen? In dem Feld, das uns hier beschäftigt, kann man mit Fug und Recht behaupten, dass die großen Vordenker des Antikolonialismus Frantz Fanon, Léopold Sédar Senghor, Patrice Lumumba, Aimé

Césaire, Albert Memmi oder Edward Saïd ganz unabhängig davon, ob man mit ihren Inhalten einverstanden ist, niemals weitergedacht, immer nur parodiert wurden. Man vergisst häufig, dass diese illustren, oftmals marxistisch geschulten Figuren selbst Universalisten waren. Das Ziel, das sie mit Nelson Mandela oder Martin Luther King verband, war die Versöhnung des Menschengeschlechts und nicht die Beförderung tribalistischer Konflikte. Ihr Ziel war es, das Universelle auf die Kolonisierten, die Sklaven, die Verdammten der Erde auszudehnen. Ihre selbsternannten Erben haben sich jedoch von dieser Botschaft entfernt. In der Korruption dieses Gedankens liegt die Ambiguität der post- oder dekolonialen Wissenschaften.

»Kolonialismus« ist längst zu einem Kofferwort geworden, ein Begriff ohne Zeitbezüge, der gegen alles und jeden verwendet wird. Jeder kann nach Belieben das imaginäre Land der Sklaverei oder des Kolonialismus bewohnen. Aus ehemals trennscharfen Begriffen sind längst Orte geworden, die man vorübergehend bewohnt, um der eigenen Wut oder Betroffenheit Ausdruck zu verleihen. Man schreibt sich in eine glorreiche Geschichte ein und verzerrt sie zugleich. Generationen von Intellektuellen und Aktivisten, untröstlich über die vergangenen Kämpfe, greifen sechzig Jahre nach der Entkolonialisierung die Sprache der Befreiungskämpfe auf. Fröhlich verkünden sie den von Vorgängern verfassten Katechismus, als ob in den letzten Jahrzehnten nichts geschehen wäre. Sie erinnern an die japanischen Soldaten, die erst in den 1960er-Jahren vom Ende des Zweiten Weltkrieges erfuhren. Held zu sein ist eine Berufung. Sind die Kämpfe erstmal beendet, kann man sich frei von jedem Risiko als strahlender Aufständischer inszenieren.

Die gegen den Westen gerichtete Kritik des Universalismus ist in Wahrheit eine durch und durch westliche Auseinandersetzung, die ihre Wurzeln im 18. Jahrhundert hat. Sie nimmt ihren Anfang mit der deutschen Philosophie, die dem französischen Rationalismus vorwirft, menschliche Vielfalt, Kulturen und Traditionen nicht ausreichend zu reflektieren. Was sie am französischen Denken kritisierte, war ein Herrschaftsstreben, das sich später in den napoleonischen Eroberungen und dem Kolonialismus manifestieren sollte. Diese Anschauung, die in Deutschland von Herder und Fichte (ein Bewunderer der Revolution von 1789) verkörpert wurde, lässt sich bis zu Abbé Raynal, dem Kritiker der »europäischen Barbaren«, zurückverfolgen. Der bedeutendste Vertreter dieser Richtung war jedoch Rousseau, der beißende Kritiker der Illusion der Aufklärung, der Begründer der Romantik und der Anthropologie. Das imperiale Europa gab vor, das Universelle zu verkörpern, dabei erwies es sich als äußerst provinziell: Engländer und Franzosen begnügten sich damit, im Namen der Zivilisation, den Handel mit Pudding und Cheddar-Käse respektive Rotwein und Baguette zu fördern.

Die sogenannte »dekoloniale« Strömung hat die Absicht, die Festungen des Nordens anzugreifen und zu schleifen. Sie fordert die Kolonisierung des Westens durch ehemals Kolonisierte, so wie sich früher Rom seinen griechischen Herren zum Untertanen machte. Man erzählt uns, dass Afrika vor der kolonialen Invasion ein wahres Paradies gewesen sein soll[52]. Auch wenn kein Historiker diesem Mythos Glauben schenkt, versucht man aus dieser vermeintlichen Zerstörung Profit zu schlagen. Reue zeigen ist nicht mehr ausreichend. Es geht jetzt darum Europa (und anschließend die Vereinigten Staaten) mit der tatkräftigen Hilfe aller aufgeklärten Europäer von innen heraus zu sprengen. So forderte die linksextreme Podemos-Partei 2016, dass sich Spanien beim Islam für die *Reconquista* Andalusiens und die Vertreibung der Muslime entschuldigt! Man stelle sich nur einmal das Gegenteil vor: Der Maghreb entschuldigt sich bei Spanien für die siebenhundertjährige Okkupation! Der Kampf um die Befreiung Spaniens, der mehrere Jahrhunderte andauerte, war der erste antikoloniale Krieg auf europäischem Boden. Aus der mit großer Brutalität geführten Reconquista gegen Juden und Araber ging 1478 auch die spanische Inquisition hervor, die die katholische Religion in eine Ideologie der Eroberung transformierte. Wenn aber die Rückeroberung »faschistisch und völkermörderisch« gewesen sein soll, müssen die Unabhängigkeitskriege der 1960er-Jahre neu bewertet werden, denn auch sie waren von Blutbädern und Vertreibungen, etwa derjenigen der arabischen Juden, gekennzeichnet. Das glorreiche Andalusien ist, wie wir längst wissen, ein Mythos, der sich vor den Tatsachen und historischen Analysen blamiert[53].

Das Köpfen von Christopher-Columbus-Statuen in den Vereinigten Staaten, das Beschmieren von Leopold-II-Denkmälern in Belgien, die Demontage des Monuments für Colbert, den Förderer des Code Noir, oder auch desjenigen von General Faidherbe in Lille bezeugt einen ikonoklastischen Furor, den Wunsch nach einer Tabula rasa. In allen Epochen hat man so gehandelt. Aber auf den Tischen stapeln sich Akten, und die Staatsanwälte konkurrieren in ihrem Eifer miteinander. Sie suchen fieberhaft nach möglichst kostengünstigen Wegen, die Fehler der Vergangenheit zu korrigieren. Die Statue von Cervantes, der fünf Jahre lang von Arabern als Sklave gehalten wurde, wird in

San Francisco mit roter Farbe beschmiert, ebenso die Büsten von Churchill und De Gaulle, den beiden Siegern über den Nationalsozialismus. Nicht etwa die widersprüchlichen Persönlichkeiten dieser historischen Figuren werden als Verbrechen angesehen, sondern ihr Weißsein, ihr Konservativsein, die Tatsache, dass sie die Vorurteile ihrer Zeit teilten[54]. Ghandi wurden bestimmte rassistische Aussagen über Afrikaner nachgesagt. Obwohl Nelson Mandela ihm diese mit Verweis auf historische Umstände und Kontexte verzieh, wurde in Ghana das Denkmal für den indischen Befreiungskämpfer entfernt. Und wer folgt morgen? Warum nicht Aimé Césaire, der mit den Behörden der Republik zusammenarbeitete. Oder Toussaint Louverture, der Befreier Haitis, der die Leibeigenschaft und den Prunk des Ancien Régimes wieder einführte. Oder Gaston Monnerville, dieser große Diener des französischen Staates? Oder auch der Kolonialverwalter Felix Éboué? Keine Person der Vergangenheit ist vollkommen. Sie waren immer zugleich Erneuerer und rückwärtsgewandt, Produkte ihrer Zeit. Wir urteilen über sie mit der Arroganz der Erben, wir zerren sie vor das Gericht der Gegenwart.

Was wir hingegen nicht sehen, ist wie weit sie sich, in Antizipation unserer Gegenwart, bereits von den Vorurteilen ihrer Zeit befreit haben. Ein Fanatismus der Reinheit: Wir suchen unbefleckte, untadelige, reine Helden. Diese aber hat es nie gegeben. Alle historischen Figuren hatten auch eine dunkle Seite, die ihre Bewunderer verzweifeln lässt. Selbst die »Bürgerrechtsikone« Angela Davis, nach der so viele französische Gymnasien benannt sind, war nicht ganz ohne Fehl. Der Sowjetunion und dem Stalinisten Erich Honecker begegnete sie mit großer Milde, man könnte auch von Komplizenschaft sprechen, während die politischen Gefangenen hinter dem Eisernen Vorhang ihr keine Solidarität wert waren. Für sie war es schlicht unvorstellbar, dass die Menschen in den Kapitalismus zurückkehren wollten, nachdem sie die Vorteile des Kommunismus genossen hatten

Diejenigen, die nicht den geringsten Beitrag zur Abschaffung von Sklaverei oder Kolonialismus geleistet haben, legen sich mit Phantomen an: In einem Akt retrospektiver ethnischer Säuberung soll jeder Hinweis auf diese Zeit aus dem Gedächtnis getilgt werden. Zu diesem Zweck sollen ganz nach ihren Vorstellungen Straßen umbenannt werden; die gesamte städtische Landschaft Europas muss ihren Launen unterworfen werden. Warum aber sollte man Denkmäler abreißen, wenn man sie auch als historische Lehrmittel benutzen kann? Man kann Erinnerung auch vielfältiger gestalten, wie sich am Beispiel einiger Städte an der Côte d'Azur sehen lässt. In Bandol werden etwa afrikanische Soldaten, die 1944 bei der Landung in der Provence ihr Leben ließen, mit einer Gedenktafel geehrt. Was wir brauchen, ist ein historischer Unterricht über Kolonialgeschichte und Sklaverei, nicht deren Reinwaschung oder Verdammung. Eine informierte Überzeugung ist der unwissenden Reinheit immer vorzuziehen. (Es ist im Übrigen bedauerlich, dass die Gedenktafeln für die Opfer des Bataclan, von *Charlie Hebdo*, des HyperCacher oder von Nizza von terroristischen Attentaten sprechen und nicht von islamistischem Terrorismus.) Das Paradox des vandalischen Kretinismus: Er löscht aus und verflucht, anstatt zu lehren. Er vergisst den Rat Martin Luther Kings an junge Amerikaner, »ihr Erbe nicht zu zerstören, sondern ihm gerecht zu werden.«

»Europa ist nicht mehr der Ort, von dem aus über andere gesprochen wird, sondern das, worüber Asiaten und Afrikaner sprechen«, bemerkt der Philosoph Souleymane Bachir Diagne[55]. Da nach dem Krieg eine Vielzahl von Kulturen die Bühne der Geschichte betraten, sei es notwendig, »das Imaginäre zu dekolonisieren« und anzuerkennen, dass die Philosophie nun ebenso durch Bagdad, Fez, Timbuktu verläuft wie durch Amsterdam oder Königsberg. In die gleiche Richtung geht die Forderung der französisch-kongolesischen Bergson-Kennerin Nadia Yala Kisukid, die das europäische Denken »entrassen« möchte, um der Vorstellung eines »griechischen Wunders« ohne afrikanische oder orientalische Einflüsse ein Ende zu bereiten. Der Aufklärung macht sie den Vorwurf, den Anderen auf fundamentale Art verdrängt zu haben. »Die Geschichte der Philosophie, d.h. die Darstellung ihrer griechischen Genese und ihrer ausschließlich europäischen Abstammung, die in der Neuzeit konstruiert wurde, besitzt einen diskriminierenden und identitätsstiftenden Charakter.«[56] Afrikaner müssten die »koloniale Bibliothek« (V. Y. Mudimbe) verlassen, damit sie nicht mehr genötigt sind, mit den Konzepten der ehemaligen Kolonisatoren zu denken.

Im Grund genommen wiederholen all diese Autoren bloß eine Kritik, die im 18. Jahrhundert bereits von Jean-Jacques Rousseau gegen den Narzissmus Europas erhoben wurde: »Seit drei-, vierhundert Jahren überschwemmen Europäer andere Erdteile, veröffentlichen ohne Unterlass Berichte ihrer Reisen und Erfahrungen, und dennoch bin ich davon überzeugt, dass wir keine anderen Menschen als Europäer kennen.«[57] Dieser Bruch mit der zirkulären Selbstbetrachtung der Kolonisatoren ist das zentrale Anliegen der Anthropologie. Claude Lévi-Strauss, dieser große Anhänger Rousseaus, war der erste, der den Versuch unternahm, sich selbst durch fremde Augen zu betrachten. Die Forderungen dieser Intellektuellen sind für sich genommen nicht ohne Berechtigung, aber ihr Begriff der westlichen Philosophie krankt an Vereinfachungen. Philosophie war zu keinem Zeitpunkt eine reine solipsistische, um sich selbst kreisende Reflexion. Keine Kultur war von einer solchen Neugierde gegenüber anderen Zivilisationen geprägt wie die europäische. Das ging so weit, dass die spätgriechische Philosophie die Überlegenheit der Barbaren (also der Ägypter) proklamierte und dadurch die eigene Sprache, eigene Institutionen und ihre Geschichte abwertete[58]. Karl Jaspers sprach Mitte des 20. Jahrhunderts von der geistigen Schuld gegenüber Buddha und Konfuzius, Schopenhauer und Nietzsche[59] waren von orientalischen Philosophien fasziniert und Pyrrhon war nicht der einzige alte Grieche, der von den »Gymnosophen«, also Hinduisten und Buddhisten, beeinflusst war. All das scheint in Vergessenheit geraten zu sein. Laut Roger-Pol Droit fand die Trennung zwischen dem Orient als Ort der Weisheit und Griechenland als Heimat der Philosophie im 19. Jahrhundert statt[60].

Es wird häufig behauptet, wir würden die großen Werke der philosophischen Schulen Afrikas nicht kennen. Wenn das stimmt, dann sollten sie schleunigst übersetzt, neu redigiert und veröffentlicht werden. Damit wir uns von ihrer Originalität überzeugen können, müssen sie ebenso wie vor ihnen die Werke von Maimonides, Augustus und Averroes den Weg in unsere Sprachen finden. Aber warum sollte der Grund für dieses Nichtwissen in einem griechischen Pseudo-Rassismus zu finden sein? Frantz Fanon setzte sich bereits früh mit solchen Einwänden auseinander: »Wir sind davon überzeugt, dass es hochinteressant wäre, eine Negerliteratur oder die schwarze Architektur des 3. Jahrhunderts vor Christus kennenzulernen. Es würde uns freuen zu erfahren, dass es einen Austausch zwischen einem Neger-Philosophen und Platon gab. Aber das würde nichts an der Situation achtjähriger Jungen ändern, die auf den Zuckerrohrfeldern von Martinique arbeiten.«[61] Falls das Ziel darin besteht, die Philosophie zu globalisieren, werden wir es kaum erreichen, indem wir das westliche Denken verleumden. Was wir heute dringend brauchen, ist nicht Dekolonisierung, sondern neue Brücken, weitere Horizonte und die Überwindung alter Trennungen.

Die gute alte Zeit der Kolonien

Wir müssen unterscheiden zwischen dem Kolonialismus, den wir ebenso prinzipiell verurteilen wie den Kommunismus oder den Faschismus, und der Kolonisierung als vielfältiger und komplexer Erscheinung, die sowohl schädliche wie nützliche Aspekte aufwies. Ihre Darstellung gehört in den Aufgabenbereich gewissenhafter und nuanciert arbeitender Historiker. Trotz Kolonisierung konnten freundschaftliche und respektvolle Beziehungen zu einst bevormundeten Völkern geknüpft werden, die auch ein halbes Jahrhundert nach der Unabhängigkeit noch fortbestehen. Im Diskurs unserer Aktivisten erscheint »Kolonialismus« jedoch als etwas, das niemals endet – wie ein Wolkenschleier nach einem Sturm. Er ist wie Gott: omnipräsent und nirgends sichtbar. In den Worten von Françoise Vergas:

»Dekoloniale Feministinnen untersuchen, auf welche Art der Komplex Rassismus/Sexismus/Ethnizismus sämtliche Herrschaftsverhältnisse durchdringt, auch wenn die Regime, die für dieses Phänomen verantwortlich waren, verschwunden sind. »Kolonialität« ist das Fortleben des französischen republikanischen Rassismus im Mutterland und anderswo. Wir müssen Patriarchat, Staat und Kapital, reproduktive Gerechtigkeit, Umweltgerechtigkeit und Kritik an der Pharmaindustrie, Rechte von Migrant*innen und Geflüchteten und das Ende des Femizids, den Kampf gegen das rassistische Anthropozän-Kapitalozän und die Kriminalisierung von Solidarität zusammendenken.«[62]

Eine kunterbunte Einkaufsliste unzusammenhängender Dinge, samt inklusiver Sprache, die den Leser zum militanten Shoppen gegen heteronormativen Rassismus einlädt. Bloß nichts vergessen. Eines Tages wird ein Grammatik-Experte über solche Traktate stolpern und vom verwendeten Fachchinesisch auf den Hirntod bestimmter Linker schließen. Laut Achille Mbembe, der Afrika den Afrikanern zurückzugeben will, hat Europa zwar seine Kolonien dekolonisiert, dabei jedoch die Selbstdekolonisierung vergessen. Was man darunter zu verstehen hat, wird nicht ganz deutlich. Mbembe verlangt, dass Europa seine Grenzen für Afrikaner öffnet, aber an andere Stelle erklärt er, dass »die Afrikaner sich von der Lust nach Europa reinigen sollen.«[63] Wo bleibt da die Kohärenz?

Es ist evident, dass wir unser Verhältnis zu Afrika – oder vielmehr zu den Afrikas, denn nur der Plural wird diesem gewaltigen Kontinent gerecht – neu denken müssen. Vor allem müssen wir erkennen, dass das Wohl des Kontinents ausschließlich in den Händen seiner Bevölkerung liegt (auch wenn dieser Erdteil gerade dabei ist, von China erneut kolonisiert zu werden)[64]. Das Paradox gewisser Intellektueller scheint mir Folgendes zu sein: Indem sie Europa auf die Anklagebank zerren, befördern sie es ungewollt wieder ins Zentrum. Sie blenden aus, dass von den 27 Ländern der Europäischen Union lediglich acht Nationen, also weniger als ein Drittel, Kolonien unterhielten. Alle anderen waren selbst Opfer von Kolonisierung – durch das Russische und das Osmanische Reich oder durch die

Sowjetunion. Bei manchen endete die Knechtschaft im 19. Jahrhundert[65], andere mussten bis 1989 warten. Der Wunsch, Europa zu marginalisieren, genauer gesagt zu »provinzialisieren« (Dipesh Chakrabarty)[66], macht es erneut zum absoluten Brennpunkt. Die den Diskurs prägenden politischen Überbietungen, den stilistischen Manierismus und die theoretischen Basteleien nannte Jean-François Bayard einen »akademischen Karneval«. Sechzig Jahre nachdem diese acht westeuropäischen Länder sämtliche Kolonien aufgegeben haben, fällt die Schuldzuweisung größer aus als je zuvor. Diese Nationen, die man wegen ihrer Vergangenheit angreift, spielen im Weltgeschehen keine bedeutende Rolle mehr, auch wenn die Europäische Union weiterhin eine Wirtschaftsmacht ist. Ihre Kritiker lassen sich davon nicht beirren. Die EU soll auch weiterhin von ihrem kolonialistischen Unbewussten bestimmt werden. Auf diese Art zollt man ihr Tribut, indem man sie angreift.

Wenn uns Europa tatsächlich so viele gute Gründe gibt, Europa zu verabscheuen (und ich möchte dem nicht widersprechen), wenn es ein Ort des Rassismus, der Unterdrückung und der Gewalt ist, warum möchten sich dann so viele hier niederlassen? Warum wollen so viel brillante afrikanische Köpfe hier unterrichten und publizieren? Es ist ihr größter Wunsch, von Ländern anerkannt zu werden, deren Politik sie leidenschaftlich angreifen. Ihre Philosophen, Schriftsteller und Romanautoren werden in Europa gefeiert, ausgezeichnet, mit Preisen überhäuft, aber die Verunglimpfungen gehen ohne Unterlass weiter. Man könnte das eine *Verführung durch Beleidigung* nennen: Nimm mich bei dir auf, damit ich dich besser verdammen kann. Eine äußerst bequeme Position. Man tadelt Europa, indem man es dazu zwingt, seine Ankläger in die Arme zu schließen. Die Manipulation der »weißen«[67] Schuld kann ein wahrer Genuss sein. »Du hast mir Sprache beigebracht, und mein Gewinn ist, dass ich weiß, wie man flucht« (Shakespeare).

Der anglo-ghanaische Schriftsteller Kwame Anthony Appiah fasste diese Situation auf ironische Art zusammen: »Den Zustand der Postkolonialität kann man ein wenig bösartig als eine Art Kompradoren-Intelligenzia beschreiben: eine relativ überschaubare, westlich geprägte Schicht von Schriftstellern und Intellektuellen, die im Handel mit kulturellen Produkten zwischen dem globalen Kapitalismus und der Peripherie als Vermittler tätig sind.«[68] Der Status des afrikanischen »Opfer-Intellektuellen«, der die Nischen des schlechten Gewissens des Westens erforscht, stellt eine attraktive Marktlücke dar. In der Beziehung sind zwei starre Rollen vorgesehen: der grollende Inquisitor und der sich selbst geißelnde Angeklagte.

Die Moralabgabe

Diese Anschuldigungen basieren auf der Prämisse, dass die Schuld Europas gegenüber Afrika grenzenlos ist. Die Geschichte des Sklavenhandels kann man kaum in Frage stellen, aber warum sollte allein der Westen diese Last tragen, während der Orient und Afrika freigesprochen werden? Europa schuldet dem afrikanischen Kontinent alles, und keine noch so große finanzielle Kompensation soll diesen Verlust jemals ausgleichen können.

Die »dekolonialen« Intellektuellen sind selbsternannte Schuldeneintreiber, gekommen, um ihre Dividende des Mitgefühls einzutreiben. Europa sei eigentlich eine Schöpfung der Dritten Welt – wie es in den 1960er-Jahren hieß

– und der Reichtum des Kontinents sei eigentlich der Besitz der früheren Kolonien. Eine eher fragwürdige These, denn der Kolonialismus hat die europäischen Länder vermutlich mehr gekostet, als er ihnen eingebracht hat[69]. Auf Grundlage von Plünderungen und Diebstahl wurden noch nie erfolgreiche Wirtschaftssysteme gegründet. Das Spanien des goldenen Zeitalters, das am Goldfieber zugrunde ging, beweist es. Ein Land zu kolonisieren bedeutet, die Innovationsfähigkeit des Mutterlandes zu mindern. All jenen Intellektuellen, die auf der Suche nach akademischer Anerkennung in den Westen kommen, möchte man sagen: Vergesst uns und helft lieber dabei, eure Länder wieder aufzubauen! Die französisch-senegalesische Schriftstellerin Fatou Diome scheute sich nicht dieses Tabu zu brechen: »Die Leier über Kolonisierung und Sklaverei ist zum Geschäft geworden.«[70]

Die Problematik der Rückgabe von Kunstwerken beruht auf den gleichen Prämissen: Die Museographie des Westens ist nichts weiter als Diebstahl und Enteignung. Selbst der Élysée-Palast gilt Louis-Georges Tin, Ehrenpräsident des Cran, als »Sklavenpalast«, da er von Antoine Crozat, einem der reichsten Sklavenhändler der französischen Geschichte, zur Unterbringung seiner Tochter und seines Schwiegersohns Louis-Henri de al Tour d'Auvergne gebaut und finanziert wurde. Die allermeisten Monumente der Republik kommen bei ihm kaum besser weg. Über das Ehepaar Macron, in seinen Augen nahezu selbst Sklavenhändler, schrieb Tin: »Ihr seid in einer prächtigen Residenz untergebracht, deren Gold die Kehrseite der Hölle unserer Vorfahren ist. Hinter den Mauern des Élysée-Palastes irren noch immer die Geister der Sklaven umher. Die Stille eures Palastes hallt wider von den Schreien und den Leiden der deportierten Afrikaner. Sie sind die Erben dieser Geschichte. Aus dem Blut versklavter Afrikaner ist die Pracht des Daches entstanden, das euch Schutz bietet.«[71] Eine Anmerkung am Rande: Der Élysée-Palast wurde nicht von afrikanischen Sklaven gebaut, sondern von französischen Handwerkern. Zur Zeit des Ancien Régime war Leibeigenschaft, diese abgeschwächte Form der Sklaverei, noch weit verbreitet. Es ist die Arbeit und der Schmerz dieser unfreien Arbeiter, die in den Gängen des Palastes widerhallen, aber ebenso ihr Talent und ihr handwerkliches und baumeisterliches Geschick. Zahllose Gebäude in Frankreich bezeugen das Können dieser Arbeiter. In seiner revisionistischen Wut vergisst der Aushilfshistoriker einen wesentlichen Akteur, nämlich das französische Volk, den Dritten Stand, dessen Lebenserwartung damals 27 oder 28 Jahre betrug und das zumeist in bitterer Armut lebte. Man versucht uns beizubringen, dass der französische Kapitalismus auf der Sklaverei aufgebaut wurde, dass große Firmen wie Marie Brizard, AXA und die Bank von Frankreich von diesem schändlichen Handel profitierten und jetzt Reparationen leisten müssen[72]. Wirklich? Laut Frédéric Régent, einem Erforscher der Sklaverei, »machte der Sklavenhandel am Ende des 18. Jahrhunderts vier bis fünf Prozent der französischen Wirtschaft aus«. Ohne Zweifel ist das zu viel, die restlichen 95 % sollte man jedoch nicht unter den Teppich kehren.

Es ist immer das gleiche Problem mit den Krämern der Erinnerung. Anstatt zu fragen, was sie Frankreich schulden, stellen sie der Nation eine Rechnung aus und verlangen ihre prompte Begleichung. Es geht immer nur darum, die Republik zu delegitimieren, indem man sie mit schändlichen und unverzeihlichen Ursprüngen in Verbindung bringt – Passiva, die niemals beglichen werden können. Fazit: Was euch gehört, gehört uns. Eben das forderte ein kleines Kommando von Agitatoren, das sich am 14. Juni 2020 zum Musée du quai Branly begab, um dort einen Grabpfosten der Bari aus dem 19. Jahrhundert aus seiner Verankerung zu reißen und »zurückzunehmen«. Dabei riefen sie: »Diese Gegenstände wurden uns während der Kolonialzeit geraubt. Wir nehmen unser Eigentum mit und bringen es zurück nach Hause.«[73] Der Okzident ist der Kontinent der Hehlerei: Er muss erstatten, reparieren, entschädigen, bis ans Ende der Zeit.

Es gibt mindestens zwei Arten der Erinnerung: eine der narzisstischen Konservierung, die durch keine noch so große Entschädigung besänftigt werden kann, und eine der Mobilisierung, die uns für Ungerechtigkeiten sensibilisiert. Die erste ist eine Erinnerung des Ressentiments, die ständig neue Ziele für ihre Rache sucht. Die zweite ist eine Erinnerung der Ehre, die die Quelle der Empörung lebendig hält und unser Bewusstsein für die Infamien der Gegenwart schärft.

Kolonisten bei uns?

Der Prozess gegen den Kolonialismus wird nicht deshalb neu aufgerollt, weil man ihn in den Schulen ignoriert oder verdrängt hätte (im Gegenteil, die unterrichten ihn in aller nötigen Komplexität), sondern weil er denjenigen, die sich nach den alten Spaltungen sehnen, Klarheit verspricht. Ähnlich den Untröstlichen des Zweiten Weltkrieges, die auch heute noch einen Kampf gegen den Faschismus inszenieren, gibt es Intellektuelle, die sich nie mit der Tatsache anfreunden konnten, dass die von Frankreich kolonisierten Gebiete längst ihre Unabhängigkeit genießen. Sie sind schlicht zu jung, um damals eine Rolle gespielt zu haben, weshalb sie dringend Nachholbedarf haben. Sie bilden, gemeinsam mit den in Frankreich repatriierten Algeriern, das Rückgrat der neokolonialen Lobby. Sie trauern der Unterdrückung von gestern nicht nach, weil sie zu viele psychologische Vorteile bietet.

Die schlechte Lage von Nordafrikanern und Schwarzen in Teilen unserer Städte wird »durch das Fortbestehen und die Anwendung kolonialer Muster auf bestimmte Bevölkerungsgruppen, vor allem aus dem Ex-Imperium«[74], erklärt. Für Einwanderer aus China, Vietnam oder Kambodscha ist in diesem Modell leider kein Platz. Der neuen Vulgata zufolge sind soziale Probleme in erster Linie ethnisch bedingt und die Banlieues nichts anderes als die neuen Herrschaftsgebiete, in denen die Bewohner als Bürger zweiter Klasse zum Schweigen gebracht werden.

Nach dieser Vorstellung würde Paris sich über die Vorstädte hermachen, um ihre Reichtümer auszubeuten und sie einer gewaltsamen Politik der Plünderung zu unterwerfen. Manche, so geht die Erzählung weiter, würden diese gesetzlosen Territorien gerne zu den neuen Palästinensergebieten machen, zu einem Gaza-Streifen neben Lyon, Toulouse und Paris. Auf diese Art werden die Franzosen zu Kolonisatoren in ihrer eigenen Heimat. Man müsste ihnen das Land enteignen. Man hat eine neuartige, fantastische Genealogie erfunden, in der die Minguettes[75] oder die nördlichen Viertel Marseilles als besetzte Gebiete erscheinen und La Courneuve[76] mit den Ghettos von Chicago verglichen wird. Wir befinden uns in einer Art raumzeitlichen Kollision, einer Überlagerung von Epochen und Kontinenten, in der alles sich vermischt: das 93. Département und Ramallah, die Gangsterbosse Frankreichs und die südamerikanischen Narcos, Clichy und Minneapolis[77]. Jedes Mal wenn Randalierer mit der Polizei zusammenstoßen, kursieren Petitionen, die den Abzug der Polizei und die Selbstverwaltung dieser Gebiete durch Gangs oder Islamisten fordern. Die Situation in den Banlieues rührt also nicht aus einer kommerziell motivierten Unterordnung (die den Imperialismus kennzeichnete), sondern aus der Existenz einer »echten Gegengesellschaft, inmitten eines tiefgehenden kulturellen Bruchs« (Gilles Kepel). Kolonisatoren hielten ein Land besetzt, um es auszubeuten. Ihnen war nicht daran gelegen, ihre Besitzung im Stich zu lassen, damit es zu einem »verlorenen Territorium der Republik« verkommt und zur Beute aller möglichen Dealer wird. Milliarden wurden in die Renovierung islamischer Länder investiert, aber nicht mit dem Ziel, »vom Islamismus eroberte Gebiete« zu schaffen. Deshalb ist es so wichtig, dass die Republik die von Gangs besetzten Gebiete zurückerobert. Ein Prozess, der auch auf die Bildung angewiesen ist, und der sichere Schulen, die Rückkehr öffentlicher Dienste, Gesundheitsversorgung und bessere Verkehrsanbindungen ebenso zur Bedingung hat wie die Abschaffung von Racial Profiling und die Entkriminalisierung von Cannabis, diesem Motiv von Gier und Mord. Es stimmt, dass viele schwarze oder afrikanische Bürger »voll und ganz Franzosen« werden möchten. Ganz zu Recht kritisieren sie die Diskriminierungen wegen ihres Aussehens oder ihrer Nachnamen. Aber was ist mit all den anderen, den Pakistanern, Sri Lankern, Kurden, Tamilen und Türken, über die man keine Worte verliert? Frankreich wird oft für seine abstrakte Staatsbürgerschaft kritisiert: Indem es das Recht auf Ähnlichkeit über das Recht auf Differenz stellt, würde es all diejenigen ausschließen, die einen anderen Hintergrund haben und dennoch danach streben, in den erlauchten Kreis der Mitmenschen aufgenommen zu werden.

Der Vorwurf hat seine Berechtigung, obwohl Frankreich in vielen Bereichen bereits faktisch positive Diskriminierung betreibt. Entscheidend ist, für was sich diese Personen mobilisieren: für eine verachtete Rechtsgleichheit, die sie vor den Toren der Republik stehen lässt, oder für eine so tiefgehende Empörung, dass ihnen nur der Platz des vollkommenen Außen übrigbleibt. Anstatt die verschiedenen Minoritäten zu integrieren, soll die Gesellschaft sich ihnen anpassen und ihre messianischen Bestimmungen begrüßen. Aus ihrem vergangenen oder gegenwärtigen Martyrium ließen sich unbegrenzte Schuldforderungen geltend machen. Man vergisst, dass der soziale Fahrstuhl in Frankreich seit Jahrzehnten funktioniert, dass zahlreiche Bürger aus Nordafrika, dem subsaharischen Afrika, aus Übersee und den Inseln des Indischen Ozeans Anwälte, Ärzte, Unternehmer, Forscher, Politiker geworden sind. Sie sind so sehr Teil unserer Landschaft geworden, dass man sie nicht mehr wahrnimmt.

Wer von sich behauptet, von Geburt an Opfer zu sein, räumt sich selbst ein moralisches Recht ein, das über jeden politischen und juristischen Anspruch hinausgeht. Selbst wenn man Böses tut, bleibt man dennoch unschuldig. Das aber ist ein zweischneidiges Schwert. Das Gefühl der Zugehörigkeit beruht auf einer geteilten Erfahrung und einer Verantwortung im öffentlichen und beruflichen Leben – nicht auf der Inszenierung von imaginärem oder reellem Leid. Aus den Lobbys professioneller Opfer werden keine guten Bürger: Die Nation ist ihnen niemals schön genug, denn sie vergisst frühere Untaten und erfordert das symbolische Bekenntnis zu einem spirituellen Prinzip, das aus einer singulären Geschichte rührt.

Die Nation setzt die freiwillige Assoziation mit einer nationalen Gemeinschaft voraus, mit der Sprache und der

Kultur und allem was dazugehört. Um Geschichte zu machen, müssen wir damit anfangen, sie zu vergessen. Oder sie vielmehr den Historikern überlassen, wenn die Erinnerung nur Verurteilungen, Spaltungen und Ressentiment zur Folge hat. Sie bringt die Toten und Gemarterten zurück, wirft sie den Lebenden ins Gesicht und schreit: Schämt euch für eure Gelassenheit und leistet Abbitte! Das Vortragen der endlosen Liste von Massakern, Vertreibungen und Ausbeutungen, für die unsere Väter verantwortlich sein sollen, bedeutet, eine bodenlose Truhe der Ressentiments und Rachegelüste zu öffnen, den Zeitgenossen für Verbrechen seiner Vorfahren zahlen zu lassen. Eben das geschah vor nicht allzu langer Zeit im ehemaligen Jugoslawien, als serbische Nationalisten ihre Übergriffe mit vergangenem Unrecht begründeten. Wer alte Leichen ausgräbt, bringt auch den alten Hass an die Oberfläche. Man gehorcht weniger den Tugenden einer Pädagogik des Verständnisses als einem Willen zum Anklagen und Bestrafen. Zwischen der Verdrängung und dem ewigen Wiederkäuen gibt es auch noch den Weg des Wiederaufbaus, des aufklarenden Himmels, der befriedeten oder zumindest ruhiggestellten Vergangenheit.

Man kann das Ritornell des Leids endlos abspulen oder aber den Ausgang aus dem Unglück, den Sieg über Knechtschaft und Niedertracht feiern. Der Weg zur Erlösung liegt in der Ausklammerung dessen, was uns beinahe das Leben gekostet hätte. Ein Beispiel unter Hunderten: Sollen sich Katholiken und Protestanten weiterhin gegenseitig beschimpfen, sich niederstechen, weil sie sich in Frankreich drei Jahrhunderte lang grausam bekämpft haben? Die Geschichte besteht ebenso aus Erinnerungen wie aus kollektivem Vergessen: Sie ist die Abschaffung der Blutschuld, die zwischen gesellschaftlichen Gruppen angehäuft wurde. Es kann keine letzte Wiedergutmachung für die Wunden der Vergangenheit geben. Die Gefolterten, die Deportierten, die Gedemütigten können nicht gerächt werden; keine finanzielle Entschädigung wird sie zurückbringen. Was ihnen zusteht, ist die historische Wahrheit und nicht der unstillbare Vergeltungswunsch ihrer Nachfahren.

Man macht die großen Länder zu Recht dafür verantwortlich, bei der Integration der Söhne und Enkel von Migranten zu versagen. Dabei wird vergessen, dass es auch Minoritäten gibt, die aus Willkür jede Integration ablehnen, die nicht mit einem extraterritorialen Status einhergeht. Wenn wir der giftigen Verführung des ethnischen Diskurses entgegenwirken wollen, darf sich die Republik nicht mit tugendhaften Appellen begnügen. Anders als in den Vereinigten Staaten kann sie sich nicht auf Religion und Patriotismus als Kitt verlassen, sondern muss bereit sein, einen ganz eigenen Weg zu finden. Den »Franzosen wider Willen«[78] kann man nur raten, sich mit den Werten der Republik zu versöhnen und ihre Wut in politisches Handeln zu verwandeln. Ihre von der grün-braun-roten Ultralinken befeuerte Vision eines indigen-rassistischen Frankreichs dürfte in der Bevölkerung auf wenig Zustimmung, wenn nicht gar auf offene Feindseligkeit stoßen. Anstatt sich für die Wohltaten Frankreichs zu bedanken und die gebührende Dankbarkeit entgegenzubringen, ziehen sie es vor, die Republik in den Dreck zu ziehen. Oder ziehen diese verirrten Seelen vielleicht, wie die Jihadisten der Jahre 2013–2019, ein Exilleben in Gegenden vor, die besser zu ihrem Temperament passen? Man kann ein Land, das man verachtet, nicht dauerhaft bewohnen, ohne sich selbst zu verachten.

Ein neues Kapitel aufschlagen oder endlos grübeln?

Dass die Dekolonisation bereits stattfand, gehört zu den Tatsachen, auf die man nur ungern hinweist. Mit Sicherheit verlief dieser Prozess nicht perfekt und hinterließ zahlreiche bleibende Spuren, aber Nationen wie England, Frankreich oder Belgien ist es dennoch gelungen, ein neues Kapitel aufzuschlagen. Die jüngeren Generationen leiden unter einer historischen Amnesie, weil sie keinerlei Verhältnis zu dieser Epoche haben. Was uns in Frankreich mehr denn je bewegt, ist die Erinnerung an die beiden Weltkonflikte: die demütigende Niederlage von 1940, die Kollaboration eines Teils unserer Eliten mit den Nazi-Besatzern und eines anderen Teils mit der stalinistischen Barbarei. Wir erholen uns nur langsam von diesen Ereignissen.

Dass der Verlust des französischen Imperiums, insbesondere Algeriens, in den 1960ern so schnell überwunden war, zeigt, dass das koloniale Unternehmen den meisten Franzosen weniger als vermutet am Herzen lag. Man fand nicht einmal die Zeit, den Hunderttausend Pieds-Noirs[79] zu gedenken, die unter der Losung »Koffer oder Sarg« ins Exil getrieben wurden, geschweige denn den von den neuen Herren erschlagenen Harkis[80]. Das imperiale Projekt Frankreichs war die Sache einer bestimmten Lobby, nicht die des Volkes.

Im Juli 1885 fand im Abgeordnetenhaus eine außergewöhnliche und erhitzte Debatte zwischen Georges Clemenceau und Jules Ferry über die Zweckmäßigkeit einer kolonialen Expansion statt. Den Argumenten Ferrys, der Frankreich nach der Niederlage von 1870 wieder zur alten Größe verhelfen wollte und es als seine Pflicht ansah, »niedere Rassen« durch »höhere Rassen« zu zivilisieren, entgegnete der erbitterte Gegner des Kolonialismus Clemenceau Folgendes:

»Minderwertige Rassen, überlegene Rassen, das sagt sich so leicht. Ich für meinen Teil bin vorsichtig mit solchen Urteilen, seit ich von deutschen Gelehrten gehört habe, dass Frankreich im Krieg gegen Deutschland besiegt werden muss, weil der Franzose einer minderen Rasse als der Deutsche angehört. Ich gestehe, dass ich seitdem ganz genau hinschaue, bevor ich mich einem Menschen oder einer Zivilisation zuwende und sie als minderwertig bezeichne. Die Hindus sollen eine minderwertige Rasse sein? Mit ihrer großen, edlen Zivilisation, die sich im Nebel der Zeit verliert! Mit dieser großen buddhistischen Religion, die sich von Indien nach China ausbreitete! Mit ihren großartigen Kunstwerken, deren prächtige Überreste wir auch heute noch betrachten können! Die Chinesen sollen eine minderwertige Rasse sein? Mit einer Zivilisation, deren Ursprünge unbekannt sind und die sich als Erste zum Höchsten entwickeln konnte! Konfuzius minderwertig? (…) So viele grausame, entsetzliche Verbrechen wurden im Namen der Gerechtigkeit und der Zivilisation begangen. (...) Nein, vermeintlich überlegene Nationen besitzen gegenüber vermeintlich minderwertigen Nationen keinerlei Rechte. (...) Die Eroberung, die sie befürworten, ist der schlichte Missbrauch der Macht einer wissenschaftlichen Zivilisation gegenüber weniger fortgeschrittenen Zivilisationen, mit dem Ziel, sich der Menschen zu bemächtigen, sie zu foltern und sie zum Nutzen des Zivilisierten auszubeuten. Das ist kein Recht, sondern die Negation von Recht.«[81]

Trotz seiner Eloquenz unterlag Clemenceau, und Frankreich ließ sich auf ein Abenteuer ein, das sich im Nachhinein als ein moralisches, wirtschaftliches und politisches Desaster entpuppte. Wir bezahlen den Preis dafür bis heute.

Die Dekolonisation war eine echte Befreiung für das Mutterland, das Abladen eines Ballasts, parallel zum Aufschwung der dreißig glorreichen Jahre. Wir haben uns ebenso von den Kolonien befreit wie sie von uns. Dass wir unsere »kolonialen Erinnerungen« rekonstruieren müssen, wie wir es bereits für andere Epochen getan haben, ist zweifellos richtig. Aber Erinnerungen sind diese Ereignisse eben deshalb, weil sie in der Vergangenheit liegen. Der Verlust des Imperiums mag in den Jahren nach 1962, vor allem für die Pieds Noirs, ein signifikantes Ereignis gewesen sein, das narzisstische Wunden (Benjamin Stora) hinterließ. Heute, sechzig Jahre danach, trifft das aber sicher nicht mehr zu. Überhaupt, welche »narzisstische Wunde«? Bei der bloßen Erwähnung des »französischen Imperiums« müssen die jungen Leute grinsen. Die überseeischen Besitztümer loszuwerden war eine Erleichterung. Was hätten wir auch mit diesem Schlamassel anfangen sollen? In einer Zeit der Revolutionierung der Sitten und des Aufbaus der europäischen Gemeinschaft gab es niemanden mehr, der für Tonkin oder Mitijda sein Leben riskiert hätte. Man sagt, wir hätten den Algerienkrieg aus unserem nationalen Gewissen verbannt. Aber es handelt sich um ein Verbanntes, über das die ganze Welt spricht – das meistdiskutierte Geheimnis unserer Zeit. Tausende von Büchern und Artikel, Dutzende von Filmen, endlose Sendungen wurden dem Thema gewidmet. Der Freud'sche Begriff der »Verdrängung« ist hier sicherlich fehl am Platz. Kurioserweise wird das Osmanische Reich, das

Algerien fast drei Jahrhunderte lang besetzt hielt, nie für seine Untaten und seine behördliche Bevormundung zur Rechenschaft gezogen. Als islamisches Imperium werden ihm mildernde Umstände gewährt. In Algier fordern manche Leitartikler bereits die Rückkehr in den türkischen Schoß und die Wiederauferstehung des 1924 abgeschafften Kalifats. Ach, wie groß doch der Wunsch nach Knechtschaft bei manchen Ex-Kolonisierten ist.

Nicht ohne Wehmut liest man hierzu die auf dem Höhepunkt des Konflikts verfassten Essays von Camus. In diesen schönen, noch vor den Évian-Abkommen verfassten Texten beschäftigt sich der Autor mit der Möglichkeit einer Bewahrung der französischen Präsenz in Nordafrika. Selbst als sich der Befreiungskampf längst zum Bürgerkrieg und religiösen Jihad erweitert hatte und jede Kompromisslösung unmöglich wurde, setzte er sich für einen Waffenstillstand ein.

In der Klasse der Intellektuellen erwies sich Raymond Aron, wie nicht anders zu erwarten, als der hellsichtigste und Jean-Paul Sartre, der im Vorwort zu Fanons *Die Verdammten dieser Erde* (1961) zum Mord an Kolonisten aufrief, als der oberflächlichste. Sartre musste die Situation stark vereinfachen, um besonders engagiert zu erscheinen. Der Autor von *La Tragédie algérienne* (1957) hielt die Unabhängigkeit eher aus wirtschaftlichen und moralischen Gründen für unumgänglich. Frankreich würde Algerien mehr oder weniger kurzfristig verlassen müssen, weshalb es darauf ankäme, den Ausstieg auf kluge Weise zu gestalten. Was auch immer geschah, es war notwendig, die Brücken abzureißen und sich für »die heroische Lösung des Rückzugs« zu entscheiden. Manche Spannungen lassen sich eben nur durch die friedliche Trennung zweier Völker lösen, während der Einsatz für einen unwahrscheinlichen

Frieden dem Krieg den Boden bereiten kann (hierin bestand der Kern des grausamen Kriegs in Ex-Jugoslawien). Man erfand die Scheidung, damit Paare ihre Differenzen beilegen können. Auch für Bürger eines gemeinsamen Landes sollte gelten, dass man sie weder zur gegenseitigen Liebe noch zur Liebe ihrer Nachbarn zwingen darf. Das ganze Unglück des französisch-algerischen Verhältnisses besteht darin, dass die Brücken nie vollständig abgerissen wurden. Die furchtbare Gewalt der Eroberungen, die »Ausräucherungen« durch die Generäle Cavaignac und Bugeaud, die brutale Niederschlagung der Revolten, der Einsatz von Folter durch die französische Armee. Und im anderen Lager die Attentate des FLN, die Bomben, die Vernichtung der anderen nationalistischen Fraktion, vor allem der MNA von Messali Hadj, das Massaker von Melouza im Mai 1957, bei dem über 300 Dorfbewohner umkamen, der im Herzen von Paris ausgetragene Konflikt zwischen rivalisierenden Gruppen, die einen »Graben des Blutes inmitten der Emigration« (Benjamin Stora)[82] gruben, mit fast 4000 Toten und 12.000[83] Verwundeten. All das sollte uns heute dazu ermutigen den Krieg in all seiner Komplexität zu betrachten und den Zerrbildern und Klischees keinen Glauben zu schenken.

Vergebung für Algerien?

Es ist wichtig, sich mit der von Präsident Macron angekündigten Entschuldigung gegenüber Algeriens auseinanderzusetzen[84]. Im subsaharischen Afrika forderte Macron zu Beginn seiner Amtszeit seine jungen Gesprächspartner auf, die Kolonialisierung hinter sich zu lassen und den Blick in die Zukunft zur richten. Einer Gruppe von Studenten in Ouagadougou sagte er im Jahr 2017: »Afrika bedeutet für mich Nelson Mandela und nicht Kolonialismus.« Drei Jahre später bekannte er sich, wie bereits vor ihm Präsident Chirac, zur Verantwortung des französischen Staates für die 70.000 Juden, die zwischen 1940 und 1944 in die Vernichtungslager deportiert wurden. Eine seltsame Kehrtwende, aber warum nicht?

Das Vorgehen, das in den oberen Etagen des Staats seit längerem gepflegt wird, ist nicht ohne Kohärenz. Entscheidend ist, dass es konsequent umgesetzt wird. Am 13. September 2018 hat Emmanuel Macron die Verantwortung der französischen Armee für das Verschwinden des Mathematikers Maurice Audin im Jahr 1957[85] anerkannt. In den Worten von Pierre Vermeren, dem Historiker der arabischen Welt: »Algier ist das Auge, das auf Paris gerichtet ist, sein schlechtes Gewissen.«[86] Frankreich sollte die Realität dieses schmutzigen Krieges anerkennen, die entwürdigende Anwendung der Folter, die François Mauriac im Le Figaro anprangerte, den Rassismus der Kolonisatoren, die Brutalität und Absurdität des Kolonialismus. Dabei soll aber auch die andere Seite eingeladen werden, sich kritisch mit ihrer Geschichte auseinanderzusetzen. Die Algerier täten gut daran, die Fehler ihrer »Befreiung« anzuerkennen, ihre dunkle Seite, die Gründungsgewalt des neuen Staates, der sie dreißig Jahre nach der Unabhängigkeit in einen Bürgerkrieg mit 200.000 Toten stürzte. Und da sich der algerische Präsident Abdelmadjid Tebboune eine »einfache Anerkennung der Tatsachen« wünscht, ist es notwendig, sie in ihrer ganzen Komplexität wiederherzustellen. Die Öffentlichkeit möchte erfahren, was auf beiden Seiten passierte. Es wäre vernünftig, die Gewissensprüfung auf alle Akteure auszuweiten und sie nicht bloß auf westliche Länder zu beschränken. Das Beste, das wir den »Ländern des Südens« wünschen können, ist, dass auch ihnen die Gnade der Reue zuteil wird. Ein bisschen schlechtes Gewissen in Algier, Riad, Teheran, Peking, Havanna, Caracas und Damaskus würde den Regierungen und ihren Nationen sicherlich viel Gutes tun.

Der Trost des Ressentiments

Die Dinge werden sich vermutlich anders entwickeln. Als Siedlungskolonie (vergleichbar mit den Vereinigten Staaten, Australien oder Israel), in die nach der verhängnisvollen Entscheidung von 1871 »Soldatenarbeiter« aus dem Baskenland, dem Elsass und Lothringen verschickt wurden und in der »Eingeborene«[87] enteignet wurden, zieht das offizielle Algerien es vor, sich in der Rolle des Ausgestoßenen einzurichten. Hat Präsident Bouteflika nicht von einem »Völkermord an der algerischen Identität« gesprochen und behauptet, französische Truppen hätten Hunderte von Fellaghas in »Öfen, die den Krematorien der Nazis ähneln«, geworfen? Die Metapher der Shoah wird stets von neuem aufgetischt. Das Entscheidende ist, mit dem rachsüchtigen Finger auf Frankreich zu zeigen, damit eine Normalisierung der Beziehungen ebenso verhindert werden kann wie eine Überprüfung des eigenen Gewissens. Sagen wir es geradeheraus: Wahrscheinlich ist Algerien das Land, das sich am wenigsten mit einer offiziellen Entschuldigung Frankreichs abfinden würde, auch wenn es das Gegenteil behauptet[88]. Denn diese würde das Regime und seinen Schergen um die Ressentiment-Rente bringen, die es benötigt, um die Einheit des Landes zu wahren. (In der algerischen Nationalhymne, die 1955 geschrieben wurde, findet Frankreich gleich zweimal als Erzfeind Erwähnung. Müsste sie nicht aktualisiert werden?) Mit dem Entfallen dieses äußeren Faktors wäre Algerien genötigt, sich seiner eigenen Geschichte zu stellen und endlich Licht in die Dunkelheit der jungen Unabhängigkeit zu bringen. Angenommen, die Regierung Frankreichs würde sich zu einer offiziellen Entschuldigung durchringen: Die algerische Seite würde sich sicherlich über diesen zweiten symbolischen Sieg über den ehemaligen Kolonisator freuen. Aber die Freude wäre sicherlich nur von kurzer Dauer, und bald schon würde das Land den Einsatz erneut erhöhen. Um Vergebung zu bitten bedeutet, sowohl einen Fehler einzugestehen wie sich einer Schuld zu entledigen. Wenn es jedoch nach Algier geht, wird diese Schuld niemals beglichen sein. Sie wird auch in Hunderten von Jahren noch auf uns lasten, unsere Entschuldigungen werden niemals ausreichend, niemals aufrichtig genug sein.

Worin genau besteht hier das Problem? *Frankreich bleibt eine algerische Leidenschaft, nicht andersherum.* Algerien existiert heute nur durch seine Kritik eines Frankreichs, das algerische Dissidenten willkommen heißt und einer starken binationalen Gemeinschaft von fast vier Millionen Menschen zur Heimat geworden ist. Ihre Haltung zu Frankreich ist durchaus gespalten und kann auch schizophrene Züge annehmen (Etwa wenn Fußballfans die Marseillaise auspfeifen und die algerische Fahne schwenken, dabei aber niemals wieder in Algerien leben könnten. Sie bleiben hin- und hergerissen zwischen zwei nationalen Loyalitäten.) Sechzig Jahre nach den Verträgen von Évian ist diese junge Nation weiterhin verwundbar, zerfressen von islamistischer Gewalt und militärischer Korruption, eine Kolonie der herrschenden Staatspartei FLN (Boualem Sansal). Ganz anders Marokko, das durch die doppelte zeitliche und spirituelle Natur des Königs gefestigt wird.

Im Gegensatz zu Rom, das vom Besiegten kolonisiert wurde und sich als griechisch empfand, denkt Algier sich weiterhin vom Französischen her, ist jedoch außerstande den intimen Feind zu bannen. Je mehr diese Republik uns verflucht, desto mehr beschwört sie uns. Was für eine Demütigung für die ehemaligen Mudschahedin, dass so viele ihrer Landsleute immer noch von Frankreich träumen. Müssen wir demnächst Marseille und das 93. Département an Algerien abtreten, um sein Unbehagen zu lindern? Das Ferment seiner Identität bleibt eine hysterische Abneigung gegen alles Gallische. Eine Nation kann ein gemeinsames Projekt sein oder eine negative Konstruktion, die sich durch die Ablehnung eines dämonisierten Dritten definiert. Es ist eben diese Dämonisierung, die der Bewältigung des Scheidungstraumas im Weg steht und den Prozess der Selbstreflexion verhindert. Die Algerier haben uns verjagt, jetzt können sie nicht mehr ohne uns sein.

So bleibt Paris das Alibi für all die Frustrationen, die im südlichen Mittelmeerraum gedeihen. Selbst die Hirak-Bewegung[89], die gegen den Raub der Demokratie aufbegehrt, führt eine Art Krieg gegen Frankreich. Und die Leitartikler fordern die Einführung von Englisch, da sie in der französischen Sprache »die Ursache des gesellschaftlichen Rückstandes« sehen. Kamel Daoud spricht zu Recht von einem neuen imaginären Kampf, den sein Land gegen Frankreich führt[90]. Eine große Macht gewinnt, indem sie ihre Verfehlungen eingesteht, und wächst über sich hinaus, indem sie ihre Verbrechen offenlegt. Zugleich nimmt sie das neue Mitglied in die Pflicht und nimmt ihm ein immer wiederkehrendes rhetorisches Argument. Europa verhält sich ehrenhaft, wenn es sich zu seinen Verfehlungen bekennt und sie zum Gegenstand des Schulunterrichts macht. (Deshalb sollte die Macron-Regierung auch sofort die

Archive zum Völkermord in Ruanda öffnen, damit der Verdacht einer möglichen Unterstützung der Hutu-Mörder durch François Mitterrand zerstreut werden kann.)

Die Türkei weigert sich bekanntlich weiterhin den Völkermord an den Armeniern und den Assyro-Chaldäern zwischen 1914 und 1920 anzuerkennen. Es hat auch keine Skrupel, Libyen erneut zu kolonisieren. Und die Regierung Putin gibt sich alle Mühe, Stalin und den sowjetischen Horror nicht zu kritisieren. Wie lange müssen wir noch darauf warten, dass Moskau die unter dem Deckmantel der Völkerfreundschaft kolonisierten Nationen Osteuropas um Vergebung bittet? Auch das kommunistische China hält sich mit der Kritik an den durch Mao Tse-Tung verursachten millionenfachen Massakern zurück. Ganz zu schweigen vom sunnitischen und schiitischen Islam, der im Gegensatz zum Katholizismus des Zweiten Vatikanischen Konzils (1962–1965) jede Gewissensprüfung ablehnt. Mit Sicherheit ist auch das alte Europa bedeckt mit Blut und hat sich allzu oft schändlich verhalten. Zugleich ist es einer der seltenen Kontinente, der seine Barbarei reflektiert und sich von ihr distanziert hat. Weniger denn je lässt sich die Geschichte in sündige Nationen und unbefleckte Kontinente, verfluchte Rassen und unberührbare Völker einteilen. Die Trennung verläuft vielmehr zwischen Demokratien, die sich ihren Versäumnissen stellen, und theokratischen oder autokratischen Diktaturen, die ihre Sünden leugnen und sich in das Gewand des Märtyrers hüllen. Es gibt keine unschuldige Nation, nur Staaten, die sich der Wahrheit nicht stellen wollen. Viele ehemaligen Kolonien spielen heute die Rolle der Ausgestoßenen, damit sie ungestört und öffentlich ihre eigene Bevölkerung unterwerfen und alle Fehler vor den Toren der ehemaligen Mutterländer abladen können. In ihrer vergangenen Unterdrückung suchen sie nach Entschuldigungen für ihre Taten von heute. Europa ist der Kontinent, der stets die Schuld der anderen tragen muss. Der »Postkolonialismus« droht länger anzuhalten als die Kolonialzeit. Ihm steht ein langes Leben bevor.

Vergesst uns!

Algier und alle weiteren Hauptstädte, die uns auch noch ein halbes Jahrhundert nach ihrer Unabhängigkeit neue Rechnungen zeigen, müsste man Folgendes sagen: Helft uns bei der Scheidung[91] und stellt euch euren eigenen Fehlern! Das würde uns ermöglichen, eine gesündere Beziehung aufzubauen. Anders als vermutet, wirkt der Kolonialismus beruhigend. Er ist die wunderhafte Erklärung, die märchenhafte Kausalität. Als am 4. August 2020 eine gewaltige Explosion Beirut verwüstete, wurde im Libanon eine Petition verbreitet, die eine zehnjährige Übertragung der Regierungsgeschäfte an Frankreich forderte. Keine gute Idee, denn bereits nach einem Jahr würde die »sanfte Mutter« zur Stiefmutter werden, die alle gesellschaftlichen Gruppen gegen sich aufbringt. Die Länder Afrikas, des Nahen Ostens und Lateinamerikas haben gerade erst damit begonnen, sich in Frage zu stellen. Es wird eine zweite, geistige Dekolonisation brauchen, um einen echten Wandel in den Köpfen der Menschen herbeizuführen. Künstler, Intellektuelle und mutige Politiker müssen diesen Prozess mittragen. Aber der westliche Sündenbock ist eine Gehhilfe, auf die man ungern verzichtet. Der Angriff auf den kolonialistischen Westen ist aus der Sicht des Intellektuellen des Südens das, was man in der Rhetorik eine captatio benevolentiae nennt, eine oratorische Vorsichtsmaßnahme, mit der man sich zu Beginn einer Rede die Zustimmung der Zuhörer sichert: Wenn ihr nicht zuerst Frankreich, England und die Vereinigten Staaten angreift, werdet ihr ungehört bleiben. Als Alain Mabanckou vor rund zehn Jahren Afrikaner zu einer selbstkritischen Haltung aufforderte[92] und seine Gesprächspartner zu einer »ruhigen und höflichen Neulektüre unserer gemeinsamen Vergangenheit«[93] einlud, wurde er sogleich angefeindet. Dabei hätte man es nicht besser ausdrücken können.

Wie würde man reagieren, wenn Griechenland, Serbien, Albanien, Bulgarien oder auch Ägypten, Syrien und der Irak den Nachfahren des Osmanischen Reichs eine Rechnung für sechshundert Jahre Beherrschung durch die Hohe Pforte ausstellen würden? Was man von allen beteiligten Seiten fordern muss, ist das Durchtrennen der Nabelschnur. Erst dann können Grundlagen für neue Beziehungen geschaffen werden. Die Länder müssen aufhören, in Begriffen von Schuld und Abhängigkeit zu denken und die Zusammenarbeit dem Ressentiment vorziehen. Das würde Solidarität und Verantwortung in Krisenzeiten nicht ausschließen. Die geistige Revolution, die zwischen Paris und den unterschiedlichen afrikanischen Hauptstädten stattfinden muss, dürfte nicht weniger beschwerlich werden als die erste. Algier gewährte im Januar 2013 französischen Armeeflugzeugen den Überflug, um in Nordmali Terroristen anzugreifen. Indem es gemeinsame Interessen über die Konflikte der Vergangenheit stellte, brach es ein Tabu. Adjektive wie »dekolonial« oder »postkolonial« haben den Nachteil, dass sie eine Verbindung der Unterwerfung mit dem alten System bewahren, dass sie den Bruch mit der Fortführung verwechseln, Loslösung mit Kontinuität. Als der Präsident der Volksrepublik China 1985 Margaret Thatcher empfing, lobte er Großbritannien dafür, das besetzte China aus »seinem säkularen Schlummer geweckt« zu haben. Das auszusprechen setzte ein hohes Maß an Selbstsicherheit voraus. Auch der damalige indische Premierminister Manmohan Singh betonte die positiven Aspekte des britischen Empires, als er am 8. Juli 2005 an der Universität Oxford einen Ehrendoktortitel entgegennahm. Zwar sei Indien im Kampf gegen Großbritannien gegründet worden, man müsse jedoch keinesfalls die »nützlichen Folgen« der Kolonisierung leugnen. Man spricht im Zusammenhang mit diesen beiden Ländern bereits von neuen Supermächten. Eine kommunistische Diktatur, die sich anschickt, die wirtschaftliche Führung der Welt zu übernehmen, und eine Demokratie, die in nur vierzig Jahren Hunger und Unterentwicklung überwunden hat und demnächst der zweite oder dritte Riese sein könnte. Gibt es ein besseres Symbol für den indischen Erfolg als den Kauf der britischen Kronjuwelen Jaguar und Land Rover durch den Tata-Konzern im Jahr 2008? Nicht alle Länder hatten wie Großbritannien das Glück, die Vereinigten Staaten und Indien als Kolonien zu besitzen. Diese Länder haben das ehemalige Mutterland gleichzeitig überflügelt und, durch die Universalisierung der englischen Sprache, erhoben. Im Falle des Subkontinents wird die Vergangenheit nicht vergessen, sondern in aller Ruhe verdaut.

Schlussfolgerung

Selbstmord oder Auflehnung

»Diese äußere Gewalt aber gehört nur zur Erscheinung; keine Macht kann sich gegen den Volksgeist oder in ihm zerstörend geltend machen, wenn er nicht in ihm selbst leblos, erstorben ist.«

Hegel, *Die Vernunft in der Geschichte*

Wäre die Welt ein besserer Ort, wenn es den Westen nicht mehr gäbe? Angenommen, die »Weißen« würden tatsächlich verschwinden oder zumindest in kleinen zerstreuten Stämmen in den entlegenen Fjorden Skandinaviens oder Neuseelands, in Alpentälern oder den Appalachen überleben. Wen würde man für das Elend der Welt zur Verantwortung ziehen?

Berufsmäßig Unterdrückte würden ohne ihren liebsten Gegner zu Waisen werden. Man würde vielleicht, wie einst in der Kolonialzeit, Menschenzoos eröffnen, damit Eltern ihren Kindern zur Erbauung wilde, zottelige Kreaturen aus der Alten Welt zeigen könnten. Vielleicht würde man die Überlebenden auch zur Fortpflanzung ermutigen, denn was selten ist, ist schließlich auch kostbar. Ihre mangelhafte Bereitschaft zur Reproduktion könnte diesen Plänen jedoch im Wege stehen. Anthropologen würden diese zum Aussterben verurteilten Primitiven studieren und jede erfolgreiche Geburt feiern wie die Ankunft eines neuen Pandas in einem chinesischen Zoo. Aber die Chancen einer Renaissance dieser verfluchten Rasse blieben gering. Kein Jurassic Park für das Bleichgesicht!

Über Jahrzehnte haben die einflussreichsten Intellektuellen Europas und der Vereinigten Staaten die westliche Gesellschaft als den Gipfel der Barbarei verdammt und die ausländische Barbarei als Gipfel der Zivilisation gefeiert. Kaum haben wir diese Zeit überwunden, schon verlangt ein Teil unserer Intelligenzia, im Griff einer spirituellen Krise, die Vernichtung »weißer« Demokratien im Namen einer vermeintlichen biologischen Fatalität. Der Dritte-Welt-Internationalismus war in Teilen ein Misserfolg, aber zumindest hatte er eine Struktur und ein Rückgrat. Und er stand in der langen Tradition der Unabhängigkeitsbewegungen.

Die heute dominierende Ideologie der Pigmente wird uns in eine lange Nacht der Vernunft führen. Der Fluch des weißen Mannes, der Umsturz seiner vergangenen Herrschaft, ist die letzte Etappe bei der Selbstzerstörung Europas. Die europäischen Linken können mit den faschistischen Auswüchsen, die unter dem Banner dieser Ideologie gedeihen, kein Bündnis eingehen. In der Linken ist kein Platz für »Rasse«. Es gibt keine ethnische Linke: Sie erkennt Unterschiede in Sprache, Kultur und Glauben nur an, um sie in einem kommenden Allgemeinen aufzulösen. Sie sucht Gerechtigkeit, nicht Rache. Erinnern wir uns an die Worte Frantz Fanons:

> »Es gibt keine Mission des Negers, es gibt keine weiße Bürde. (…) Ich möchte mein Leben nicht der Bilanzierung der Werte von Negern widmen. Es gibt keine weiße Welt, keine weiße Ethik, keine höhere weiße Intelligenz.

Es gibt hier wie dort Menschen, die sich suchen. (…) Ich bin nicht der Sklave der Sklaverei, die meine Väter entmenschlicht hat.«[94]

Wer den Westen vernichtet, vernichtet auch das Gewissen der Welt. Trotz seiner Unvollkommenheit und Altersschwäche besitzt er immer noch mehr Anspruch und Strahlkraft, als den Tyrannen lieb ist. Als Wiege moralischer Werte gehört der Geist Europas nicht mehr allein den Westlern; er hat sich von seiner ursprünglichen Heimat gelöst und ist zum Erbe der Menschheit geworden. Dieses Vermächtnis geht einher mit dem sinkenden Einfluss der alten, sich auf ihr Territorium zurückgezogenen Welt. Europa ist seit mindestens einem Dreivierteljahrhundert nicht mehr der Herrscher des Universums, sondern nur mehr ein kleiner Teil des Planeten, weit hinter Indien, China, Brasilien oder Afrika. Was die Vereinigten Staaten angeht, sind sie seit der Präsidentschaft Barack Obamas vor allem bestrebt, sich aus den globalen Brandherden herauszuhalten. Es liegt auf der Hand, dass die Alte und die Neue Welt ihre Beziehungen dringend erneuern sollten. Stark sein können sie nur gemeinsam, in der Einheit sowohl ihrer Differenzen wie ihrer Verbundenheit. Leider hindert die Alte Welt der fehlende Wille und die Neue Welt der Isolationismus daran, sich einander zu nähern. Amerika wird Donald Trump ebenso überleben wie den Identitätswahn und den Campus-Rassismus. Aber in welchem Zustand? Heute krümmt es sich und sucht den Anschluss an Europa, als politischer Zwerg an seiner Seite. Der amerikanische Koloss träumt davon, ein Wicht zu werden, und der europäische Wicht träumt davon, den US-Riesen zu sich herabzuziehen, damit er weniger allein ist.

Das heutige Europa besteht aus geteilten und portionierten Herrschaftsgebieten, die den Gierigsten vorgelegt werden. Die Aasfresser eilen herbei, um es in Stück zu reißen. Die Aufteilung der Beute zwischen China, Russland und der Türkei hat längst begonnen. Wie viele unserer Städte sind bereits in Teilen der Scharia oder der Herrschaft der Banden unterworfen? In wie vielen hat das demokratische Recht keine Gültigkeit mehr? Wir befinden uns nicht am Ende des Römischen Reiches, sondern in der Situation von Byzanz, das sich am Vorabend der Einnahme von Konstantinopel (1453) in abstrusen theologischen Streitigkeiten verliert. Wir martern uns wegen Dummheiten wie Gender, Rasse oder kulturelle Aneignung. Unsere Nachkommen werden uns dafür verspotten, dass wir uns mit solch hohlen Dingen beschäftigt haben. Selbsthass ist unsühnbar, weshalb wir seine Gewalt eher fürchten sollten als die Bösartigkeit unserer Feinde. Er erklärt die Vorliebe eines Teiles der Elite für den Tod. Bevor uns der große Zusammenbruch ereilt, rät sie uns zur Palliativbehandlung.

Doch dem Wunsch nach Auslöschung steht ein vehementer Wunsch nach Auferstehung seitens des Volkes gegenüber. Zivilisationen können untergehen, sie können jedoch auch nach schlimmen Irrwegen stärker wiedergeboren werden. »Was soll man einem Menschen entgegen, der sagt, lieber Gott als den Menschen gehorchen zu wollen, und der deshalb überzeugt ist, in den Himmel zu kommen, wenn er ihnen die Kehle durchschneidet?«, fragte sich Voltaire in Bezug auf den Fanatismus[95]. Was kann man dieser nihilistischen Fraktion der Alten Welt entgegnen, die davon überzeugt ist, dass ihr Untergang Klimagerechtigkeit, Rache für unterdrückte Völker, die Beseitigung der Armut bringen wird? Ganz einfach: Bitte nach Ihnen. Wenn Sie sterben wollen, bitte sehr. Aber lassen sie die anderen leben. Nicht alle von uns wollen verschwinden. Es gibt immer noch zahlreiche unter uns, die das Licht der Vernunft der Finsternis der Rasse vorziehen. Keine Gesellschaft kann überleben, wenn sie ihre Existenz beklagt. Unsere mag zutiefst unvollkommen sein, das bedeutet jedoch nicht, dass sie nicht reformierbar wäre. Wir sollten unsere Fehler eingestehen und unsere Torheiten wiedergutmachen.

Vor allem aber sollten wir uns nicht dafür entschuldigen, weiß, schwarz, arabisch oder jüdisch zu sein. Wir sollten uns nicht dafür entschuldigen, dass wir Franzosen, Engländer, Deutsche oder Niederländer sind. Verweigern wir uns dem Schlafwandeln der seligen Büßer. Wir haben allen Grund Europa, eine der größten Zivilisationen der Geschichte, zu verteidigen.

Danksagung

Ich möchte mich an dieser Stelle bei Olivier Nora und François Samuelson bedanken, die mich im Frühjahr 2019 ermutigt haben, diesen Essay zu verfassen. Ich danke auch Delphine Meillet und Marie Dosé für ihre rechtliche Beratung. Danke auch an alle Freunde und Verwandten, die diesen Text gelesen und mich vor Fehlern, Ungereimtheiten und Missverständnissen bewahrt haben, insbesondere Caroline Thompson und Patrice Champion. Zum Schluss noch ein besonderer Gruß an diejenigen, die mir davon abgeraten haben, dieses Thema noch einmal anzugehen, weil sie Schande und Misskredit für mich befürchteten. Ihr Zögern beflügelte mich.

Anmerkungen

Einleitung

1 Frank M. Snowden Jr., zitiert nach Christian Delacampagne, Une histoire du racisme, Paris, S. 33: »In der hellenischen Epoche gab es Hochzeiten zwischen Griechen und Schwarzen, und die Anzahl an Mischehen nahm in Rom noch weiter zu. Dies scheint keine Verwerfungen hervorgebracht zu haben. Aus ästhetischer Sicht übte der schwarze Mann eine große Anziehungskraft auf griechisch-römische Künstler aus, die stets auf der Suche nach exotischen Motiven waren. Aus religiöser Sicht schließlich stellte Äthiopien (...) ein heiliges Land dar (laut Homer fanden dort die Gastmähler der olympischen Götter statt), während das Bild des schwarzen Mannes manchmal als Amulett oder zur Steigerung der Fruchtbarkeit getragen wurde – wahrscheinlich in Anspielung auf die schwarze Farbe des fruchtbaren Bodens.«

2 Frank M. Snowden Jr., Blacks in Antiquity, Ethiopians in the Greco-Roman experience, Cambridge 1970.

3 Catherine Coquery-Vidrovich, Le postulat de la supériorité blanche et de l'inferiorité noire, in Marc Ferro, Le livre noir du colonialisme, Paris 2003.

4 A. Barrau, »Le combat animalier est frère des combats d'émancipation«, Ballast, 2. September 2015.

5 Siehe u.a. Corinne Narassiguin, »Le privilège blanc, cette ineptie dangereuse«, Le Monde, 9. Juni 2015. Die Autorin, eine Funktionärin der Sozialistischen Partei, lehnt es ab, den Kampf gegen Rassismus mit der Verurteilung einer Bevölkerungsgruppe zu verbinden. Sie betont die Bedeutung sozialer und wirtschaftlicher Erscheinungen.

6 François Cusset, French Theory, Foucault, Derrida, Deleuze et Cie et les mutations de la vie intellectuelle aux États-Unis, Paris 2005.

7 »The 1619 Project«, The New York Times, 14. August 2019: »Wir müssen die ungeschminkte Wahrheit erzählen.« Die Tageszeitung fordert, dass die gesamte Geschichte Amerikas aus der Perspektive des Rassismus und der Sklaverei umgeschrieben werden muss.

8 Alexis de Tocqueville, L'Ancien Régime et la Révolution, Paris 1964, S. 82. [Deutsche Ausgabe: Der alte Staat und die Revolution, Hamburg 1969. A.d.Ü.]

9 Alexis de Tocqueville, De la démocratie en Amérique 2, 2018, digitale Ausgabe, keine Seitenzahlen. [Deutsche Ausgabe: Über die Demokratie in Amerika, Zweiter Teil von 1840, Zürich 1987 A.d.Ü.]

10 René Girard, Le Bouc émissaire, Paris 1982 [Deutsche Übersetzung: Der Sündenbock, Zürich 1988 A.d.Ü.]

11 Der Sinistra Fascista (linker Faschismus A.d.Ü.) hat nicht wenige Intellektuelle Italiens angezogen. Mussolini selbst fing als sozialistischer Revolutionär an. Der Soziologe Irving Louis Horowitz erkannte bei den italienischen Roten Brigaden oder der deutschen RAF der 1970er-Jahre Anleihen bei roten wie schwarzen Formen von Terrorismus. Der Begriff »Linksfaschismus«, der zum Beispiel von Jürgen Habermas und Viktor Klemperer verwendet wurde, nimmt Bezug auf eine Faszination für autoritäre Staatsformen, hybride politische Allianzen und eine Ablehnung der Aufklärung. Der Begriff wurde 2020 auch von Donald Trump genutzt.

12 Pascal Bruckner, Le Sanglot de l'homme blanc, Paris 1986.

13 Unter den vielen Journalisten, die aus dem Kongo berichteten und den Hass auf Belgier (das heißt auf Weiße) wahrnahmen, befand sich auch der L'Express-Journalist Jean Daniel. Dass man ihn wegen seiner Hautfarbe verhaften wollte, erinnerte ihn an die antisemitischen Kontrollen im besetzten Frankreich (in La Modernité disputée, Textes offerts à Pierre-André Taguieff, Paris 2020, S. 582, premières polémiques autour du racisme anti-Blancs en France en 1960).

14 National Public Radio, Minneapolis, 21 Juni 2020.

15 Siehe auch: Stéphanie Roza, La Gauche contre les Lumières? Paris 2020.

Erster Teil

1 1975 brachte die französische Gesundheitsministerin und Holocaust-Überlebende Simone Veil ein Gesetz zum Schwangerschaftsabbruch zur Abstimmung. Das Gesetz wurde verabschiedet und trägt seitdem ihren Namen. (A.d.Ü.)

2 Valéry Rey-Robert, Une culture du viol à la française, Montreuil 2019, S. 150-151.

3 Ebd. S. 39.

4 Die Union nationale des étudiants de France ist eine 1907 gegründete Studentengewerkschaft, die in sämtlichen Universitäten Frankreichs aktiv ist. (A.d.Ü.)

5 Die Chefin der Unef in den Jahren 2006 bis 2009 hat in ihrer aktiven Zeit die Praxis des »Biberns« gedeckt. Dabei handelte es sich um ein Ritual, bei dem Studentinnen zum Zwecke der Initiation mit Männern Geschlechtsverkehr haben mussten. Später erklärte sie, durch ihr Schweigen zur Komplizin dieser Praxis geworden zu sein. Es wurden keine juristischen Schritte gegen sie eingeleitet. Caroline de Haas verdient heute ihren Lebensunterhalt mit Tagungen zur Prävention von Belästigungen in Unternehmen.

6 Valéry Rey-Robert, Une culture du viol à la française, Montreuil 2019, S. 38.

7 Im Gespräch mit Valérie Toranian und Caroline Fourest am 16. Januar 2016 in der Arte-Sendung »28 Minutes«. Die deutschen Behörden verglichen die Ereignisse der Kölner Silvesternacht mit einer in der arabischen Welt sehr verbreiteten, Form der sexuellen Massengewalt, die unter dem Namen »Taharrush Gamea« bekannt ist. Solche Übergriffe finden häufig während Menschenansammlungen statt, etwa während des »Arabischen Frühlings« auf dem Kairoer Tahrir Platz.

8 Valéry Rey-Robert, Une culture du viol à la française, Montreuil 2019, S. 7.

9 Diese Disparität transzendiert laut dem Institut national d'études démographiques auch soziale Ungleichheiten. Mit 35 hat ein Ingenieur oder ein Angestellter in Führungsposition weniger Lebensjahre vor sich als eine beliebige gleichaltrige Arbeiterin und Angestellte. Biologisches Geschlecht hat einen größeren Einfluss als die soziale Position.

10 Françoise Vergès, Un féminisme décolonial, Paris 2019.

11 Zitiert in Douglas Murray, The Madness of Crowds, London 2019, S. 59. [Deutsche Ausgabe: Douglas Murray, Wahnsinn der Massen: Wie Meinungsmache und Hysterie unsere Gesellschaft vergiften, München 2019 A.d.Ü.]

12 René Girard, Le Bouc émissaire, Paris 1982 [Deutsche Übersetzung: Der Sündenbock, Zürich 1988 A.d.Ü.]

13 Andrea Dworkin, Pornography, Men Possessing Women, New

York 1989. [Deutsche Ausgabe: Andrea Dworkin, Pornographie. Männer beherrschen Frauen. Köln 1987 A.d.Ü] Zitiert in Pascal Dupont, La Bannière étiolée. Voyage sur les traces de Tocquevielle, Paris 1993, S. 281.

14 Andrea Dworkin, Letters from a War Zone, New York 1988, S. 14. Zitiert in Katie Roiphe, The Morning After: Sex, Fear and Feminism on Campus, Boston 1993, S. 179.

15 Laure Murat, Une révolution sexuelle? Réflexions sur l'après-Weinstein, Paris 2018, S. 14.

16 Valéry Rey-Robert, Une culture du viol à la française, Montreuil 2019, S. 250. Die Autorin wünscht sich die gleichen Maßnahmen. Sie bemerkt außerden, dass »das Fahrradfahren auch weiterhin eine vor allem männliche Tätigkeit bleibt, vor allem wenn es regnet oder in der Nacht.« (S. 248) Da das Gehen, die Fahrgemeinschaft oder die öffentlichen Verkehrsmittel allesamt Praktiken der sexuellen Belästigung sind, müssen unsere Schwestern, Mädchen, Frauen leider zu Hause bleiben …

17 Fatiha Haddad Boudjahlat, »Immunité du patriarcat oriental«, *Revue des Deux Mondes*, April 2018, S. 35, 36.

18 Zitiert in Sami Biasonti und Anne-Sophie Nogaret, Français malgré eux, Paris 2020, S. 98.

19 Die Subaltern Studies wurden von Ranajit Guha im heutigen Bangladesch erfunden. Der 1920 geborene, ehemalige marxistische Aktivist untersuchte die verschiedenen Unterdrückungsformen der indischen und britischen Eliten gegenüber den ärmsten Teilen der Landbevölkerung. Man kann ihn der Strömung der sogenannten Geschichtsschreibung von unten zurechnen, obwohl er diese Bezeichnung ablehnte.

20 Zitiert nach Fatiha Haddad Boudjahlat in einem Gespräch mit Alexandre Devecchio, www.lefigaro.fr, 27. Oktober 2017.

21 Valéry Rey-Robert, Une culture du viol à la française, Montreuil 2019, S. 140

22 Ebd. S. 140.

23 Diese Anekdote berichtet Géraldine Smith, Vu en Amérique bientôt en France, Paris 2018, S. 228–229.

24 Die Nürnberger Gesetze waren drei Gesetze, die der deutsche Reichstag im September 1935 verabschiedete. Sie legten fest, dass nur Menschen mit deutschem Blut Bürger des Reiches sein können. Juden wurden Ehen oder sexuelle Beziehungen zu Ariern verboten. Auf die sogenannte Rassenschande stand die Todesstrafe.

25 Valéry Rey-Robert, Une culture du viol à la française, Montreuil 2019, S. 61.

26 Geneviève Fraisse, Du consentement, Paris 2007. [Deutsche Ausgabe: Geneviève Fraisse, Das Einverständnis: Vom Wert eines politischen Begriffs, Wien 2018. A.d.Ü.]

27 Peggy Sastre, Slate, 22. Dezember 2017.

28 Edith Wharton, Les Moeurs françaises et comment les comprendre, Paris 2003.

29 Valéry Rey-Robert, Une culture du viol à la française, Montreuil 2019, S. 223. Was Joan Scott auszeichnet ist, dass sie ihrem Studienobjekt, der französischen Kultur, eine ganze besondere Abneigung entgegenbringt. Als wäre es ein Fall von enttäuschter Liebe, geht es ihr nur darum, Frankreich zu verfluchen, mit Füßen zu treten und zu entmystifizieren.

30 Laure Murat, Une révolution sexuelle? Réflexions sur l'après-Weinstein, Paris 2018, S. 32–33. [Dodo la Saumure ist der Spitzname von Dominique Alderweireld, der 2017 wegen Menschenhandels verurteilt wurde. Er steht in Verbindung mit dem Fall Dominique Strauss-Kahn. Marquise du Deffand ist der Adelstitel von Marie de Vichy-Chamrond, einer bekannten französischen Salonbetreiberin aus dem 18. Jahrhundert, die mit vielen bekannten Aufklärern verkehrte. A.d.Ü.]

31 Ebd. S. 236.

32 Mona Ozouf und Alain Finkielkraut, Pour rendre la vie plus légère, Paris 2020, S. 41.

33 »In den meisten Fällen wurde die Frau, die zu ihren Kunden oder dem Mann, den sie liebt und der sie erniedrigt, Ja sagt, davor missbraucht. Ja, in fast allen Fällen wurde ihre physische Integrität bereits zerschmettert.« Nancy Huston, *Libération*, 28. Juni 2018. [Die Formulierung »fracassées du oui« ließe sich etwa mit »am Ja zerschmettert« übersetzen. A.d.Ü.]

34 Die France-Inter-Sendung »La Masque et la Plume« und ihre Kritik durch Marine Turchi auf der Seite Mediapart kommentierend, beschreibt die Professorin für Gender Studies Éléonore Lepinard das männliche Lachen als »einen Genuss der männlichen und weißen Komplizenschaft« zur Stärkung der patriarchalen Herrschaft. Frau Lépinard bietet jedoch Männern, die sich rehabilitieren wollen, einen Ausweg, indem sie ihnen das »Gute« und »gute Beziehungen« anbietet. (*Libération*, 2. März 2020.)

35 J. M. Coetzee, Schande, Frankfurt am Main 2000.

36 Eine ausführliche Analyse dieser Entwicklung findet man in meinem Buch *La Tentation de l'innocence*, Paris 1995.

37 Eine gegenseitige, unmissverständlich formulierte Einwilligung in sexuelle Aktivitäten. [A.d.Ü.]

38 Barbara Will, Report of the Presidential Steering Committee for Moving Dartmouth Forward, Januar 2015, S. 22.

39 Männlicher Alkoholismus steht in einem direkten Zusammenhang mit häuslicher Gewalt und Vergewaltigungen. Sollten Feministinnen Abstinenz-Bewegungen unterstützen? Moira Donegan, »The temperance movements linked booze to domestic violence. Did it have a point?«, *The Guardian*, 3. Januar 2020.

40 Lauren Campbell, »Can sex prove to be consensual?«, *Quora*, 22. August 2015.

41 Laura Kipnis, Le Sexe polémique. Quand la paranoïa s'empare des campus américains, Quebec 2020, S. 253.

42 *Le Monde*, 9. Januar 2018.

43 *Le Monde*, 19. August 2019: »Man muss wissen, dass Frauen manchmal ihre schlimmsten Feinde sein können. Manche von ihnen haben das Patriarchat so sehr integriert, dass sie mit ihm kollaborieren. Schlimmer noch: sie verkörpern es.«

44 *Le Monde*, 21. Dezember 2019.

45 Die Vergewaltigung eines Manns durch eine Frau ist immer noch ein Tabu. Im Gegensatz zu Kanada gibt es in Frankreich nur sehr wenig Organisationen, die männlichen Opfern sexueller Gewalt zu Hilfe kommen. In Amerika spricht man auch von forced-to-penetrate Fällen, wenn der Mann durch verbalen Druck, Erpressung oder physische Gewalt zur Penetration gezwungen wird. Man geht hier davon aus, dass die Erektion kein Beweis für eine Zustimmung ist, sondern das einfache Resultat einer Stimulation. Es ist mehrfach vorgekommen, dass Wärterinnen Gefangene auf massive Weise missbraucht haben. Der Gesetzesentwurf vom 3. August 2018 sieht vor, dass auch der Zwang zu Penetration oder Fellatio als Vergewaltigung gilt. Die Schande, die Angst als schwach angesehen zu werden, erklärt die geringe Anzahl an gemeldeten Fällen.

46 Pascal Bruckner, Le Paradox amoureux, Paris 2009.

47 Laure Murat über Woody Allen: »Es liegt nicht mehr an Dylan, die Schuld ihres Vaters zu beweisen. Woody Allen muss beweisen, dass er unschuldig ist.« Laure Murat, Une révolution sexuelle? Réflexions sur l'après-Weinstein, Paris 2018, S. 112.

48 »Niemand hat das Recht, eine Frau anzuschauen, als wäre sie eine sexuelle Ware.« Ivan Jablonka, Des hommes justes, Paris 2019, S. 325. Das erinnert an einen Satz, den Tariq Ramadan in zahlreichen Predigten von sich gegeben hat: »Wenn du eine Frau im Badeanzug anschaust, kommst du in die Hölle.« Ob er selbst sich an diese Regel gehalten hat, übersteigt unser theologisches Wissen.

49 Ivan Jablonka, Des hommes justes, Paris 2019, S. 325. Der Autor zitiert hier Peter Glick und Susan Fiske, »An ambivalent alliance: Hostile and benevolent sexism as complementary justifications for gender inequality«, *The American Psychologist*, n° 56, 2001, S. 109–118. Ivan Jablonka wurde später von Feministinnen dafür angegriffen, sich in ihren Zuständigkeitsbereich einzumischen. Die Kriecherei zahlt sich nicht aus…

50 »Das ist kein Kompliment. Und für einen Präsidenten, der seinen Anhängern ein kulturelles Vorbild ist, gibt er ein skandalöses Beispiel ab.« Jonathan Chait, *New York Magazine*, Oktober 2013.

51 Smaïn Laacher, »Maroc: ›L'amour n'est pas un crime‹«, *Libération,* 12. Dezember 2019: »Für arabische Frauen ist es ein häretischer Akt, in Freiheit zu lieben. (…) Feministin zu sein heißt, für das Schlimmste einzustehen, das der Westen zu bieten hat: die politische Emanzipation der Frau.«

52 Der Begriff ist juristisch umstritten, während Begriffe wie »Infantizid« oder »Patrizid« 1994 aus dem Gesetzbuch gestrichen wurden, weil man eine Aushöhlung des Prinzips des rechtlichen Universalismus befürchtete. »Femizid« wurde 1976 das erste Mal von der Soziologin Diana Russell verwendet, um Massaker an Frauen in Lateinamerika zu beschreiben. Unter den Begriff fallen Ehrenmorde, Mitgiftmorde oder Sexualmorde. Andere haben das Wort »Uxorizid« vorgeschlagen.

53 Julie Bienvenu und Yann Bouches, »Fémicides, la bataille des chiffres«, *Le Mon*de, 17. Januar 2020. Die Journalisten stellen fest, dass die Fälle getöteter Männer und die Anzahl an Frauen, die von ihren lesbischen Partnerinnen ermordet wurden (3 in 2018), nicht von den aktivistischen Organisationen erfasst werden. Diese interessieren sich ausschließlich für die Opfer des »patriarchalen Terrorismus«.

54 Camille Froideveaux-Metterie, im Gespräch mit Lorraine de Foucher, *Le Monde*, 31. Mai 2020.

55 Iris Brey, Le Regard féminin, Une révolution à l'écran, Paris 2020.

56 Im Frühjahr 2018 fuhr ein Mann in Toronto mit seinem Fahrzeug

in eine Gruppe von Frauen, als Strafe dafür, dass sich Mädchen im Allgemeinen nicht zu ihm hingezogen fühlten. Mehrere kamen dabei ums Leben.

57 Gemäß den Untersuchungen des Nationalen Forschungsinstituts für Sicherheit und Justiz (Institut national des hautes études de la Sécurité et de la Justice) gab es zwischen 2015 und 2018 1086 weilbliche Tötungsopfer, Tendenz leicht abnehmend. Hauptopfer sind Frauen; über 60, 56 Prozent werden in den eigenen vier Wänden von ihrem Partner oder einem Familienmitglied getötet. Die überseeischen Regionen sind stark überrepräsentiert. Quelle: La Lettre de l'INHESJ (Institut national des hautes études pour la justice), n° 4, 1. Trimester 2020.

58 Figurativ: Süßholz raspeln, schmeicheln A.d.Ü.

59 Simone de Beauvoir, La Force des choses, Band 2, Paris 1972.

60 Philip Roth, La Tache, Paris 2019, S. 419 [Deutsche Übersetzung: Philip Roth, Der menschliche Makel, München 2002 A.d.Ü.]

61 »Mit weißer Haut ist das Versprechen verbunden, gewisse Privilegien zu erhalten. Das gilt auch für Orte der Revolte, die eher Underground sind, wie etwa die Sexualität.« Sarah Barmak, Jouir. En quête de l'orgasme féminin, Paris 2019, S. 148.

62 Die Kolumne wurde u.a. von Marie Dosé und Delphine Meillet unterzeichnet. *Le Monde*, 7.–8. März 2020.

63 Die Anwältin Marie Burguburu, »Balancer les ‚porcs' sur les réseaux sociaus, c'est attenter à la cause des femmes«, *Le Monde*, 22. Oktober 2019.

64 Der von der militanten Feministin Solveig Halloin als »Serienvergewaltiger« und »Zuhälter« bezeichnete Philippe Caubère wurde im Februar 2019 freigesprochen. Der Trompeter Ibrahim Maalouf wurde von einer vierzehnjährigen Kollegin des sexuellen Übergriffs bezichtigt. Er musste dreieinhalb Jahre mediale Verfolgung erdulden, bevor auch seine Unschuld bestätigt wurde.

65 Die Seite Mediapart hat Gabriel Matzneff erst Ende 2017 verurteilt. In *Le Monde* erschien erst im Dezember ein erster kritischer Artikel von Dominique Perrin, gefolgt von einem Text von Raphaëlle Bacqué und Ariane Chemen im Januar 2020. Mediapart hat auch lange Zeit den Islamwissenschaftler Tariq Ramadan verteidigt und ihn gegenüber Anschuldigungen von Vergewaltigungen und Übergriffen in Schutz genommen. Noch heute erscheinen bei Mediapart Petitionen, die die Freilassung des Predigers fordern. Ramadan sieht sich selbst als moderne Inkarnation von Kapitän

Dreyfus und gleichzeitig als Opfer einer zionistischen Verschwörung. Judenhass, gehüllt in die sterblichen Überreste eines verfolgten Juden.

66 Mathilde Serrel, »La Matinale«, France Culture, 6. September 2019.

67 Vanessa Springora, Le Consentement, Paris 2020. [Deutsche Übersetzung: Die Einwilligung, München 2020.]

68 Mediapart hat die gewissenhafteste Untersuchung zu Roman Polanski veröffentlich. Sie fand unter der Leitung von Marine Turchi und Iris Brey statt und erschien am 9. November 2019: »Im Laufe von sechs Jahre haben sechs Jugendliche Roman Polanski des sexuellen Übergriffs bezichtigt.«

69 Deutsch: Erdbewohner [A.d.Ü.]

70 So schreibt etwa die Autorin Virginie Despentes, wütend darüber, dass der César 2020 nicht an den Film von Céline Sciamma, Portrait de la jeune fille en feu, mit Adèle Haenel in der Hauptrolle ging: »Es ist nicht überraschend, dass man Polanski gekrönt hat. Es ist immer das Geld, das man bei solchen Zeremonien feiert. Niemand schert sich um das Kino.« (*Libération*, 2. März 2020). Zu keinem Zeitpunkt fragt Virginie Despentes sich, ob J'accuse nicht der bessere Film war. Es stimmt, dass Despentes gegenüber den Mördern von *Charlie Hebdo* und dem HyperCacher-Supermarkt sehr viel Milde walten ließ: »Ich liebte sie für ihre Tollpatschigkeit, als ich sah, wie sie mit den Waffen in der Hand den Terror verbreiteten und riefen: Wir haben den Propheten gerächt.« (*Les Inrockuptibles*, 17. Januar 2015). Bis wohin kann die ästhetische Koketterie und die Rebellenpose führen, wenn man selbst ein Repräsentant des Establishments geworden ist?

71 Andrea Dworkin, 1981, zitiert nach Lynn Segal in Dirty Looks, Women, Pornography, Power. London 1993, S.12.

72 Frédérik Detue, »Le défi testimonial d'Adèle Haenel. Pour une révolution culturelle en France«, Lignes de crêtes, 11. Dezember 2019.

73 Das Godwin'sche Gesetz geht auf den Autor Mike Godwin zurück. Es besagt, dass die Wahrscheinlichkeit, Hitler oder Nazi genannt zu werden, mit der Dauer einer Online-Diskussion zunimmt. [A.d.Ü.]

74 Hierzu lohnt die Lektüre von Sabine Prokhoris, »L'emprise, vous dis-je!«, *Libération*, 22. Januar 2020.

75 Peggy Sastre, »Samantha Geimer: ›Personne n'est en droit de dire à une victime ce qu'elle doit penser.‹«, *Slate*, 28. Februar 2020.

76 Rita Laura Segato, »Nous voyons en Amérique Latine l'émergence d'une politisation féminine«, *Le Monde*, 19./20. Januar 2020.

77 Am 4. August 1789 wurden in Frankreich die mit dem Feudalismus verbundenen Privilegien und Rechte abgeschafft. [A.d.Ü.]

78 Deutsch: Schmeiß dein Schwein weg [A.d.Ü.]

79 Die Journalistin, die zu einer Zahlung von 15.000 € wegen sittlicher Beeinträchtigung verurteilt wurde, ist in Berufung gegangen. Die Anwältin von Éric Brion, Marie Burghubur, bezeichnete sie als Verleumderin. Das Kollektiv *Ozes le féminisme* nannte das Urteil »eine echt skandalöse Entscheidung« und fügte hinzu: »Die patriarchale Justiz ist vorbei.«

80 »Lediglich ein Prozent der Vergewaltiger wird zu Haftstrafen verurteilt. Das ist nicht normal.«, sagte Marlène Schiappa 2016. Diese Angabe wird vom Justizminister in Zweifel gezogen. Von 100 Klagen werden etwa 80 aufgrund von Mangeln an Beweisen oder widersprüchlichen Aussagen eingestellt. Von den 20 Prozent, die zu einer gerichtlichen Untersuchung mit einer gründlichen Untersuchung, Befragung der Beteiligten und Anhörung der Zeugen führen, führen fünf zu einer Entlastung und fünfzehn werden an Schwurgerichte verwiesen. Nur ein bis zwei Klagen führen zu Gefängnisstrafen, die restlichen werden zur Bewährung ausgesetzt. Die Verhandlungszeit ist lang, zu lang, vor allem, wenn die Beschwerdeführer zwanzig oder dreißig Jahre nach der Tat eine Klage einreichen: Das ist der eigentliche Fehler.

81 Laure Murat empört sich darüber, dass Hollywood Woody Allen aufgrund seiner Berühmtheit instinktiv Straffreiheit gewähre. Sie ruft dazu auf, den Anschuldigungen von Dylan Farrow gegen ihren Schwiegervater instinktiv zu folgen, »eine Stimme zu berücksichtigen, die von einer Kultur abgewertet und von einer globalen Bewegung (#MeToo) rehabilitiert wurde.« Man hat sie erhört. Woody Allens Verbannung macht Fortschritte.

82 Laut einer Untersuchung von *Virage* werden etwa 3,7 Prozent aller Frauen im Laufe ihres Lebens Opfer einer vollendeten oder versuchten Vergewaltigung. In Frankreich werden jährlich 75.000 Frauen vergewaltigt. Von elf Vergewaltigungen wird lediglich eine zur Anzeige gebracht. Die Zahl solcher Anzeigen hat sich seit 1985 verdoppelt.

83 So wurde etwa Virginie Despentes von der Fotografin Chloë des Lysses in einem offenen Brief der schweren Belästigung bezichtigt. Chloë des Lysses wurde sogleich im Kreis der Notabeln als Faschistin, Verrückte, Schlampe und Hure beschimpft. Es waren die gleichen Anschuldigungen, so bemerkte Peggy Sastre, mit denen Vergewaltigungsopfer diskreditiert werden. (Quelle: Twitter)

84 Valérie Toranian, »César 2020: l'avènement d'un nouveau monde«, *Revue des Deux Mondes*, März 2020.

85 Twitter, 19. Dezember 2020.

86 Brad Polumbo, »It is time for LGB and T to go their separate ways«, *Quillette*, 26. Oktober 2019. Der Autor schreibt, dass Schwule, Lesben und Bisexuelle vielleicht gerade dabei sind, mit Transgender-Personen zu brechen. Um Letzteren zu schmeicheln, hat Joe Biden die Einführung von eingeschlechtlichen Gefängnissen angeregt. Dies hätte zahlreiche Frauen systematischen Vergewaltigungen ausgesetzt. Biden hat seine Meinung später revidiert.

87 Idem.

88 »Arrêt sur images«, Sendung von Daniel Schneidermann, 1. Juli 2018.

89 *Libération*, 19. März 2019.

90 *Le Monde*, 31. Oktober 2019.

91 Zu diesem Thema und seinen Abweichungen sei empfohlen: Jean-François Braunstein, La Philosophie devenue folle, Paris 2018.

92 Wie Jean Scot Érigène, einer seiner Anhänger, sagte: »Die Frage zu stellen ›was ist‹ (…) heißt nach der Definition eines Objekts fragen. Aber definieren heißt, ein Sein zu determinieren, es von Beginn an in eine Vielheit zu rücken, die es umfasst, es zu einem Wesen unter anderen machen. Gott ist nichts Bestimmtes. Das ist der Grund, dass er sich nicht definiert.« Jean-Claude Foussard, Cahiers de l'Université Saint Jean de Jérusalem, 1986, S. 122.

93 Ein ähnlicher Fall fand 2018 in Großbritannien statt. Karen White, ein bekannter Vergewaltiger, der sich aber als Frau ausgab, wurde in ein Frauengefängnis verlegt, wo er versuchte, vier Frauen zu vergewaltigen (in Douglas Murray, The Madness of Crowds, London 2019, S. 246.)

94 Suzanne Moore, »Women must have the right to organize. We will not be silenced«, *The Guardian*, 2 März 2020.

95 »Nous, féministes, soutenons J.K. Rowling contre le lynchage des activistes trans«, *Le Figaro*, 11. Juni 2020.

96 2018, während der London Pride Parade, warf eine Gruppe lesbi-

scher Frauen Transaktivisten vor, die Feierlichkeit kapern zu wollen. Später warf die schwule Presse Großbritanniens den Frauen vor Hassrede zu verbreiten. Man hätte sie an ihren »hängenden Brüsten« aus der Versammlung rausziehen sollen, forderte ein Redner (in Douglas Murray, idem, S. 216). Der Autor bemerkt, dass die Trans-Bewegung bestehende Spaltungen nicht hinterfragt, sondern viel eher verstärkt.

97 Je suis un monstre qui vous parle. Rapport pour une académie de psychanalystes, Paul B. Preciado, Grasset, Paris 2020.

98 Richard Bernstein, »In dispute on Bias, Stanford is likely to alter Western culture program«, *New York Times*, 19. Januar 1988.

99 Zitiert in François Cusset, French Theory, Foucault, Derrida, Deleuze et Cie et les mutations de la vie intellectuelle aux États-Unis, Paris, 2005, S. 233.

100 Anne-Marie Le Pourhiet, »Le droit français est-il Charlie?«, *Le Débat*, Mai-August 2015, Nummer 185, S. 33.

101 2017 hatten 60 Prozent aller britischen Universitäten die Redefreiheit stark eingeschränkt. Die linksfeministische Aktivistin Germaine Greer erhielt aufgrund ihrer unkorrekten Ansichten über Transgender ein Redeverbot. Nicht nur die Ultralinken sind intolerant. Rechte Universitäten verhinderten zum Beispiel Auftritte von israelkritischen Rednern oder solchen, die für das Recht auf Abtreibung sind (siehe Eric Kaufmann, Whiteshift. Populism, immigration and the future of white majorities, London 2018, S. 278).

102 Marilyn French, The War Against Women, Ballantine Books, New York 1993, S. 165–166.

103 Valéry Rey-Robert, Une culture du viol à la française, Montreuil 2019, S. 205 ff. Der Kunstkritiker Daniel Arasse lehnt diese »vulgäre Interpretation« vollkommen ab und fordert dem Zuschauer ab, das Kunstwerk auf sich wirken zu lassen und es nicht auf die erotischen Elemente zu reduzieren.

104 Sophie Chauveau, Fragonard. L'invention du bonheur, Paris 2013.

104 Luc Le Vaillant, »Quand la censure passe la peinture au crible«, Libération, 11. Dezember 2017. [Im 19. Jahrhundert wurden in der französischen Nationalbibliothek anstößige Bücher und Bilder unter der offiziellen Bezeichnung »Enfer« katalogisiert und gesondert aufbewahrt. A.d.Ü.]

105 Luc Le Vaillant, »Quand la censure passe la peinture au crible«, Libération, 11. Dezember 2017. [Im 19. Jahrhundert wurden in der französischen Nationalbibliothek anstößige Bücher und Bilder

unter der offiziellen Bezeichnung »Enfer« katalogisiert und gesondert aufbewahrt. A.d.Ü.]

106 Nathalie Heinich, »On ne peut pas traiter des représentations comme des actes réels«, Gespräch mit Ève Beauvallet, *Libération*, 1. Dezember 2017.

107 Danièle Sallenave, »DWEMS«, Le Messager européen, Ausgabe 5, Paris 1991, S. 99.

108 Elisabeth Burgos, Moi, Rigoberta Menchú: une vie et une voix, la révolution au Guatemala, Paris 1983. Élisabeth Burgos, diese bedeutende Aktivistin der lateinamerikanischen Linken, führte einen mutigen Kampf gegen die Regime Venezuelas und Kubas. Sie war auch die erste Frau Régis Debrays. Siehe auch Dinesh D'Souza, L'Éducation contre les libertés, Paris 1991, S. 3.

109 Zitiert in Laure Murat, Une révolution sexuelle? Réflexions sur l'après-Weinstein, Paris 2018, S. 162.

110 Caroline Fourest, Génération offensée. De la police de la culture à la police de la pensée, Paris 2020, S. 92. [Deutsche Übersetzung: Caroline Fourest, Generation beleidigt. Von der Sprachpolizei zur Gedankenpolizei, Berlin 2020. A.d.Ü.]

111 Laure Murat, « Blow-Up, revu et inacceptable », *Libération*, 12. Dezember 2017. Siehe auch Laure Murat, Une révolution sexuelle? Réflexions sur l'après-Weinstein, Paris 2018, S. 88.

112 Kate Millett, Sexual Politics, New York 1970. [Deutsche Übersetzung: Kate Millett, Sexus und Herrschaft: Die Tyrannei des Mannes in unserer Gesellschaft, München 1971.]

113 Zitiert in Laure Murat, Une révolution sexuelle? Réflexions sur l'après-Weinstein, Paris 2018, S. 137.

114 Azar Nafisi, Lolita lesen in Teheran, München 2005.

115 Géraldine Smith, Vu en Amérique, bientôt en France, Paris 2018, S. 249–250.

116 Beide Prozesse fanden 1857 statt. Flauberts Werk entging einer Zensur. Aus Baudelaires Zusammenstellung wurden hingegen sieben Gedichte wegen erotischer Themen verboten. Das Verbot blieb bis 1948 bestehen [A.d.Ü.]

117 »Unser Widerstand gegen Donald Trump darf nicht zu Dogmatismus und Zwang führen.« Zitat aus einer Petition, die in einem Dutzend Länder gleichzeitig veröffentlicht wurde. Unterzeichnet haben u.A. Salman Rushdie, Mark Lilla, J. K. Rowling, Margaret Atwood, Thomas Chatterton und Kamel Daoud. *Le Monde*, 9. Juli 2020.

118 Éditions Recherche, Fous d'enfance. Qui a peur des pédophiles, Paris 1979. Der Band enthält u.A. Texte von Félix Guattari, Gabriel Matzneff und Michel Foucault. [A.d.Ü.]

119 Die Gouines-rouges-Gruppe ging 1971 aus einer Spaltung der Front homosexuel d'action révolutionnaire (FHAR) hervor. Sie gab das Magazin *Le torchon brûle* heraus. Die Ideologie für ihre Aktionen bezog sie aus den Theorien von Monique Wittig, für die »Lesben keine Frauen sind, da Frauen nur im heterosexuellen System existieren«. Die Gruppe löste sich 1973 auf.

120 »On ne naît pas hétérosexuel.le, on le devient«, Gespräch zwischen Matthieu Fouchern Juliette Drouar und Tamar, *Les Inrockuptibles*, 20. September 2019.

121 Catharine MacKinnon, Towards a Feminist Theory of the State, Harvard 1989, S. 146.

122 In Robert Hughes, La Culture gnangnan. L'invasion du politiquement correct, Paris 1994, S. 10.

123 Technikart, Juni 2019.

124 Marine Landrot, »Lionel Duroy: ›Il y a toujours un livre pour vous sauver du désespoir‹«, *Télérama*, 20. April 2019.

125 Gabriel Cohn-Bendit, »La molécule miracle ne fait que renforcer la suprématie du pénis. Le Viagra, ou la tyrannie du coït«, *Libération*, 15. Oktober 1998.

126 Ivan Jablonka, Des hommes justes, Paris 2019, S. 347 u. S. 326

127 Ebd. S. 390.

128 John Stoltenberg, Refuser d'être un homme. Pour en finir avec la virilité, éditions Syllepse, 2013.

129 Ivan Jablonka, Des hommes justes, Paris 2019, S. 406.

130 Leïla Mustapha et Marine de Tilly, La Femme, la vie, la liberté, Paris 2020.

131 Fatiha Haddad Boudjahlat, »Immunité du patriarcat oriental«, *Revue des Deux Mondes*, April 2018, S. 37–38.

132 Siehe: Lucas Hollister, »Virginie Despentes et le domaine du genre«, Extensions du domaine de la littérature, 2019. Der Autor hält Virginie Despentes für besessen von männlicher Gewalt. Er zitiert sie: »Alles was Spaß macht, ist männlich, alles was das Überleben ermöglicht, ist männlich, alles was einen weiterkommen lässt, ist männlich.« (King Kong Théorie, S. 128) Despentes scheint zu bedauern, dass Frauen nicht männliche Gewalt ausüben dürfen. Sie scheint auch eine Faszination für Macht, Banden und Blut zu haben. Zu diesem Thema lohnt sich auch die exzellente

Analyse von Marc Weitzmann, die Virginie Despentes und Éric Zemmour als Symptome einer kleinbürgerlichen Faszination für jihadistische Brutalität begreift.

133 Ayaan Hirsi Ali, Prey. Immigration, Islam and the Erosion of Women's Rights, New York 2020. [Deutsche Übersetzung: Ayan Hirsi Ali, Beute. Warum muslimische Einwanderung westliche Frauenrechte bedroht, München 2021. A.d.Ü.]

134 Judith Butler, Trouble dans le genre, Paris 2006, S. 18. [Deutsche Übersetzung: Judith Butler, Das Unbehagen der Geschlechter, Frankfurt/M 1991. A.d.Ü.]

135 Zitiert von Maïa Mazaurette, »L'hétérosexualité, c'est terminé?«, Le Monde, 9. Februar 2020.

136 Manon Garcia, On ne naît pas soumise, on le devient, Paris 2018. [Deutsche Übersetzung: Manon Garcia, Wir werden nicht unterwürfig geboren. Wie das Patriarchat das Leben von Frauen bestimmt, Frankfurt/M 2021. A.d.Ü.] Es ist bedauerlich, dass die Autorin sich nicht mit dem interessanten Thema der freiwilligen Unterwerfung beschäftigt hat. Anstatt zu erkennen, dass diese Menschen sowohl versklaven als auch zu ihrer Entwicklung beitragen kann, fällt sie zurück in zeitgenössische Stereotype.

137 Christine Bard, Mélissa Blais, Francis Dupuis-Déri, Antiféminismes et masculinismes d'hier et d'aujourd'hui, Paris 2019, S. 40.

138 Charles Krauthammer, La déviance redéfinie à la hausse. Réponse à Daniel Patrick Moynihan, Paris 1994, S. 168.

139 Adrienne Rich, »La contrainte à l'hétérosexualité et l'existence lesbienne«, Nouvelles questions féministes, Nummer 1, 1981. Zitiert von Christine Delphy im Vorwort der französischen Ausgabe von John Stoltenberg, Refuser d'être un homme. Pour en finir avec la virilité, Paris 2013.

140 Douglas Murray, The madness of crowds, London 2019 S. 90. [Deutsche Ausgabe: Douglas Murray, Wahnsinn der Massen: Wie Meinungsmache und Hysterie unsere Gesellschaft vergiften, München 2019 A.d.Ü.]

141 Alice Coffin, Delegierte der Partei Europe Écologie – Les Verts, erklärte September 2018 anlässlich eines Gesprächs über künstliche Befruchtung: »Keinen Mann zu haben, bedeutet für mich, nicht vergewaltigt, ermordet oder verprügelt zu werden. Und das gilt auch für meine Kinder. Muss ich ein paar Zahlen über Väter in Erinnerung rufen? Es ist schlimm, dass man auf solche Weise Väter preist, ohne diese Realität zu kennen.« (*Russia Today*)

142 François-René de Chateaubriand, Mémoires d'outre-tombe, Band I, S. 986, Zitiert in Antoine Compagnon, Les Antimodernes, Paris 2005.

143 Laëtitia Strauch-Bonart, Les hommes sont-ils obsolètes?, Paris 2018. Die Autorin ist sich sicher, dass die Gehaltsunterschiede auf natürliche Weise abnehmen und die Verhandlungsmacht der Frauen zunehmen wird. Die doppelte Tendenz der Arbeit im 21. Jahrhundert besteht im Aufstieg der Frauen und dem relativen Niedergang der Männer. Frauen werden über die wichtigeren Qualifikationen verfügen.

144 Emmanuel Todd, »Aujourd'hui, les femmes sont plus éduquées que les hommes«, Gespräch mit Sébastien Lapaque, *Revue des Deux Mondes*, April 2018.

145 Hakim El Karoui, L'Islam, une religion française, Paris 2018.

146 Laut einer Untersuchung von Bloomberg aus dem Jahr 2018 ist die Angst vor juristischer Verfolgung und finanziellen Schäden in der Finanzwirtschaft so groß, dass eine Mehrheit der Führungskräfte aus Angst vor Erpressung nicht mehr allein mit Kolleginnen essen geht und auf getrennte Sitzreihen in Flugzeugen bzw. verschiedenen Stockwerken in Hotels besteht. In Douglas Murray, The Madness of Crowds, London 2019, S. 59. [Deutsche Ausgabe: Douglas Murray, Wahnsinn der Massen: Wie Meinungsmache und Hysterie unsere Gesellschaft vergiften, München 2019 A.d.Ü.]

147 Géraldine Smith beschreibt, dass in den Vereinigten Staaten das feministische Ziel einer inklusiven Gesellschaft bei der Trennung der Geschlechter beginnt. Selbst online existieren zahlreiche virtuelle Gruppen, die für Männer verboten sind. Auch Koedukation soll verboten werden, ganz wie früher. Bei der geringsten Störung fangen junge Frauen gleich an zu protestieren: »Stop! You are making me really uncomfortable.« Géraldine Smith, Vu en Amérique bientôt en France, Paris 2018, S. 228–229.

148 Sarah Barmak, Jouir. En quête de l'orgasme féminin, Paris 2019.

149 Georges Brassens, »Quatre-vingt-quinze pour cent«, 1972. Siehe auch Sonia Feertchak, Les femmes s'emmerdent au lit. Le désir à l'épreuve du féminisme et de la pornographie, Paris 2015.

150 »Les icônes ›violeures‹, ›macho‹ ou ›cunniphobe‹ sont susceptibles de ruiner une vie sexuelle entière.« Maïa Mazaurette. »En 2039, toutes les femmes notent leurs amants, utopie ou dystopie?«, *Heidi News*, 8. Januar 2020.

151 Dem Oralsex abgeneigt [A.d.Ü.]

Zweiter Teil

1 Lionel Zinsou, »Suis-je assez noir?«, Le 1, Juni 2020. Lionel Zinsou, Franko-Beniner, Unternehmenschef, ehemaliger Premierminister Benins wurde in Afrika als Metis und Franzose fremdenfeindlich angegriffen.

2 »Ich betrete die Kindertagesstätten und töte die weißen Babys. Fangt sie schnell ein und hängt ihre Eltern.« Nick Conrad behauptet von sich kein Rassist zu sein, sondern nur Rassismus gegen Schwarze thematisieren zu wollen. Zu dem Zweck kehrt er die Rollen um. Es soll sich bloß um Fiktion handeln… Es ist Kunst! Nick Conrad wurde von der antirassistischen Organisation Licra verklagt und musste wegen antiweißen Rassismus und Mordaufrufen eine Strafe von 5.000 Euro zahlen. Er ist in Berufung gegangen.

3 Deutsch: Hundemeute [A.d.Ü.]

4 Jean Baudrillard, Cool Memories, Paris 1993. [Deutsche Übersetzung: Jean Baudrillard, Cool Memories, München 1989 A.d.Ü.] Der Komiker Pierre Desproges schlug vor Rassismus immer im Plural zu verwenden: »Es gibt schwarze, arabische, jüdische, chinesische und selbst ockerfarbene und anthrazitgraue Rassisten. Aber SOS-Dingens [Eine Anspielung auf die Organisation SOS-Rassismus. A.d.Ü.] stellt immer nur Weißbrote an den Pranger.«

5 Gegen Jugendliche eingestellt [A.d.Ü.]

6 Julie Muret, Osez le féminisme, 2011.

7 Pierre Bourdieu, Questions de sociologie, Paris 1980, S. 254. [Deutsche Übersetzung: Pierre Bourdieu, Soziologische Fragen, Frankfurt/M 1990] Zitiert in Pierre-André Taguieff, La Force du préjugé. Essai sur le racisme et ses doubles, Paris 1987, S. 34. [Deutsche Übersetzung: Pierre-André Taguieff, Die Macht des Vorurteils. Der Rassismus und sein Double, Hamburg 2000. A.d.Ü.]

8 Claude Lévi-Strauss, Le Regard éloigné, Paris 1983, S. 5. [Deutsche Übersetzung: Claude Lévi-Strauss, Der Blick aus der Ferne, Frankfurt/M 2008]

9 Françoise Vergès ist die Nichte des bekannten Anwalts Jacques Vergès, eines ehemaligen antikolonialen Aktivisten, der zum Rechtsradikalen wurde, und die Tochter von Paul Vergès, einem früheren Prokonsul von La Réunion. Françoise Vergès hat eine starke Affinität für den extremistischen Islam, den Schleier und

Tariq Ramadan. Laut *Canard Enchâiné* gab sie sich große Mühe, Nicolas Sarkozy dazu zu bringen, ihr die Präsidentschaft des Komitees für die Erinnerung an die Sklaverei zu übertragen. (Anne-Sophie Mercier, »Les énervés de la Race«, *Le Canard enchâiné*, 24. Juni 2020.) Als guter Marxist heißt es, immer nach den Interessen der Protagonisten der antirassistischen und dekolonialen Bewegung zu fragen. Ihre Sprache mag zwar wütend klingen, was ihnen jedoch am meisten am Herzen liegt, sind die hoch dotierten Posten in den Kolonialismus-Museen, im Museum der Sklaverei oder anderen öffentlichen Institutionen. Der französische Staat mag zwar rassistisch sein, aber er zahlt gut!

10 Françoise Vergès, Un féminisme décolonial, Paris 2019, S. 42.

11 Mwasi, *Afrofem*, Paris 2018, S. 43. Als weiße Feindinnen gelten u.a. Lou Doillon, Laurence Rossignol, Anne Hidalgo und Élisabeth Badinter, allesamt Kritikerinnen des Schleiers und des politischen Islams.

12 Françoise Vergès, Un féminisme décolonial, Paris 2019, S. 41.

13 Le Canard enchâiné, 24. Juni 2020.

14 Virginie Despentes, *France Inter*, 3. Juni 2020.

15 Der afroamerikanische Autor W. E. Dubois hat als erster, 1935, von einem psychologischen Lohn für weiße Arbeiter gesprochen. Die Formulierung »weißes Privileg« wurde von der wohlhabenden Amerikanerin Peggy Mackintosh im Jahr 1987 in »White privilege: Unpacking the invisible knapsack« geprägt. Wie so häufig in den Vereinigten Staaten wird auch hier Geld und Hautfarbe durcheinandergebracht. Man leugnet einfach die Existenz von Klassen. Nach dieser Logik hätte ein weißer Obdachloser bessere Lebenschancen als ein schwarzer, asiatischer oder hispanischer Millionär!

16 Sylvie Laurent & Thierry Leclère, De quelle couleur sont les blancs. Des »petits blancs« des colonies au »racisme anti-blancs«, Paris 2013, S. 29.

17 Ebd. S. 32–33.

18 Anne Chemin, Marc-Olivier Bherer, Julia Pascual und Séverine Kodjo-Grandaux, »›Racisé‹, ›racisme de l'État‹, ›decolonial‹, ›privilège blanc‹: les mots clefs de l'antiracisme«, *Le Monde*, 26. Juni 2020. Sowohl Éric Fassin als auch Pascal Blanchard wurden von Houria Bouteldja und den Indigenen der Republik 2011 aufgrund ihrer Hautfarbe und Stellung angegriffen (*Libération*, 29. Juni 2016).

19 Laut dem Bericht der Nationalen Beraterkommission für Menschenrechte vom 18. Juni 2020 herrscht in Frankreich ein hohes Maß an Toleranz gegenüber Minoritäten. Daran ändert auch das Fortbestehen alter Stereotype oder das häufig gegenüber jungen Menschen angewandte Racial Profiling wenig. Von allen Minoritäten werden Schwarze am meisten akzeptiert. Auch hier sehen wir ein Beispiel für das Tocqueville-Gesetz.

20 Eine militärisch organisierte Polizeitruppe im Frankreich des Ancien Régime. Der Vorläufer der heutigen Gendarmerie. [A.d.Ü.]

21 Der Kinderpsychiater Maurice Berger stellt fest, dass die meisten Gewaltverbrechen von Personen begangen werden, die aus Kulturen stammen, die auf der Ungleichheit der Geschlechter, Polygamie, Zwangsheirat basieren und in denen häufig Nötigungen vorkommen (von Alexandre Devecchio interviewt, *Le Figaro*, 13. Juli 2020).

22 Der Kriminaldirektor Abdelkader Haroune machte im Juni 2020 einen Gesetzesvorschlag zur Sprengung der »Glasdecke der höheren Ämter« und zur Öffnung der Polizei für Diversität.

23 Poppy Noor, »Why liberal women pay a lot of money to learn over dinner how they're racist«, *The Guardian*, 3. Februar 2020.

24 Blake Smith, »Frantz Fanon and the American racial Eros«, *Tablet*, 14. April 2020.

25 Siehe auch: Pascal Bruckner, La Tyrannie de la pétinence. Essai sur le masochisme occidental, Paris 2006 [Deutsche Übersetzung: Pascal Bruckner, Der Schuldkomplex. Vom Nutzen und Nachteil der Geschichte für Europa, München 2008. A.d.Ü.]

26 Nachzulesen in Séverine Kodjo-Grandvaus, »Racisme: ›La couleur demeure un marqueur de privilège‹«, *Le Monde*, 13. Oktober 2019.

27 Aimé Césaire, Discours sur le colonialisme, Présence africaine, Paris 2004, S. 13-14. [Deutsche Übersetzung: Aimé Césaire, Über den Kolonialismus, Berlin 2010. A.d.Ü.]

28 Jean-François Bayard, Les Études postcoloniales. Un carnaval académique, Paris 2010, S. 63: »Die Gewalt und die Verdrängung, deren die Republik sich schuldig gemacht hat, findet man in Frankreich vor allem während der Niederschlagung der sozialen Bewegungen im Juni 1848, im Widerstand gegen den Militärputsch vom 2. Dezember oder gegen die Kommune 1871, in der Unterdrückung der Arbeiterstreiks, im rechtlichen Regime der Frauen, der Bergarbeiter, der Mittellosen, der Bediensteten, der Soldaten, der

Geisteskranken und in der Praxis der Menschenrechte. Der Ausnahmezustand in den Kolonien war leider nicht so außergewöhnlich.«

29 Rosa Amelia Plumelle-Uribe, La Férocité blanche. Des non-Blancs aux non-Aryens, ces génocides occultés de 1492 à nos jours, Paris 2001.

30 Louis Sala-Molins ist auch Autor eines Buchs über die Torah, *Le Livre rouge de Yahvé*, Paris 2004. In ihm nennt er Israel die »Quelle der Barbarei der Torah« und »die ersten Söhne Jakobs die ersten israelitischen Völkermörder«. Jahwe soll den Frieden der Beschnittenen auf einem Mörser aus Vorhäuten bergründet haben und die Rechte der Heiligen auf dem Blut der Unschuldigen. Durch diese Vermengung von Geschichte und Gegenwart erklärt der Autor den mörderischen Charakter des jüdischen Volkes.

31 Françoise Vergès, Un féminisme décolonial, Paris 2019, S. 53.

32 Eric Kaufmann, Whiteshift. Populism, immigration and the future of white majorities, London 2018, S. 174.

33 Paul Yonnet, Voyage au centre du malaise français. L'antiracisme et le roman national, Paris 1993, S. 195–197.

34 Catherine Gewertz, »Seattle schools lead controversial push to ‚rehumanize«, Education Week, 14. Oktober 2019. Die Begründer dieses Vorhabens behaupten, die Mathematik sei von der westlichen Kultur zur Legitimation von Rassismus und Unterdrückung vereinnahmt worden.

35 Laut der Organisation New Music USA ist »klassische Musik intrinsisch rassistisch«. Das Feld der klassischen Musik sei die Institution mit der »geringsten Diversität des Landes«, laut *New York Times*. Dahinter verberge sich ein »rassistisches Problem«. Quelle: Paul May, Professor an der Université du Québec à Montréal, 21. Juni 2020.

36 Houria Bouteldja, Les Blancs, les Juifs et nous. Vers une politique de l'amour révolutionnaire, Paris 2016, S. 46–47.

37 »Ce soir ou jamais«, *France 3*, 2. Juni 2007. Houria Bouteldja wurde 2010 wegen rassistischer Beleidigung angeklagt und 2012 freigesprochen. Ein Nachahmer von ihr, der idigenistische Taha Bouhafs, der Assa Traoré nahesteht, nannte Éric Zemmour in einem Tweet einen »Untermenschen« (7. August 2020). »Unterhund«, »Untermensch«: Die Antirassisten überraschen uns immer wieder.

38 Bedeutet in etwa Urfranzose oder Abstammungsfranzose. [A.d.Ü.]

39 Nell Irvin Painter, Histoire des Blancs, Paris 2019, S. 49.

40 Ebd. S. 81.

41 Johann Joachim Winckelmann (1717–1768) popularisierte den Mythos, wonach die antiken Griechen zu raffiniert waren, um ihre Kunst einzufärben (Nell Irvin Painter, ebd. S. 65.). Die These wird von heutigen Archäologen verworfen. Wer den minoischen Palast in Knossos auf Kreta besucht, kann mit Originalpigmenten nachkolorierte Fresken sehen.

42 Das Prinzip der »unsichtbaren Schwärze« bedeutete einen minderwertigen Status für die Betroffenen, vor allem in den Südstaaten. Diese Regel galt auch für Nachkommen von »Rothäuten« und Weißen. Die Black-Power-Bewegung der 1970er-Jahre benutzte diese Vorstellung ebenfalls, um aus einer breiteren Basis rekrutieren zu können.

43 Deutsche Übersetzung von Bernd Matzner [A.d.Ü.]

44 Arthur de Gobineau und der französische Rassentheoretiker Vacher de Lapouge lehnten die Vermischung ebenfalls ab, aber aus anderen Gründen. Gobineau befürchtete die Paarung von Ariern mit Nicht-Ariern, Lapouge die Vereinigung langschädeliger Blonder mit kastanienbraunen, kurzschädeligen Menschen, was er als Häresie empfand. Lapouge bewies eine erstaunliche Weitsicht, als er einen großen Konflikt auf der Grundlage des Schädelindexes vorhersagte: »Ich bin überzeugt, dass sich im nächsten Jahrhundert Millionen von Menschen wegen eines Grades mehr oder weniger im Schädelindex gegenseitig die Kehle durchschneiden werden.« Er lag nur ein wenig daneben. Zur Geschichte der Rassetheoretiker siehe Pierre-André Taguieff, La Force du préjugé. Essai sur le racisme et ses doubles, Paris 1987, S. 252.

45 Eric Kaufmann, Whiteshift, Populism, immigration and the future of white majorities, London 2018, S. 42.

46 James Baldwin, Face à l'homme blanc, Paris 1968, S. 260–286. [Des Menschen nackte Haut. Erzählungen, Berlin 1974. A.d.Ü.]

47 Eric Kaufmann, Whiteshift, Populism, immigration and the future of white majorities, London York 2018, S. 57-58.

48 Schimpfwort für Juden

49 Eine feministische Zeitschrift schrieb: »Heute möchte man volle afrikanische Lippen mit slawischen Wangenknochen und einem nahöstlichen Teint kombinieren« (*Marie Claire*, September 2019).

50 Siehe den exzellenten Artikel von Brice Couturier, »Donald Trump, leader des hommes blancs en colère«, *Revue des Deux Mondes*, April 2018, S. 65 ff.

51 James Baldwin, »Mourir en français«, *Marbre*, von Olivier Binst gegründete Zeitschrift, November/Dezember 1986.

52 Gespräch mit Henry Louis Gates Jr., zitiert in Michel Fabre, La Rive noire. De Harlem à la Seine, Paris 1985, S. 206.

53 James Baldwin, ebd. S. 175.

54 Régis Debray schlug vollkommen zu Recht vor, Joséphine Baker in den Pantheon aufzunehmen. Es ist auch höchste Zeit, dass James Baldwin eine Straße oder eine Gedenktafel gewidmet wird. [Die Internationale Liga gegen Rassismus und Antisemitismus (LIC RA) ging aus der 1928 gegründeten Internationalen Liga gegen Antisemitismus (LICA) hervor. A.d.Ü.]

55 James Baldwin, La prochaine fois, le feu, Paris 2018. S. 74, Vorwort von Christine Taubira. [Deutsche Übersetzung: James Baldwin, Nach der Flut das Feuer, München 2019 A.d.Ü.]

56 Ebd. S. 110.

57 Seine Schwester gründete 2016 das Komitee »Wahrheit für Adama« nach dem Vorbild der amerikanischen Bürgerrechtsbewegung der 1960er-Jahre. Beraten von zwei linksextremen »weißen« Intellektuellen, dem Soziologen Geoffroy de Lagasnerie und dem Schriftsteller Édouard Louis, sowie dem islamisch-indigenistischen Aktivisten Youcef Brakni, hat sie ihren Bruder, einen Menschenhändler, Räuber und mutmaßlichen Vergewaltiger, zum Symbol für polizeilichen Rassismus gemacht. Letzteres steht zur Debatte, da die Polizisten, die ihn verhafteten, selbst von den Antillen stammten. Das Komitee ist auch von zahlreichen Aktivisten unterwandert, die Dieudonné nahestehen (siehe Assa Traoré, Geoffroy de Lagasnerie, Le Combat Adama, Paris 2019). Cédric Chouviat, der Lieferwagenfahrer, der nach einer brutalen Personenkontrolle vor dem Branly-Museum, die am 3. Januar 2020 auf Video aufgenommen wurde, in den Händen der Polizei starb, war weiß. Seine Angehörigen forderten auf nüchterne Art die Suspendierung der beteiligten Polizisten. Assa Traoré hingegen weihte auf dem Höhepunkt der medialen Öffentlichkeit ein Wandbild in Noisy-le-Sec ein. Auf dem Bild war sie selbst zu sehen, mit verbundenen Augen und Tränen vergießend, als neue Marianne.

58 Martin Luther King, Stride towards freedom. The Montgomery story, New York 1958, S. 102.

59 Shelby Steele, White guilt. How blacks and whites together destroyed the promise of the civil rights era, New York 2007, S. 59.

60 Die Wahrscheinlichkeit, dass ein Afroamerikaner von einem anderen Afroamerikaner getötet wird, ist zwanzigmal höher als die Wahrscheinlichkeit, von einem weißen Polizisten getötet zu werden (Quelle: LCP, »USA, comment combattre la gangrène du racisme«, 1. September 2020). Dies gehört zur Tragödie einer Gemeinschaft, die durch Sklaverei und Segregation zerrissen wurde und weiterhin ohne charismatischen Führer ist.

61 Shelby Steele, White guilt. How blacks and whites together destroyed the promise of the civil rights era, New York 2007, S. 150.

62 Ebd. S. 172

63 Eric Kaufmann, Whiteshift. Populism, immigration and the future of white majorities, London 2018, S. 308.

64 Voir Benoît Bréville, »Quelle est votre race?«, *Le Monde diplomatique,* Juli 2019. Im Laufe des 20. Jahrhunderts wurden Rassen häufig von Volkszählern erfunden, etwa Mexikaner, Hindus etc.

65 Paul Schor, Compter et classer. Histoire des recensements américains, Paris 2009.

66 Die Armutsrate in Seine-Saint-Denis liegt bei 33 bis 45 Prozent. Im restlichen Frankreich beträgt sie 14 Prozent.

67 Aymeric Patricot, La Révolte des Gaulois. Portrait d'une communauté qui n'existe pas, Paris 2020, S. 20.

68 Barack Obama, L'Audace d'espérer, Paris 2007, S. 236. [Deutsche Übersetzung: Barack Obama, Hoffnung wagen, München 2007. A.d.Ü.]

69 Richard Wright, Black Boy, Paris 1974

70 Ta-Nehisi Coates, Une colère noire. Lettre à mon fils, Paris 2016. [Deutsche Übersetzung: Ta-Nehisi Coates, Zwischen mir und der Welt, Berlin 2016. A.d.Ü.]

71 Ebd. S. 12. In dem Band Huit leçons sur l'Afrique (Paris 2020), der aus Konferenzbeiträgen besteht, beschreibt Alain Mabanckou, wie er in Ann Arbor (Michigan) einen Afroamerikaner namens Tim kennenlernt. Dieser möchte das Gespräch immer wieder auf die afrikanischen, mit anderen Worten, barbarischen Wurzeln Mabanckous lenken, um ihn zu beleidigen. Er wirft ihm schließlich vor, ein Sklavenhändler zu sein, und bedroht ihn mit einem Revoler (S. 151-155).

72 Hiervon handelt der schöne Roman Allah n'est pas obligé (Paris 2020) von Ahmadou Kourouma. In ihm wird unter anderem er-

zählt, wie Offizier Doe 1980 nach dem Staatsstreich alle liberianischen Senatoren afroamerikanischer Herkunft in ihren Unterhosen an die Wand stellen und erschießen lässt (S. 97 ff.).

73 Alain Mabanckou, Huit leçons sur l'Afrique, Paris 2020, S. 147, 148.

74 Über diese historischen Ereignisse gibt es eine exzellente Studie von Michel Fabre, La Rive noir à la Seine, De Harlem à la Seine, Paris 1985.

75 Françoise Vergès, Un féminisme décolonial, Paris 2019, S. 102.

76 Joseph de Maistre, Considérations sur la France, 1796. [Deutsche Übersetzung: Joseph de Maistre, Betrachtungen über Frankreich. Über den schöpferischen Urgrund der Staatsverfassung, Berlin 1924. A.d.Ü.]

77 In einem unter anderem von Greta Thunberg unterzeichneten Meinungsartikel wird die globale Erwärmung auch als Folge »kolonialer, rassistischer und patriarchaler Unterdrückungssysteme«, die es zu beseitigen gilt, bezeichnet (Les Décodeurs, »Non, Greta Thunberg n'a pas vraiment écrit: ›Le climat change à cause du racisme‹«, *Le Monde*, 9. Dezember 2019.). Thunberg hat es ausgesprochen, ohne es tatsächlich zu sagen. Was für eine wunderbare Kasuistik.

78 Nell Irvin Painter, Histoire des Blancs, Paris 2019, S. 350–351.

79 *Time Magazine*, 24. Juni 2001.

80 Ebd. 15. Mai 2009.

81 Robin DiAngelo, Fragilité Blanche. Ce racisme que les Blancs ne voient pas, Paris 2020. [Deutsche Übersetzung: Robin DiAngelo, Wir müssen über Rassismus sprechen. Was es bedeutet, in unserer Gesellschaft weiß zu sein, Hamburg 2020. A.d.Ü.]

82 Marianne Grosjean, »Sous couleur d'antiracisme, le campus d'Evergreen instaure un régime de terreur discriminant les Blancs«, *La Tribune de Genève*, 10. Juli 2019.

83 *France Inter*, 19. März 2018.

84 Im Frühjahr 2016 organisierte die kurzlebige Nuit-Debout-Bewegung unter der Leitung des Forschers Frédéric Lordon diese »rassisch ungemischten« Veranstaltungen. Auf dem Pariser Platz der Republik fanden feministische Treffen, die für »Cisgender-Personen«, weiße, heterosexuelle Männer verboten war. Der Anwalt Alain Jakubowicz sprach damals von einem »umgekehrten Ku-Klux-Klan«, bei dem als einziges Kriterium die Hautfarbe zählt.

85 Bipoc (black, indigenous, people of colour) gegen Menemy (white male enemy of the diversity movement), Schwarze, Ureinwohner und Farbige gegen weiße Männer, Feinde der Vielfalt (*Daily Mail*, 13. Juli 2020).

86 Arnaud Gonzague, »Lilian Thurman: ›Pourquoi les Blancs devraient-ils être les seuls à n'être jamais désignés par leur couleur?‹«, *L'Obs*, 5. September 2019.

87 Dreckiger Jude, entschuldige. [A.d.Ü.]

88 *The Times of Israel*, 26. Januar 2017. Das Zitat stammt aus dem Gerichtsprozess gegen Georges Bensoussan. Nacira Guénif wiederholte es am 13. Juni 2020 bei einer Demonstration für Adama Traoré, auf der »dreckige Juden« gerufen wurde. Kurz, »dreckige Araber oder dreckige Schwarze« ist ein Verbrechen, »dreckige Juden« ist Alltag.

89 Christian Delacampagne, Une histoire du racisme, Vorwort von Laure Adler, Paris 2000, S. 142. Siehe auch Catherine Coquery-Vidrovitch, Les Crimes du colonialisme. Le postulat de la supériorité blanche, S. 863.

90 Emma Green, »Are Jews white«, *The Atlantic*, 5. Dezember 2016.

91 Enzo Traverso, Les Juifs et la ligne de couleur, De quelle couleur sont les Blancs?, S. 253–261.

92 »Denn die Verpestung durch Negerblut am Rhein im Herzen Europas entspricht ebenso sehr der sadistisch-perversen Rachsucht dieses chauvinistischen Erbfeindes unseres Volkes wie der eisigkalten Überlegung des Juden, auf diesem Wege die Bastardisierung des europäischen Kontinents im Mittelpunkte zu beginnen und der weißen Rasse durch die Infizierung mit niederem Menschentum die Grundlagen zu einer selbstherrlichen Existenz zu entziehen.« Adolf Hitler, Mein Kampf, München 1943, S. 704. Zitiert in Pierre-André Taguieff, La Force du préjugé. Essai sur le racisme et ses doubles, Paris 1987, S. 34. [Deutsche Übersetzung: Pierre-André Taguieff, Die Macht des Vorurteils. Der Rassismus und sein Double, Hamburg 2000. A.d.Ü.]

93 Zum Beispiel die Gründerin des Women's March Tamika Mallory, eine Anhängerin von Louis Farrakhan, oder Linda Sarsour, eine militante, Hamas-nahe Palästinenserin und überzeugte Islamistin.

94 Laut Chanda Prescot-Weinstein sollte man die antisemitischen Handlungen von Weißen nicht mit denen von Schwarzen gleichsetzen. Wenn Afroamerikaner sich antijüdisch verhalten, dann weil sie in bestimmten Denkmustern weißer Rassisten gefangen seien. Eine vollkommene Realitätsverweigerung.

95 *Infomoderne*, 31. Mai 2020.

96 Philippe Giraldi (ein ehemaliger Offizier der CIA), »Des gilets jaunes à George Floyd. Comment Israël a militarisé la police occidentale«, *Mediapart*, 29. Juni 2020.

97 Tribu Ka (Stamm Ka) ist eine rassistische, antisemitische Sekte von Schwarzafrikanern in Frankreich. Kémi Saba, der Gründer der Bewegung, ist mittlerweile Mitglied bei der antisemitischen Nation of Islam. [A.d.Ü.]

98 Houria Bouteldja, Les Blancs, les Juifs et nous. Vers une politique de l'amour révolutionnaire, Paris 2016, S. 54, S. 111.

99 Luis Sepúlveda, Une sale histoire, Anne-Marie Métailié, Paris 2005, S. 44.

100 Houria Bouteldja, ebd., S. 51.

101 Laut der Statistik des Innenministeriums ist die Anzahl an antisemitischen Handlungen im Jahr 2019 im Vergleich zum Vorjahr um 75 Prozent gestiegen. Gab es 2017 noch 311 Vorfälle, so lag die Zahl 2018 bereits bei 514. 2019 betrug die Zahl 687, eine Steigerung um 27 Prozent. Antimuslimische Vorfälle befanden sich 2018 auf dem niedrigsten Stand seit 2010 und blieben auch 2019 zahlenmäßig gering – obwohl es vor einer Moschee in Bayonne eine Schießerei gab, bei der zwei Menschen schwer verletzt wurden. Antichristliche Handlungen wie Friedhofsschändungen und Beschädigungen von Gebäuden stellen weiterhin die häufigsten Arten von Hassverbrechen dar (1063). Der Anteil an Juden in der französischen Bevölkerung liegt bei ein Prozent, der von Moslems zwischen acht und zehn Prozent.

102 Siehe auch in meinem Buch La Tentation de l'Innocence, Paris 1995, das vierte Kapitel »L'innocence du bourreau«. Zum gleichen Thema lohnt sich ebenfalls der Artikel von Rémy Ourdan über die serbische Leugnung der Massenverbrechen in Srebrenica durch die Truppen von Ratko Mladić, diese würdigen Nachfolger der deutschen Einsatzgruppen, und die moralischen Fälschungen des Regisseurs Kusturica (»Balkans: le poison du déni, 25 ans après le massacre de Srebrenica«, *Le Monde*, 10. Juli 2020).

103 Die Weltkonferenz gegen Rassismus der Vereinten Nationen im südafrikanischen Durban. Auf der Konferenz wurden jüdische Teilnehmer angegriffen, die antisemitische Hetzschrift Die Protokolle der Weisen von Zion und Porträts von Adolf Hitler verteilt. Auf Demonstrationen wurde »Tötet alle Juden« und »Das Blut der Märtyrer bewässert den Baum der Revolution in Palästina«

gerufen. In der Abschlusserklärung wurde ausschließlich ein Land negativ hervorgehoben: Israel. [A.d.Ü.]

104 Marion Van Renterghem, »L'antisémitisme impulsif de 5 gars ›sans problèmes‹«, *Le Monde*, 20. Februar 2015.

105 Vincent Mongaillard, »Antisémitisme: obligés de déménager parce que juifs«, *Le Parisien*, 25. Februar 2019.

106 Jean-Pierre Obin, Les Signes et manifestations d'appartenance religieuse dans les établissements scolaires, La Documentation française, 2004. Nicht nur die Shoah galt als problematisches Thema für den Unterricht, sondern auch *Madame Bovary* (Geschichte einer Ehebrecherin), Pläne von Basilikas und Voltaire (Beleidigung des Propheten). Alles »haram«, Sünde...

107 Der Begriff stammt aus der französischen Fassung des Epilogs des Stücks »Der aufhaltsame Aufstieg des Arturo Ui« von Bertolt Brecht. »Der Schoß ist fruchtbar noch, aus dem das kroch« übersetzt mit »Le ventre est encore fécond d'où a surgi la bête immonde« übersetzt. [A.d.Ü.]

108 Sigmund Freud, Das Unbehagen in der Kultur, Wien 1930, S. 243. [A.d.Ü.]

109 Rokhaya Diallo, À nous la France!, Paris 2017, S. 30.

110 Zitiert in Douglas Murray, The Madness of Crowds, London 2019, S. 147. [Deutsche Ausgabe: Douglas Murray, Wahnsinn der Massen: Wie Meinungsmache und Hysterie unsere Gesellschaft vergiften, München 2019 A.d.Ü.]

111 So erging es Timothée de Fombelle, einem erfolgreichen Jugendbuchautor, weil die Hauptfigur seines letzten Werks – Alma – ein schwarzes Mädchen ist. Sein amerikanischer Verleger Walker Books weigerte sich 2020 das Buch zu veröffentlichen.

112 Weitere Beispiele findet man etwa in Géraldine Smith, Vu en Amérique bientôt en France, Paris 2018, S. 257–259.

113 Mathieu Bock-Côté, L'Empire du politiquement correct, Paris 2019, S. 184.

114 Leopoldi Fregoli (1867–1936) war ein berühmter italienischer Verwandlungskünstler. [A.d.Ü.]

115 Name eines indigenen Volkes, das im gegenwärtigen Süden Kanadas und Norden der Vereinigten Staaten lebt. [A.d.Ü.]

116 David Caviglioli, »Une dramaturge canadienne demande aux critique blancs de ne pas écrire sur sa pièce«, *Biblio Obs*, 19. Februar 2020.

117 Alice Goffman, L'Art de fuir. Enquête sur une jeunesse dans le ghetto, Paris 2020. [Deutsche Übersetzung: Alice Goffman, On the Run. Die Kriminalisierung der Armen in Amerika, München 2015. A.d.Ü.]

118 Thomas Pavel, »Le rejet des classiques«, Paris 1991, S. 116.

119 Laurent Dubreuil, »Contre la politique d'identité«, *Le Débat*, November/Dezember 2018, S. 142.

120 Lionel Trilling, Sincérité et authenticité, Paris 1994, S. 158.

121 Mark Lilla, »The end of identity liberalism«, *The New York Times*, 18. November 2016.

122 Mark Lilla, La Gauche identitaire. L'Amérique en miettes, Paris 2018.

123 Eric Kaufmann, Whiteshift. Populism, immigration and the future of white majorities, London 2018, S. 311, und Laurent Dubreuil, »Contre la politique d'identité«, *Le Débat*, November/Dezember 2018, S. 48-49.

124 Rebecca Tuvel, »In defense of transracialism«, *Hypatia*, 29. März 2017.

125 Laurent Dubreuil, ebd., S. 50–51.

126 Fabrice Olivet, La Question métisse, Paris 2011, S. 8.

127 Ahmadou Kourouma, En attendant le vote des bêtes sauvages, Paris 2000, S. 106.

128 Christian Delacampagne, Une histoire du racisme, Paris 2000, S. 143–144.

129 Bunny Suraiya, Adieu Calcutta, Albin Michel, Paris 2015.

130 Es sei an die wichtige Rolle erinnert, die die »farbigen Freien« bei der Abschaffung der Sklaverei in der Karibik spielten, weil es ihnen gelang, »die koloniale Autorität davon zu überzeugen, dass ein nicht-weißes Individuum auch frei sein kann« (Frédéric Régent, La France et ses esclave, Paris 2007, S. 211).

131 »Es ist immer so theoretisch schwach wie moralisch illoyal, ein Argument oder eine Position mit Verweis auf die ›Rasse‹ des Sprechers zu verwerfen. Und was ist davon zu halten, wenn schwarze oder arabische Universalisten diskreditiert werden, indem man sie ›weiß‹ nennt? Das ist so, als würde man sie Verräter an ihrer ›Rasse‹ nennen.« (Stéphanie Roza, La Gauche contre les Lumières?, Paris 2020, S. 157).

132 Der Ausdruck stammt aus der deutsch-senegalesischen Komödie gleichen Namens. Im 2021 erschienenen Film bezeichnet der Begriff einen weißen Mann. [A.d.Ü.]

133 Jim Sleeper, Du racisme libéral. Comment la fixation de la race a tué le rêve américain, Boston 2020. Zitiert in Géraldine Faes und Stephen Smith, Noirs et Français!, Paris 2020, S. 386.

134 Ebd., S. 157.

135 Douglas Murray, The Madness of Crowds, London 2019, S. 152. [Deutsche Ausgabe: Douglas Murray, Wahnsinn der Massen: Wie Meinungsmache und Hysterie unsere Gesellschaft vergiften, München 2019 A.d.Ü.]

136 In der Genesis soll sich die religiöse Begründung für die Versklavung von Schwarzen befinden: »Noah arbeitete in einem Weinberg. Eines Tages trank er von seinem Wein und wurde betrunken. Anders als seine Brüder Sem und Jafet verspottete Ham seinen betrunkenen Vater. Als Noah dies erfuhr, verfluchte er Kanaan, den jüngsten Sohn Hams, dazu, ›der Sklave der Sklaven seiner Brüder‹ zu sein.« Olivier Pétré-Grenouilleau, Les Traites négrières. Essai d'histoire globale, Paris 2005, S. 31.

137 Französischsprachige und englische Bücher über den Afrozentrismus füllen mittlerweile ganze Bibliotheken. Über Cheikh Anta Diop (1923–1986), siehe das nuancierte Porträt von Catherine Coquery-Vidrovitch in *Le Débat*, Ausgabe 208, Januar-Februar 2020, S. 178.

138 Damien Charrieras, »Racisme(s)? Retour sur la polémique du ›racisme anti-Blancs‹ en France«, in De quelle couleur sont les Blancs?, *La Découverte*, 2013, S. 244.

139 Im August 2016 zogen Tausende von Asiaten durch die Straßen von Paris, um mehr Schutz vor Angriffen durch junge »rassifizierte« Bewohner der Banlieue zu fordern.

140 Das ist die Hypothese von Eric Kaufmann, Whiteshift. Populism, immigration and the future of white majorities, London 2018, S. 414–415.

141 Richard Alba, »The myth of a white minority«, *The New York Times*, 11. Juni 2015. 2018 lag das Medianeinkommen weißer Haushalte um 70 % höher als das schwarzer Haushalte, 70.642 US-Dollar gegenüber 41.692 US-Dollar. Der Fluch der afroamerikanischen Community, die längst über eine eigene Bourgeoisie verfügt, besteht im Fehlen eines intergenerationalen Vermögens.

142 Éric Fassin, »La fin de l'exception raciale en France«, *Libération*, 11. Juni 2020.

143 Viele Amerikaner empfinden die Idee Martin Luther Kings, wonach die Indifferenz gegenüber der Hautfarbe eine Glanzleistung

zivilisierter Gesellschaften sei, als rassistisch. Ein gewisser Eduardo Bonilla-Silva, Professor an der Duke University, erkennt in ihr gar den Triumph des Rassismus (Douglas Murray, The Madness of Crowds, London 2019, S. 126–127). Bonilla-Silva erklärte den Sieg Obamas als Ausdruck einer Farbenblindheit, die den Gipfel des Rassismus darstelle. Es ist klar, dass manche eine berufliche Nische suchen und dass eine Gleichgültigkeit gegenüber der Rassenfrage keine gute Nachricht für ihre Profiteure wäre. Der Rassismus ist eine doppelte Abscheulichkeit: für seine Opfer und für diejenigen, die von ihm wie von einer Rente leben.

Dritter Teil

1 Der Präsident der Vereinigung Egountchi Behanzin nennt Frankreich einen »totalitären, terroristischen, sklavenhalterischen, kolonialistischen« Staat und ruft dazu auf Straßen, Plätze und Gymnasien umzubenennen. Außerdem sollen Montesqieu, Napoleon und de Gaulle in einem »Museum der schlechten Menschen«, einem »negativen Pantheon«, beigesetzt werden. Stéphane Kovacs, Statues vandalisées: ces activistes qui veulent »purifier« l'histoire de France, *Figaro*, 26 Juni 2020.

2 Wie nicht anders zu erwarten wurde der Film in den Vereinigten Staaten gleich unter Rassismusverdacht gestellt. In der Zeitschrift *Variety* warf ein gewisser Jay Weissberg den Filmemachern vor, mit »Onkel-Tom-Rassismus« zu kokettieren, und nannte Omar Sy einen »kleinen Affen, der verklemmten weißen Typen erklärt, wie man Spaß hat« (*Variety*, 29. September 2011).

3 Zu diesen Film und zu *Des hommes et des dieux* empfiehlt sich der treffende Artikel von Jean-François Braunstein, »Des hommes et des vieux«, in *8 semaines avant*, 7. März 2012.

4 Houria Bouteldja, Les Blancs, les Juifs et nous. Vers une politique de l'amour révolutionnaire, Paris 2016.

5 Alain Badiou, De quoi Sarkozy est-il le nom?, Paris, 2007.

6 Rama Yade, »Seule l'Afrique avec sa jeunesse en perpétuel mouvement apparaît en capacité de penser la destinée collective de l'humanité«, *Le Monde*, 6. April 2020.

7 Laut Dominique Strauss-Kahn ist das Verhältnis von Schulden und Bruttosozialprodukt im subsaharischen Afrika von 30 Prozent (2012) auf 95 Prozent (Ende 2019) gestiegen (*Jeune Afrique*, 23. März 2020). Zurzeit droht eine weitere Schuldenkrise, die solche

Länder, die gerade eine demographische Explosion erleben, auf Jahre belasten könnten. Daher forderten viele afrikanische Staatschefs im Mai 2020 einen neuen Schuldenerlass, ähnlich dem, den die Gebergemeinschaft 1996 den HIPCs (Heavily Indebted Poor Countries) zugestanden hatte. Damals wurden die Schulden der betreffenden Länder um 90 Prozent reduziert. Doch viele Länder des Südens haben Milliardenschulden bei weniger entgegenkommenden privaten Institutionen.

8 Laut Untersuchungen von OFPRA (Französisches Amt zum Schutze von Flüchtlingen und Staatenlosen) stammten 2019 41 Prozent der Asylsuchenden aus Afrika. Anschließend folgten Personen aus Afghanistan, Albanien und Georgien. Anfragen aus Afrika nehmen seit zwei Jahren kontinuierlich zu. Gemäß den Statistiken des französischen Innenministeriums hat Frankreich 2019 276.575 reguläre Migranten aufgenommen. Es kamen 132.614 Asylsuchende sowie 50.000 unbegleitete Minderjährige, die laut Polizei einen bedeutenden Teil der Jugendkriminalität ausmachen. Diese Zahlen beinhalten nicht die illegalen Einwanderer.

9 Laut einer Befragung erwägen 92 % der Einwohner Dakars eine Emigration nach Europa, 40 % würden auch illegal einreisen und wären bereit das eigene Leben aufs Spiel zu setzen. Die Remissen, die aus den Ausnahmeländern überwiesen werden, sind eine bedeutende Quelle von höherem Sozialstatus und Prestige für die Angehörigen. Eric Kaufmann, Whiteshift. Populism, immigration and the future of white majorities, London 2018, S. 308.

10 »Jedes Projekt, jeder Plan, ob politisch oder wirtschaftlich, in der Region und in der Welt wird scheitern, wenn die Türkei ausgeschlossen ist. Das gilt vom Balkan bis zum Mittelmeer, vom Norden bis zum Süden Afrikas.« Erdoğan, 18. Mai 2020.

11 Stephen Smith, Professor für Afrikastudien an der Duke University, North Carolina: »Wenn ich schreibe, dass 7/10 der afrikanischen Migration innerhalb Afrikas und 3/10 im Rest der Welt, einschließlich Europa, stattfindet, sagt man mir: Sehen Sie, das ist nicht viel! Man muss jedoch wissen, dass diese Zahlen sich auf eine Bevölkerung beziehen, die von 1,3 Milliarden auf 2,4 Milliarden im Jahr 2050 anwachsen wird. Das sind sehr viele Menschen.« (*Le Figaro Magazine*, 12. und 13. Oktober 2019, Kommentar gefunden von Alexandre Devecchio).

12 Marie Lemonnier, »Migrants: ›La France sera jugée par l'histoire‹«, *BibliObs*, 9. Februar 2018.

13 Jean-François Bayart, »Migrants: sortons de ›l'État d'objection‹!«, *Le Monde*, 19. April 2018.

14 *L'Obs*, 10. Januar 2018.

15 Im Durschnitt erreichen Frankreich rund 1.000 Asylanträge pro Monat aus Georgien (Tatiana Sevora, »Pourquoi les Géorgiens sont-ils si nombreux à venir en France?», *La Vie*, 10. Juli 2019).

16 Artikel 53.1 der Verfassung von 1858.

17 »Es werden immer mehr Migranten. Wir müssen sie aufnehmen, das ist eine Pflicht, aber auch eine Chance. (...) Das Land wäre stärker, wenn es freier und offener wäre, wenn es sich von den Fesseln der Alten Welt befreien und sich von seinem alten Groll lösen könnte (Patrick Boucheron, *L'Obs*, 10. Januar 2018).

18 Audrey Tison, Insta d'Europe, France Culture, Mai 2019.

19 Am 29. August 2019 hat Papst Franziskus eine Bronzestatue des kanadischen Künstlers Timothy Schmatz mit dem Titel *Angels unaware* eingeweiht. Die Statue stellt 140 Migranten auf einem Boot dar. Eine Plakette fordert den Betrachter auf, Migranten »besondere Beachtung« zu schenken.

20 *Esprit*, Sommer 2018.

21 Étienne Balibar, »Pour un droit international de l'hospitalité«, *Le Monde*, 17. August 2018.

22 Paul Yonnet, Voyage au centre du malaise français. L'antiracisme et le roman national, Paris 1993.

23 François Héran, »L'idéologie du confinement national n'est qu'un ruineux cauchemar«, *Le Monde*, 26. April 2020.

24 Cité par Rémy Ourdan, »Les murs dans le monde en réponse aux nouvelles peurs«, *Le Monde*, 2. Februar 2018.

25 Philippe Chevallier, Être soi. Actualité de Sören Kierkegaard, Paris 2011, S. 106.

26 Marie Darrieussecq, »Je dédie mon prix Médicis à Christiane Taubira«, *Le Monde*, 15. November 2013.

27 Zitiert nach Paul Yonnet, Voyage au centre du malaise français. L'antiracisme et le roman national, Paris 1993, S. 285.

28 Catherine Withol de Wenden, Faut-il ouvrir les frontières?, Paris 2014. Die Autorin, eine Befürworterin des globalen Rechtes auf Mobilität, bejaht diese Frage, räumt aber die Möglichkeit staatlicher Abkommen ein.

29 Pierre Brochand, Botschafter und früherer Präsident des französischen Auslandsnachrichtendienst, während eines von der Res Publica Stiftung organisierten Konferenz (Eugénie Bastié, »Pierre

Brochand: ›L'immigration est le défi le plus redoutable auquel nous sommes confrontés‹«, *Le Figaro*, 21. Februar 2020).

30 Die Voluntary Human Extinction Movement wurde von Les U. Knight, einem ökologisch orientierten Gymnasiallehrer aus Oregon, in den 1990ern gegründet. Er fordert unter anderem die Sterilisierung der Menschheit.

31 Die Zahlen stammen von François Héran, *Le Monde*, 24. April 2020.

32 Cécile Duflot, Chefin von Oxfam Frankeich, »Un mort de plus à Lesbos, un mort de trop, une honte pour l'Europe«, *Le Monde*, 7. Oktober 2019.

33 »Die Festung Europa weckt Begehrlichkeiten und gewährt keinen Zugang. Europa wird sich nicht in Gleichgültigkeit zurückziehen können. Und Afrika wird sich eingestehen müssen, dass der Weggang seiner Mittelschicht ein großer Verlust ist.« Stephen Smith, Figaro Magazine. Der Autor rät unter anderem zu zeitlich begrenzter zirkulärer Migration und Patenschaften zwischen Europäern und Afrikanern.

34 Eric Kaufmann, Whiteshift. Populism, immigration and the future of white majorities, London 2018, S. 481.

35 »Jeder, der unsere Grenzen überschreitet, ist willkommen, ob er nun zu Besuch ist oder bleiben möchte. Jeder, der unsere Grenzen überschreitet, steht unter dem Schutz Frankreichs. Wir dürfen nicht vergessen, dass die Unglücklichsten in ihren unendlichen Träumen in Frankreich den einzigen Ort ihrer Verwirklichung erblicken.« (Thierry Tuot, La Grande Nation pour uns societé inclusive, 2013, S. 21)

36 Um dieses dramatische Misstrauen einzudämmen, schlägt Hubert Védrine, ehemaliger Außenminister unter François Mitterrand, vor, die Migrationsströme stärker zu kontrollieren, klar zwischen Asylbewerbern und Wirtschaftsmigranten zu unterscheiden und eine Quote für legale Einwanderung einzuführen (*Le Monde*, 28. Juni 2018).

37 Mayline Baumard, »Pour Jacques Toubon ›le demandeur d'asile est mal traité‹ par le projet de loi sur l'immigration«, *Le Monde*, 22. Februar 2018. Jacques Toubon ist einer dieser rechtsgerichteten Männer, die mit zunehmendem Alter ein linkes Über-Ich entwickeln und sich wohltätig geben – in seinem Fall eine 180-Grad-Wende.

38 Siehe auch den militanten Demographen François Héran (*Le*

Monde, 24. September 2019): »Es ist an der Zeit, dass sich unsere Politiker in der Frage der Einwanderung von Vernunft und nicht von Angst leiten lassen.« Das würde den Rechten in die Hände spielen. »Frankreich ist weit davon entfernt, das wichtigste Asylland Europas zu sein.« Als ginge es um einen Wettbewerb der Tugend.

39 François Dosse, »Emmanuel, tes propos sur l'immigration contribuent à la désintégration de ces populations fragiles«, *Le Monde*, 3. Dezember 2019.

40 Geflüchtete Sklaven, die in den Bergen oder im Hochland von Mauritius, Jamaika, Brasilien, Santo Domingo, Réunion oder Guyana Unterschlupf fanden, nannte man auch Negmarron oder Cimarron. Sie wehrten sich mit Waffengewalt gegen Versuche der Plantagenbesitzer, sie wieder einzufangen und zu bestrafen.

41 Zitiert in Christian Delacampagne, Une histoire du racisme, Paris 2000. Sklaven durften keine verwandtschaftlichen Beziehungen unterhalten. Im antiken Griechenland war es ihnen etwa verboten zu heiraten. Kinder von Sklaven gingen in den Besitz der Herren über, es sei denn, dieser entschied, ihnen die Freiheit zu lassen.

42 Am 3. Juli 1315 erließ König Ludwig X., genannt der Dumme, ein Edikt, das alle Sklaven befreite, die französischen Boden betraten.

43 Catherine Coquery-Vidrovitch bemerkt, dass die arabische Literatur »des 8. bis 19. Jahrhunderts schwarze Haut mit negativen Eigenschaften verband. Etwa einem schlechten Geruch, einer abstoßenden Physiognomie, einer hemmungslosen Sexualität, Wildheit und Debilität« (Marc Ferro, Le Livre noir du colonialisme, Paris 2003, S. 867).

44 »Die schlimmste Beleidigung, die ein Araber einem anderen machen kann, ist ihn Neger zu nennen, ihn zu behandeln wie einen Neger« (in Ahmadou Kourouma, Allah n'est pas obligé, Paris 2000, S. 262).

45 In ihrem Roman Bakhita (2017) erzählt Véronique Olmi die Geschichte einer Sudanesin, die von moslemischen Sklavenhändlern entführt und an unterschiedliche Herren verkauft wird. Dank des italienischen Konsuls gelangt sie nach Rom, wo sie 1947 als konvertierte Christin stirbt. Im Jahr 2000 sprach Johannes Paul II. sie heilig. Heute könnte man diese Geschichte nicht mehr erzählen, ohne der kulturellen Aneignung bezichtigt zu werden.

46 Catherine Coquery-Vidrovitch widerspricht N'Diaye in dem Punkt. Laut ihr verlief die Assimilation ohne Probleme und die

»Nachkommen der Schwarzen gingen in der allgemeinen Bevölkerung auf« (Catherine Coquery-Vidrovitch, »Le postulat de la supériorité blance et de l'infériorité noire«, in Marc Ferro, Le Livre noir du colonialisme, Paris 2003, S. 868). Der Soziologe Cahit Gungor geht ebenfalls davon aus, dass die Nachkommen der Schwarzen sich mit der arabischen oder berberischen Bevölkerung vermischt haben. Genetische Untersuchungen der nordafrikanischen Bevölkerung scheinen dies zu bestätigen.

47 Der Code noir ist ein Dekret aus dem 17. Jahrhundert, das den Umgang mit den schwarzen Sklaven regelte. Es galt bis 1848. [A.d.Ü.]

48 »Die Versklavung Afrikas durch Araber und die Kolonisierung durch ›afrikanische Standespersonen‹ existierte lange vor der Ankunft der Europäer. Kolonisierung und Sklaverei waren keine außerafrikanischen ›Erfindungen‹, die erst mit der Ankunft der ›Bleichgesichter‹ auftauchten«, schreibt Alain Mabanckou über das Buch von Yambo Ouolguem, Le Devoir de la violence, das 1968 erschien (Alain Mabanckou, Le Sanglot de l'homme noir, Paris 2012, S. 155-156).

49 Das Taubira-Gesetz vom Mai 2001, das Sklaverei als Verbrechen gegen die Menschheit bezeichnet, ist einseitig, da es sich nur auf den transatlantischen Handel ab dem 15. Jahrhundert bezieht. Über den orientalischen oder afrikanischen Sklavenhandel schweigt es sich ebenso sehr aus wie über die Versklavung von Weißen, die es auch noch im 18. Jahrhundert gab.

50 So hat etwa der Cran (Repräsentativer Rat schwarzer Organisationen in Frankreich) gemeinsam mit anderen Verbänden versucht, der Professorin Virginie Chaillou-Atrous aus Nantes zu verbieten, auf La Réunion »die Geschichte der Sklaverei, der Zwangsarbeit und der Wirtschaft der Kolonien auf den südwestlichen Inseln des Indischen Ozeans im 18. und 19. Jahrhundert« zu unterrichten, da sie als Großstädterin einen einheimischen Kandidaten benachteilige. Sie wurde als »selbstverliebte Zorey« bezeichnet. So nannte man früher kreolisch sprechende Franzosen, die als Spitzel auf den Plantagen tätig waren. Da die Ernennung von den Gerichten in La Réunion für ungültig erklärt wurde, beschloss die Professorin wegen Diskriminierung zu klagen (*Le Monde*, 5./6. Juli 2020).

51 Karl Marx, Le 18 Brumaire de Louis Bonaparte, 1852. [Karl Marx, Der 18. Brumaire des Louis Bonaparte, Hamburg 1869. A.d.Ü.]

52 Wie überall sonst gab es auch hier große Königreiche, etwa das Imperium von Mali. Es war auch keine Region, die frei von bedeutenden Akten der Gewalt war. Ein Beispiel unter vielen: Chaka, der

Gründer der Zulu-Nation (1787–1828), ein furchterregender Krieger, ist für ethnische Vertreibungen und zahlreiche Kriege verantwortlich. Seine Politik der verbrannten Erde kostete Millionen Menschen das Leben. Wer ihn so beurteilt, wie man es mit europäischen Eroberern tut, bekommt den Vorwurf, eine vorurteilsbehaftete weiße Perspektive einzunehmen.

53 Siehe Abdelwahab Meddeb und Benjamin Stora, Histoire des relations entre Juifs et musulmans des origines à nos jours, Paris 2013. Dieser Sammelband verschweigt weder die guten noch die schlechten Seiten der Beziehung noch die Pogrome und Massaker.

54 »Die öffentlichen Denkmäler der Verdammten Colbert, Napoléon und de Gaulle kommen in den Mülleimer der menschlichen Geschichte: Auf diese Weise werden wir ihre gesamte Erinnerung auslöschen, zum Wohle der jüngeren Generation« (Ligue de la défense noire africaine, Frühjahr 2020).

55 »En Afrique, il est temps de décoloniser nos imaginaires«, Gespräch zwischen Souleymane Bachir Diagne und Nicolas Truong, *Le Monde*, 17. August 2019.

56 Nadia Yala Kisukidi, »Bagdad, Fès, Tombouctou sont d'autres lieux de la vie philosophique«, *Le Monde*, 14. August 2019.

57 Jean-Jacques Rousseau, Discours sur l'origine et le fondement des inégalités, zitiert in Antoine Lilti, L'Héritage des Lumières, Paris 2019, S. 76. [Jean-Jacques Rousseau, Abhandlung über den Ursprung und die Grundlagen der Ungleichheit unter den Menschen, Ditzingen 1998 A.d.Ü.]

58 Roger-Pol Droit, Généalogie des barbares, Paris 2007.

59 Zu der fehlerhaften westlichen Interpretation von Buddhismus und Hinduismus siehe Roger-Pol Droit, Le Culte du néant, Paris 2004.

60 Ebda.

61 Frantz Fanon, Peau noire, masques blancs, Paris 1952, p. 187. [Frantz Fanon, Schwarze Haut, weiße Masken, Frankfurt 1985]

62 Françoise Vergès, Un féminisme décolonial, Paris 2019, S. 34.

63 *Le Monde*, 10 février 2019.

64 Serge Michel und Michel Beuret, La Chinafrique. Pékin à la conquête du continent noir, Paris 2008.

65 Zeitpunkt der Abschaffung der Leibeigenschaft in Mittel- und Zentraleuropa: Ungarn, 1853; Österreich, 1848; Kroatien, 1848; Bulgarien, 1880; Russland, 1861; Russisch-Polen, 1864, Bosnien-Herzegowina, 1918.

66 Dipesh Chakrabarty, Provincialiser l'Europe. La pensée postcoloniale et la différence historique, Amsterdam, 2009. Chakrabarty ist ein indischer Historiker, ehemaliger Marxist, Distinguished Professor an der Universität von Chicago und Gewinner des Arnold Toynbee Preises 2014. Im Gegensatz zu seinen dekolonialen Kollegen vertritt Dipesh Chakrabarty die Ansicht, dass Europa der Welt ein Geschenk gemacht hat und dass man »in einem antikolonialen Geist der Dankbarkeit« sprechen sollte.

67 Man könnte das gleiche auch über Militante wie Maboula Soumahoro, Mariétou Mbaye Bileoma oder die Autorin Léonora Miano sagen, die vorgibt, die »Dekonstruktion der europäischen Erfindung der Rasse« zu dekonstruieren. Auch wenn sie sich nicht scheut, die Versäumnisse der Afrikaner zu benennen und als gute »Afropäerin« zwischen Lob und Tadel schwankt.

68 Zitiert in Jacques Pouchepadass, »Le Projet critique des postcolonial studies entre hier et demain« (in Jean-François Bayard, Les Études postcoloniales. Un carnaval académique, Paris 2010, S. 7).

69 Diese These vertritt Jacques Marseille, Emire colonial et capitalisme francais. Histoire d'un divorce, Paris 1984. Raymond Aron hielt die Frage nach der starken wirtschaftlichen Verknüpfung zwischen Mutterland und Kolonien für nicht zu beantworten. Siehe auch Ferghane Azihari, »Ni la colonisation ni l'esclavage n'ont enrichi l'Occident«, *Le Point*, 28. August 2020.

70 *Le Monde*, 25. August 2019: »Die Dekolonisierung des Denkens wurde bereits durch Intellektuelle wie Aimé Césaire oder Frantz Fanon vollzogen. Fragen wir uns nach all ihren Anstrengungen immer noch, wie wir uns befreien können?«.

71 Louis-Georges Tin, »Palais de l'Élysée, palais du négrier«, *Libération*, 13. Juli 2020. Der Autor irrt sich übrigens: Der Graf von Évreux profitierte nur von einem Darlehen seines Schwiegervaters, das er nach der Trennung von seiner Frau zurückzahlte.

72 Julien Bouissou, »La traite négrière, passé occulté par les entreprises françaises«, *Le Monde*, 8. August 2020.

73 »Jugés fin septembre pour avoir voulu ‚récupérer' une oeuvre africaine au musée du Quai Branly«, *Le Monde Afrique*, 15. Juni 2020.

74 Pascal Blanchard, Nicolas Bancel et Sandrine Lemaire, *La Fracture coloniale*, Paris 2006, S. 24-25

75 Ein stark migrantisch geprägtes Viertel im Süden von Lyon [A.d.Ü.]

76 Stadt im Département Seine-Saint-Denis. La Courneuve gehört zu den Gemeinden mit dem höchsten Anteil an afrikanischen Einwanderern. [A.d.Ü.]

77 2005 sprach Achille Mbembe von einer kolonialen Behandlung der Banlieues, von einer »Palästinisierung«. Ihm zufolge stellt das Problem der Rasse das verborgene Gesicht von Marianne dar. Diese vermeintliche Kehrseite der Medaille bezeichnet er folglich auch als »Bestie«. Zitiert in Jean-Loup Amselle, L'Occident décroché, Enquête sur les postcolonialismes, Paris 2008, S. 248.

78 Anne-Sophie Nogaret und Sami Biasoni, Français malgré eux. Racialistes, décolonialistes, indigénistes: ceux qui veulent déconstruire la France, Paris 2020.

79 Bezeichnung aus den 1950er-Jahren für in Algerien siedelnde Franzosen. [A.d.Ü.]

80 Algerische Gehilfen der französischen Armee während des Algerienkrieges 1954–1962. [A.d.Ü.]

81 Antwort von Georges Clemenceau vom 30. Juli 1885 in der Abgeordnetenkammer.

82 Benjamin Stora, »La question postcoloniale«, *Hérodote*, Nummer 120, 2006, S. 172. In der gleichen Zeitschrift schreibt Bernard Alidières, Professor an der Universität Paris VIII, über die »vergessenen Erinnerungen« des Algerienkrieges im französischen Mutterland: Messermorde, Attentate, Abrechnungen zwischen Anhängern der FLN und des MNA in den Vierteln, Bushaltestellen, Cafés und Fabriken. Die vielen Gewalttaten zwischen 1955 und 1962 haben zum Stereotyp des gewalttätigen Arabers in Frankreich beigetragen. Die Art und Weise, wie Algerien den Krieg führte, war ein Vorbote der Willkürherrschaft im postkolonialen Algerien.

83 Was Boris Cyrulnik im Gespräch mit Boualem Sansal in Erinnerung ruft, *France-Algérie*, Paris 2020, S. 117.

84 Am 14. Februar 2017 erklärte der Kandidat Emmanuel Macron gegenüber der algerischen Zeitung *Echorouk News*: »Es ist ein Verbrechen. Es ist ein Verbrechen gegen die Menschheit. Es ist eine echte Barbarei und es ist Teil der Vergangenheit, der wir uns stellen müssen. Wir müssen uns bei allen Betroffenen dafür entschuldigen.«

85 Maurice Audin war ein Mathematiker und Aktivist gegen die französische Kolonialregierung, der während der Schlacht um Algier unter weiterhin ungeklärten Umständen ums Leben kam.

86 Pierre Vermeren, *Le Monde*, 26. Dezember 2019.

87 Marc Ferro, Le Livre noir du colonialisme, Paris 2003, S. 659.

88 2005 sprach Benjamin Stora bereits vom »mangelnden Enthusiasmus algerischer Autoritäten vor dem mea culpa französischer Generäle«, in L'Esclavage, le colonisation et l'après…, Paris 2005, S. 596.

89 Eine 2019 entstandene algerische Protestbewegung, die für einen Regimewechsel demonstriert. In ihr sind auch Mitglieder der radikalislamischen Heilsfront (FIS) aktiv. [A.d.Ü.]

90 Kamel Daoud, »Où en est le rêve algérien?«, *Le Point*, 12. Januar 2020. Sechs Monate nach Beginn des Aufstands verwandelte Algerien Antikolonialismus in Jihadismus.

91 In Anlehnung an den Titel des bekannten Buchs von Amos Oz über die israelisch-palästinensische Frage, Paris 2004.

92 In seinem Buch Le Sanglot de l'homme noire, das sich auf mein Essay Der Schluchzer des weißen Mannes bezieht, kritisiert Alain Mabanckou die Haltung mancher Afrikaner, »das Unglück des schwarzen Kontinents – all sein Unglück – nur durch das Prisma des Austauschs mit Europa zu betrachten, als ob das Üben von Rache die historische Schmach tilgen und uns den durch Europa verletzten Stolz zurückgeben könnte.«

93 Alain Mabanckou, Huit leçons sur l'Afrique, Paris 2020, S. 16.

94 Frantz Fanon, Peau noire, masques blancs, Paris 1952, S. 185. [Frantz Fanon, Schwarze Haut, weiße Masken, Frankfurt am Main 1985]

95 Voltaire, Dictionnaire philosophique portatif, 1764.